공정한 국제질서와
한반도의 지속가능한 평화

공정한 국제질서와 한반도의 지속가능한 평화

이한주 · 이성우 기획

홍현익 외 지음

시공사

공정하고 지속가능한 사회를 기대하며

경기도지사 이재명

　세상을 살면서 애써 강조하지 않아도 될 기본이 되는 가치가 있다. 이들 가치는 우리 사회를 정상적으로 유지하기 위해 요구되는 틀이자 전제이다. 공정성과 지속가능성은 그런 가치다. 인류 역사는 공동체가 위태로울 때마다 기본이 되는 가치를 되새기고 다시 세우고자 했다. 『도덕경』에서는, 큰 도가 사라지면 인의(人義)를 강조하게 되고, 거짓과 위선이 난무하면 지혜(智慧)를 구하게 되며, 국가 질서가 무너지면 충신이 나선다고 했다. 코로나19 위기를 극복하고 사회 패러다임의 대전환을 모색하는 지금이야말로 공정성을 회복하고 지속가능한 사회의 기틀을 마련하는 일이 무엇보다 절실하다.

　공정성 회복과 지속가능성 구축을 최우선 과제로 꼽는 배경에는 갈수록 더해가는 우리 사회 불평등과 격차, 그리고 생태 위기가 있다. 저출생과 고령화, 저성장, 소득과 자산 양극화, 세대 갈등, 기후변화 위기, 한반도 긴장 등 지금 우리 사회가 마주한 고질적인 문제들은 우리 공동체의 모든 구성원에게 기회와 자원이 골고루 미치지 않는 데서 비롯한다는 공통점이 있다.

　우리나라는 급격한 산업화를 바탕으로 선진국 반열에 올랐고, 외형상 눈부신 성과를 거두었다. 그러나 물질적으로 풍요로워졌지만, 과연 우리 모두 행복한가를 물어야 하고, 이러한 물음에 답하며 지금까지 그래왔던 것만큼 앞으로도 지속적으로 성장할 수 있는가를 가늠해보아야 한다. 모든 사회 구성원들은 당장의 현실이 어렵더라도 앞으로 더 나아질 것이라는 희망이 있어야 한다. 불과 50년 전에는 지금과 비교할 수 없을 만큼 경제 수준이 낮았지만, 모두가 노력하면 나라가 살기 좋아지고 개인도 행복해질 것이라는 기대가 있었다. 무엇보다 가난과 시련을 함께 극복한다는 동질감은 절대적 빈곤을 극복하는 큰 동력이었다. 우리나라는 1인당 국민소득 3만 달러를 넘어섰지만, 더 이상 함께 행복하다고 여기기 어려울 만큼 상대적 박탈감을 겪고 있다. 우리 사회가 갈수록 고되고 우울한 것은 지금까지 이룬 성과가 부족해서가 아니라 모두가 함께 누릴 수 없기 때문이다. 일부에게 그리고 현세대에게 자원과 기회가 편중되지 않고 불평등과 격차를 줄이도록 노력할 때, 우리는 행복한 미래를 꿈꿀 수 있다.

선택의 기회가 주어지고 노력을 다한다고 해서 반드시 원하는 결과가 보장되는 것은 아니지만, 건전한 사회라면 세대를 막론하고 모두에게 기회가 열려 있어야 한다. 지금 우리 사회에서 공정성 회복과 지속가능성 기반을 강조하는 것은 사람들 간 격차가 돌이키기 어려울 만큼 커지고, 기회가 골고루 주어지지 않고, 인간 사회와 자연이 조화를 이루며 발전하지 않기 때문이다.

이번에 선보이는 『공정과 지속가능 프로젝트』는 사회, 경제, 복지, 도시·부동산, 민주주의, 한반도 평화 등 여러 영역에서, 우리 사회가 지향해야 할 공정하고 지속가능한 사회에 관한 담론을 다양한 시각에서 다루고 있다. 이 프로젝트의 연속 출간을 계기로 공정과 정의, 환경과 지속가능성, 평화 등 우리 시대의 가치에 대해 더욱 치열한 논의가 이루어지길 기대한다.

Contents

추천사   4

발간사   6

제1장 국제질서의 변화

01 포스트 코로나 세계질서   17

02 미·중 신냉전 원인 분석과 전망   26

03 국제질서 변화 속 남북관계의 미래   36

제2장 동아시아 지역질서와 선도국가의 균형외교

01 내가 아는 상식과 확증편향의 오류   45

02 강대국 정치와 한반도 분쟁   50

03 친구와 적을 오가는 미중관계   56

04 선도국가의 품격과 딜레마   64

05 지구촌의 공정, 평화, 연대를 위한 선도국가로서 공헌   69

제3장 한반도 평화체제와 능동적 한미동맹

01 기본안보와 한반도 평화 정착의 필요성   75

02 북핵 위협의 구조적 본질과 평화체제 구축   79

03 군비통제를 통한 객관적 위협 감소와 신뢰 구축   83

04 종전선언을 통한 주관적 불안 감소와 평화 구축   87

05 한반도 문제에 대한 미국의 책임과 역할   91

06 한반도 평화체제를 위한 미래지향적 한미동맹   94

제4장 한중관계와 동아시아의 새로운 질서

01 한중관계 29년 성과와 과제   103

02 한중협력을 통한 한반도 평화체제와 남·북·중 3자 협력   114

03 새로운 한중관계 모색과 동북아 다자안보체제 구축   121

제5장 한일관계와 한반도 평화

01 한반도·동아시아 지역의 불안, 일본의 모순   129

02 일본의 대한반도 정책   137

03 일본 역할의 전제, 상호 인정   143

04 한반도 평화 구축에 일본의 역할은 무엇인가?   147

제6장 바이든 행정부의 대한반도 정책 전망

01 개요   155

02 북한 및 김정은에 대한 미국의 접근 방식 변화   162

03 한국 정부가 가진 중요한 지위와 정부 차원 적극적 참여   167

04 북한 비핵화 및 관계 정상화 절차   174

05 서울 및 경기도 차원 로드맵 제시방안   179

제7장 동아시아 비전통안보와 다자협력

01 국제질서의 변화와 안보 개념의 변화　　　　　　　187

02 새로운 위협의 등장　　　　　　　　　　　　　　189

03 동아시아 인간안보 의제와 현실　　　　　　　　　195

04 동아시아의 인간안보와 다자주의 협력의 한계　　208

05 한국의 다자협력 외교전략　　　　　　　　　　　213

제8장 남북관계와 평화체제

01 21세기 통일환경의 변화　　　　　　　　　　　　221

02 통일은 꼭 단일국가로 해야만 하는가?　　　　　　224

03 통일의 효과는 남북한만이 누리는 것인가?　　　　226

04 한반도와 동북아 미래 구상의 참고 사례　　　　　230

제9장 신한반도 경제공동체와 남북한 협력방안

01 문제 제기: 왜 경제공동체인가?　　　　　　　　　241

02 기존 남북 경제협력 및 경제공동체 구상의 한계　　244

03 남북관계의 변화와 신한반도 경제공동체　　　　　252

04 다층 복합적 남북 경제협력 구상　　　　　　　　258

05 맺음말: 한반도 평화 프로세스와 경제공동체 구상　267

제10장 남북한 사회통합과 통합비용

01 사회통합이란 무엇인가?   271

02 남북 사회통합은 어떻게 이루어갈 것인가?   277

03 통합비용을 어떻게 이해할 것인가?   282

04 통일을 준비하는 노력으로서의 사회통합   296

제11장 한국인의 통일의식

01 통일, 필요한가? 그렇다면 그 이유는?   302

02 통일, 어떻게 추진하면 좋을까? 그리고 가능한 시기는?   309

03 통일, 어떤 체제가 좋을까? 시급한 정책은?   314

04 시사점   319

미주   322

참고문헌   324

제1장

•

국제질서의 변화

홍현익(국립외교원장)

모든 국가들은 인접국은 물론이고 국제질서와 국제정치의 영향을 받아왔다. 특히 과학기술과 통신 및 교통, 무기가 발달함에 따라 정치, 경제, 사회, 군사, 문화, 교육 등 전 방면에서 국제질서와 국제정치가 각국에 미치는 영향은 점점 더 커져왔다. 물론 강대국은 상대적으로 자율 역량이 더 크고 국제질서와 국제정치의 영향을 덜 받는다. 주변국들보다 국력이 더 강하다고 할 수 없는 우리의 경우는 한반도 외부 환경에 압도적인 영향을 받아왔다.

　우리 역사가 이를 보여준다. 19세기 조선의 개항과 임오군란, 갑신정변, 동학혁명, 청일전쟁과 3국 간섭, 을미사변, 러일전쟁, 을사보호늑약 체결과 한일합병 등 우리 민족의 운명을 바꾼 사건들이 우리의 국력이 상대적으로 취약한 상황에서 국제정치의 압도적인 영향을 받아 발발했고 전개되었다. 광복과 분단에는 미국의 대일 승전과 소련의 개입이 결정적으로 작동했고, 한국전쟁에는 미국과 소련의 후원 하에 중국이 참전해 전황에 심대한 영향을 미쳤다. 한반도 정세에 결정적인 영향을 미친 이런 주요 사건들이 얼핏 남북한 간 상호작용으로 이루어진 것처럼 보이지만 사실은 강대국 국제정치가 배후에서 압도적인 영향을 미쳤다.

　이처럼 한반도 문제는 국제정치의 주요 대상이므로 한국 정부는 국력을 배양하여 자율성을 최대한 증진하면서 한반도 문제를 남북 문제화하여 주도하고, 국제사회와 협력해 북핵 문제를 해결하며 지속가능한 평화를 구축하는 자기주도 외교를 수행할 수 있도록 최대한의 노력을 기울여야 한다.

　더구나 우리는 공정한 국제질서와 한반도의 지속가능한 평화를 추구하려 한다. 공정은 경쟁의 기회와 조건이 동일해 출발선에서 평등하고 과정에서 기회를 균등하게 보장받는 것을 뜻한다. 그런데 한국이 선진국 문턱을 넘고 있지만 강대국으로 평가되기는 어려운 상황에서 국제사회에 국제법이 존재한다 할지라도 통치기구나 강행기관이 미비하고 국제협력 기구로 유엔(UN)이 존재하지만 현실적으로 강제 집행력이 작동하기 어려운 게 현실이다. 자연스럽게 강대국 권력정치가 풍미하는 국제사회에서 정의와 도덕이 중시되기 어렵기 때문에 공정한 국제질서를 구현하는 것은 지난한 과제일 수밖에 없다. 따라서 강대국들도 동의하고 내정간섭 없이 각국이 독립을 유지하며 평화와 공동번영이 보장되는 질서가 공정한 국제질서라고 볼 수 있다.

이런 맥락에서 정부는 공정 국제질서 구현을 대외정책의 방향과 명분으로 삼으면서, 권력정치가 기본 속성인 국제정치가 운영되고 전개되는 양상과 방향, 전망을 명철하게 파악하며 적절한 대응책을 준비해 지속가능한 성장이 이루어지고 평화로운 남북관계를 제도적으로 구축하는 게 지혜로울 것이다. 역으로 공정하고 지속가능한 한반도 평화·공영 질서를 수립함으로써 공정한 국제질서 구축에 기여하는 것이 현실적이다.

제1장에서는 공정하고 지속가능한 한반도 평화·공영 질서를 수립하는 정책을 입안하고 수행하는 데 압도적으로 중요한 영향을 미치는 국제환경으로 국제질서를 분석하고 적확하게 파악한 뒤, 합리적이고 효율적인 한국의 외교안보 및 대북·평화통일 정책 방향을 제안하고자 한다.

01
····

포스트 코로나 세계질서

제2차 세계대전 이후 국제질서는 미국 주도의 평화시대(Pax Americana)*로 볼 수 있다. 미·소 냉전 시대를 거쳐 소련 해체와 동구 공산정권 붕괴로 냉전이 종식되자 국제질서는 단극 다자협력체제로 재편되었다. 홀로 초강대국으로 남은 미국은 클린턴 행정부 시절 경제성장을 이루어 단극체제를 형성하였다. 그러나 2001년 9·11 테러 공격을 당한 미국 부시 행정부는 국제정치를 선악관에 입각해 국제협력을 경시하고 일방주의적으로 반테러전쟁에 매진하

---

* 한 국가가 국제질서를 압도적으로 주도하는 경우 일반적으로 이를 라틴어로 호칭함. 로마가 지배한 질서를 Pax Romana, 영국이 지배한 질서는 Pax Britannica로 부른다.

다 수많은 인명과 재정을 소진하였고, 2008년 세계 경제위기*가 뉴욕에서 비롯되었다.

오바마 행정부는 대량살상무기 비확산을 주도하고 국제협력을 복원하며 아시아 중시정책으로 해외 군사력을 태평양 중심으로 재배치하면서 실추한 국력의 회복을 시도했으나 충분하지 않았다. 트럼프 대통령은 인종적 편견과 여성 폄하 및 사회적 소수자 경시로 사회 갈등을 증폭시켰다. 또 미국제일주의(America First)라는 명분으로 국제질서 주도국으로서의 책임과 국제협력을 경시하고 자의적인 대외정책을 펼쳤다. 동맹국들을 경제이익을 잣대로 접근하여 관계를 격하시켰고, 중국을 타도 대상으로 삼아 대중적 인기를 제고하는 재선전략을 펼쳤다. 하지만 대중 무역적자는 줄어들지 않았고 2020년 코로나19 팬데믹을 경시하는 부적절한 대처로 많은 미국 국민을 희생시키고 경제도 후퇴시켰다.

1. 미국의 글로벌 리더십 약화

중국은 미국의 후원으로 2001년 11월 세계무역기구(WTO)에 가입한 뒤 급속한 고도성장을 지속해 2021년 초 중국의 경제는 미국 실질 GDP의 70%까지 따라왔다. 구조적으로 미국 경제력의 절대적인 위세가 크게 꺾이고 일방적인 중국 때리기는 미국에게도 큰 해

---

* 2007년 뉴욕 월가 금융기관들의 '서브프라임 모기지 대출위기'가 신용경색, 은행위기, 금융위기로 발전해 마침내 세계 경제를 위기에 빠뜨린 사태.

를 끼치는 상황에 도달한 것이다.

행태적으로 볼 때 2017년 취임한 트럼프 대통령은 미국 국익에 집중하는 일방주의 외교, 중국 때리기와 재선을 위한 대중 인기에 몰두하는 예측이 어려운 대외정책을 펼쳐 국제사회는 지도력 부재의 무극사회(G-zero society)를 방불케 됐다. 트럼프 행정부는 '작은 의미의 국익'을 극대화하기 위해 국제 공공재 공급과 질서 주도국의 책임을 외면했다. 환태평양동반자협정(TPP) 이탈, 파리기후변화협약 탈퇴, 북·미자유무역협상(NAFTA) 재협상 타결, 한미 FTA 재협상, 멕시코와의 국경지대에 장벽 건설, 불법 이민자 추방, 이란과의 핵 합의 파기, 이스라엘 주재 미 대사관 예루살렘 이전, G7 정상회의 공동선언 동참 거부, 유엔교육사회문화기구(UNESCO) 탈퇴와 WTO 및 세계보건기구(WHO) 탈퇴 위협, 쿠르드족 보호 회피, 예고 없는 일방적인 관세 인상 등이 대표적인 사례이다.

구조적으로 중국 경제가 상승하는 가운데 세계 경제에서 미국 경제의 비중이 상대적으로 축소되며 행태적으로 국제질서 주도국의 책임을 경시하거나 외면하면서 미국의 글로벌 리더십은 실종되었고, 시진핑의 중국 외교가 그 빈틈을 풍부한 자금력과 광대한 시장을 배경으로 파고들었다. 중국은 일대일로(一帶一路, 육상·해상 실크로드) 사업을 통해 몽골, 동남아, 중앙아시아와 유럽, 아프리카로 세력을 확대했고, 러시아와의 전략적 동반자관계를 강화하면서 공동으로 미국의 독주에 대항했으며, 2020년 12월 30일 EU와 포괄적 투자협정(Comprehensive Agreement on Investment: CAI)에 합의하는 등 미국의 봉쇄를 돌파하려 전력을 기울이고 있다.

2. 국제협력 쇠퇴와 각자도생의 국제질서

트럼프 대통령은 러시아 푸틴 대통령과 김정은 위원장 등 권위주의 지도자나 독재자들에게 친화력을 보이고, 반면 동맹국들에게 가치나 신뢰, 국제평화를 위한 연대보다 상업적 이익을 중심으로 한 이해타산을 적용하는 외교 행태를 보였다. NATO의 유럽 회원국들에게 국방비 증액을 강력히 요구해왔고 한국에게 미군 주둔 방위비 분담금을 5배 이상으로 단번에 인상해줄 것을 압박했다. 이런 무리한 요구는 동맹국들의 대미 신뢰를 훼손하고 결속력을 약화시켰다.

트럼프의 미국은 세계질서 주도국으로서의 책임은 경시하고 자유무역 대신 자국 경제이익을 우선시하는 보호무역주의를 채택하며 동맹도 경제적 손익 관점에서 볼 뿐 아니라 동맹의 성격도 미국이 지목한 중국 같은 가상적국들을 포위·견제하려는 목적으로 변질시키려는 의도를 보였다.

이에 더해 코로나 19의 급속한 확산에 대해 전 세계가 단합해 대처해야 하는 위기 상황에서 세계질서를 주도해온 미국이 이 전염병의 위험성을 경시하고 자국내 코로나 확산 방지에만 매진했다. WHO에 대한 지원을 중단하고 유럽연합(EU)의 백신 개발과 의료방역 협력 제안을 거절했다. 제2차 세계대전 이후 미국이 지속적으로 행사해온 글로벌 리더십을 방기한 것이다. 이에 따라 전 세계의 거의 모든 다른 나라들도 자연히 국경지역 경계와 입국 단속을 강화하며 정치·외교·경제적으로 각자도생의 생존 방식으로 대처하게 되었다. 탈냉전 이후 국제화와 세계화가 급속히 진전되었지만, 이제

반세계화 정서가 팽배하게 되었다.

3. 한미동맹과 한일관계 조정

1949년 중국 대륙의 공산화로 미국은 일본 무력화 정책을 포기하고 동맹을 체결한 뒤, 아시아 전략의 협력국으로서 일본의 발전을 후원했다. 이런 국제적 배경에서 박정희 군사정권은 미국의 권고로 1965년 6월 22일 한일 기본조약과 청구권 협정을 체결했다. 그런데 일본 정부가 한일 병합의 불법성을 인정하지 않은 채로 8억 달러의 경협 자금만 제공하는 대신 한국 정부가 양국 간 청구권은 존재하지 않는다고 하여 한일 갈등의 소지가 남게 되었다.

각각 미국과 동맹을 맺어온 양국은 안보와 경제에서는 협력하면서 과거사, 야스쿠니 신사참배, 일본의 불법적인 독도 영유권 주장, 일제강점기 강제 징용 및 위안부 강제 동원에 대한 사과와 배상 문제 등으로 갈등을 벌여왔다. 북한 문제에 대해서도 도발과 핵 개발을 막는 데 뜻을 같이한다고 하면서 한국 정부가 북핵 문제의 평화적 해결과 남북경협, 한반도 평화를 위해 남북 평화·화해·협력 정책을 펼칠 때, 일본 정부는 '납치자 문제'를 우선시하는 정책을 펼쳤을 뿐 아니라 남북경협과 북핵의 평화적 해결을 경시하면서 한미관계를 이간하는 행보마저 서슴지 않았다.

한편 이명박 대통령은 친척 비리 등으로 국내 여론의 비판을 받는 상황에서 2012년 8월 독도를 방문하고 일본 국왕이 한국을 방문하려면 먼저 사과하라고 발언해 일본의 분노를 유발했고 한일관계는 경색 국면으로 접어들었다.

미국은 한·미·일 공조를 강화하기 위해 한일관계 정상화를 계속 압박했고, 박근혜 정부는 2015년 12월 28일 졸속으로 일본 외교부 장관 방한 시 외교부 장관 간 위안부 문제 처리 방안에 합의했다. 그러나 위안부 피해자들의 동의 절차가 누락되었고, 일본 외상이 마지막이라면서 향후 다시는 사과하지 않을 것이라 하는 등의 문제가 있었다. 또 일본 정부가 한일 군사정보보호협정(GSOMIA)을 계속 밀어붙이자 미국도 압박에 가세했다. 마침내 국회에서 박근혜 대통령 탄핵 절차가 진행 중인 2016년 11월 23일 한국 국방장관과 주한 일본대사는 기자들의 배석조차 거부하고 쫓기듯 협정에 서명했다.

미국은 북핵 문제를 활용해 한국의 미사일 방어를 강화한다는 명분을 내걸고 사드*를 주한미군에 배치해 동북아미사일방어체계를 완성하는 계획을 진전시켰다. 황교안 대통령 권한대행 시절 한국과 미국 군 당국은 2017년 3~4월 사드 장비를 주한미군에 배치했다. 문재인 정부가 2017년 5월 출범했지만 한미동맹을 지키려면 사드를 돌려보낼 수가 없어 결국 경북 성주군에 배치했다. 이로 인해 한국은 미국과 일본 방어를 위한 대중 전초병이자 전략적 방패로 인식되었고 한중관계는 소원해졌다. GSOMIA와 사드 배치가 자국의 대미 전략 안보를 해친다고 러시아와 함께 계속 경고해온 중국은 한국 기업에 불이익을 주고 한류 유입을 통제하는 한한령

---

* 사드(THAAD)는 미국 육군의 탄도탄 요격유도탄 체계로, 정식 명칭은 종말고고도지역방어(Terminal High Altitude Area Defense)이다. 단거리(SRBM), 준중거리(MRBM), 중거리(IRBM) 탄도유도탄을 종말 단계에서 직격파괴로 요격하는 체계이다.

을 내리는 등 다양한 보복을 한국에게 가했다.

문재인 정부는 올바른 한일관계 재정립을 위해 위안부 합의를 사실상 무효화시키는 조치에 착수했다. 일본은 강력히 반발했다. 한국 대법원이 2018년 10월 일제강점기 한국인 강제징용 가해 일본 기업들에게 임금 미지급 이유로 배상 판결을 내리자 일본 정부는 항의했다. 2019년 7월 일본 정부는 안보부문에서 한국 정부를 신뢰할 수 없다면서 한국의 주력 수출상품 반도체의 3개 소재에 대한 수출규제를 발표했고, 8월 한국을 백색국가(수출 우대국) 명단에서 제외했다.

한국 정부도 항의차 한일 GSOMIA를 연장하지 않겠다고 결정했고 9월 일본을 백색국가에서 제외했다. 미국은 한국 정부에게 강

〈표 1-1〉 트럼프-바이든 한반도 외교안보정책 예상

도널드 트럼프(공화당)	분야	조 바이든(민주당)
• '미국우선주의' 기조에 따른 외교안보정책 계속 추진 • 방위비 압박 계속 • 대북 비핵화 협상 조속 재개	큰 틀	• 동맹과의 공조를 통한 미국의 글로벌 리더십 회복 • 원칙에 입각한 외교와 실무 협상을 토대로 비핵화 노력
• 정상 간 합의 '톱다운' 방식 선호 • 섣불리 북한과 3차 협상을 안 할 것으로 예상	대북정책	• 실무 협상 중심으로 비핵화 공동 목표 위해 한일 공조, 중국 동참 추진 • 핵능력 축소 동의한다면 정상회담도 배제하지 않음
• 방위비 분담금 인상 압박 • 주한 미군 감축 카드 쓸 우려	한미동맹	• 동맹관계 중시. 방위비 분담이나 주한 미군 감축 문제는 트럼프보다 유연할 것으로 기대
• 반중 노선 참여에 대한 압박 강화 • '인도태평양판 나토' 구축 예상 • IT 분야에서 중국을 배제하는 '클린 네트워크' 정책 강화	외교·안보·통상	• 중국 견제 기조는 트럼프와 비슷한 흐름 예상 • 첨단기술 분야에서 대중 경쟁 우위를 회복해야 한다는 입장

자료: 장성구 기자, 이경아 인턴, 트위터@yonhap_graphics

력한 우려와 실망을 표출했다. GSOMIA는 한일 협약이므로 미국은 내정간섭에 준하는 행위를 한 셈이다. 미국은 한국에 중거리 미사일 배치를 모색하기도 하고, 방위비분담금의 5배 인상, 호르무즈 해협 파병도 요청했다. 더구나 미국은 대북제재를 지속하면서 한국의 남북관계 개선도 견제했다.

한국 정부는 중국과 러시아 공격용으로 인식될 수밖에 없는 중거리 미사일 배치는 거부하면서 원유를 수송하는 한국 선박을 해적으로부터 방어하기 위해 아덴만에 파견 중인 청해부대의 활동 범위에 호르무즈 인근을 포함시켰다.

2021년 1월 동맹의 경제적 타산보다 이념적 가치 공유를 중시하는 조 바이든 전 부통령이 대통령에 취임함으로써 분담금 문제는 원만하게 타결되었고, 북핵 문제 해결을 위한 한미 간 대북공조도 한미동맹 간 신뢰를 기반으로 원활하게 진전될 것으로 기대된다. 단지 바이든 행정부가 중국과의 패권적 경쟁은 지속하면서 한국에게 민주국가로서의 가치 연대를 강조하고 중국에 대한 견제와 제재 동참을 요구해올 경우 한국 외교는 딜레마 상황에 처할 수 있으므로 이에 대해 지혜롭게 대응해야 할 것이다. 한 가지 방안은 한국의 외교정책 기조로 '평화 및 공동번영을 위한 전방위적 협력'을 내세우고 한미동맹은 북한의 남침억지를 위해 존재하는 것이므로 북한이 아닌 다른 나라를 견제하고 봉쇄하는 데는 동참할 수 없다는 입장을 고수하는 것이다.

한편 서울중앙지법이 2021년 1월 8일 일본 정부에게 위안부 피해자들에게 1인당 1억 원을 지급하라고 판결하자 일본 정부가 다시 반발하고 있다. 한·미·일 3자 관계는 북핵 문제 해결, 대북정책 및 대중정책과 관련해 계속 유동적으로 변화하고 있고, 한일관계에 대한 미국의 중재 움직임이 주목되고 있다.

02
····

미·중 신냉전 원인 분석과 전망

우리 민족의 운명과 한반도 안보에 소위 '주변 4강'이라 불리는 미·중·러·일 4개국이 상당한 영향을 미쳐왔지만, 2021년 8월 현재 미국과 중국의 역할과 영향력이 압도적이다.

중국은 북한의 동맹국이지만 러시아처럼 중국도 북한의 핵 개발 및 보유는 바라지 않으므로 6자회담을 주최했다. 또 북한의 중대 도발 시 유엔 안전보장이사회(안보리)에서 대북제재에 찬성하고 이행하며 북핵 문제 해결을 위한 한미 등 국제사회의 노력에 협력해왔다. 미국도 중국과 경쟁을 하면서도 북핵 문제 해결을 위해서는 협력을 요청해왔다. 그러나 미국이 중국을 신냉전 수준으로 강력하게 압박하고 제재를 가하면, 중국도 접경국이자 동맹국인 북한에 대해 자연스럽게 다시 접근하면서 북핵 문제 해결보다 북한의 체제

유지를 우선시하는 기조의 대외정책을 펴고 있다.

한국은 한미동맹을 대외전략의 주축으로 삼고 있지만, 중국은 한국의 수출에서 미국과 일본을 합친 것보다 훨씬 더 큰 25%를 차지하고 북한에 가장 큰 영향력을 가지며 한반도 평화에 중요한 역할을 수행하고 있어 중국과 전략적 동반자관계를 유지해왔다. 그런데 트럼프 행정부가 대중 압박을 강화하면서 한국이 대중 견제 및 봉쇄에 일조해야 한다고 압박하자 외교 및 통상정책에서 선택을 강요받는 딜레마 상황에 빠지게 되었다.

이런 맥락에서 한반도 안보 상황과 한국의 외교에 상당한 영향을 미치는 미중관계의 변천 과정과 최근 갈등 양상을 분석한 뒤 향후 전망을 살펴본다.

1. 미중관계 변천 과정

중국 국공내전 이전부터 장제스가 이끄는 국민당을 적극 지원해 온 미국은 마오쩌둥이 이끄는 공산당이 중국 대륙을 차지하자 아연실색했다. 한국전쟁에서 미·중은 수많은 사상자를 내면서 치열하게 싸운 뒤 계속 적대관계를 이어갔으나, 닉슨 대통령은 1969년 7월 괌 독트린*을 발표해 월남과 한국에서 주둔군 철수와 감축을

---

* 닉슨 독트린(Nixon Doctrine) 또는 괌 독트린(Guam Doctrine)은 미국 대통령 리처드 닉슨이 1969년 7월 25일 괌에서 발표한 외교정책으로서 미국이 베트남전쟁에서 명예롭게 철수하기 위한 명분을 제시한 것이다. 그 요체는 '아시아의 안보는 아시아인들이' 하라는 것이다.

단행하는 동시에 실리적인 현실주의 국제정치 노선에 따라 1972년 중국을 방문해 미·중 협력관계를 맺고 소련 견제를 위한 연합전선을 펼쳤다.

그러나 동구 공산 정권들이 붕괴하고 소련이 해체되자, 냉전에서 승리했다고 자부한 미국은 곧바로 21세기 전략적 도전자로 중국을 주목했다. 중국을 포위·견제하며 자국이 주도적으로 구축한 국제질서에 순응시키고 편입시키는 노력을 기울였다. 먼저 클린턴 행정부는 국력이 급속히 성장하는 중국을 소외시키거나 방치하기보다 포괄적으로 개입하여 관리했다. 정치적으로 안정되고 개방경제를 통해 발전하는 평화로운 중국이 미국에게 이득이라고 판단하고 중국의 개혁·개방을 지원해 미국 주도 국제질서의 구성원이 되도록 개입했다. 그러나 중국의 장쩌민 주석은 미국의 국제질서 운영 독주를 견제하기 위해 1996년 러시아 옐친 대통령과 전략적 동반자 관계를 맺었다.

부시 행정부는 9·11 테러로 반테러전쟁에 몰두할 수밖에 없었기 때문에 중국 견제에 집중하기보다는 봉쇄와 관여를 동시에 추구하는 봉쇄적 개입(Congagement: containment + engagement) 기조의 전략을 구사했다. 국가전략을 반영하는 2001년 9월 발간된 「4년 주기 국방검토보고서」는 미국이 한국–일본–대만–필리핀–태국–호주–파키스탄 등 안보 협력국들과의 봉쇄망을 강화하고, 이를 그동안 관계가 소원했던 인도와 아프가니스탄, 중앙아시아의 구소련공화국들을 거쳐 가능하다면 러시아까지 연결해 중국과 북한을 포위하고 견제·봉쇄하려는 의도를 갖고 있음을 보여주었다. 이처럼 동맹국과 우방국들을 동원해 중국의 세력 확장을 견제·봉쇄하려했지만, 다른 한편으로는 자국 주도 국제질서에 순응시키려 WTO 가입을 허용하는 회유책도 구사했다.

2007년 뉴욕에서 발생한 서브프라임 모기지 사태가 세계 금융위기로 확산되면서 중국이 세계 경제 회복의 견인차 역할을 하자 미국은 중국을 길들일 호기를 놓쳤다. 오바마 행정부는 러시아의 위협이 현격히 감소했으므로 아·태 재균형(rebalancing) 정책을 채택하고 초강대국으로 급부상하는 중국을 견제하기 위해 미국 군사력의 60%를 아시아에 집중 배치하는 '아시아 중시' 전략을 채택했다(Pivot to Asia). 미국이 대중 경계 자세를 적극 공세로 전환한 것은 2008 베이징 올림픽을 성공적으로 치른 중국이 미국에게 대만 문제 등 최소한의 사활적인 국익은 존중하는 신형대국관계를 요구하는 등 국제무대에서 목소리를 크게 내기 시작한 데서 비롯됐다고 볼 수 있다.

2. 지정학의 귀환: 미국의 인도-태평양 전략과 중국의 대응

미·중 간에 전면적인 패권적 갈등은 트럼프 대통령이 2017년 11월 한국 등 동북아를 순방하면서 '자유롭고 열린 인도-태평양 지역 활성화'를 제시한 직후 미국, 일본, 인도, 호주 4개국이 국장급 쿼드(Quadrilateral Security Dialogue, 4국 안보대화) 연합체를 결성하면서 본격적으로 전개되었다. 이후 미국이 세 나라와의 전략적 협력을 모색하면서 중국을 포위·봉쇄하려 하는 반면, 중국은 러시아와 전략적 동반자관계를 강화하고 상하이협력기구(SCO)를 확대·강화하며 브릭스 5개국 간 관계를 강화하면서 다극체제를 지향하여 미국의 봉쇄를 돌파하려 노력해왔다. 특히 중국과 러시아의 전략적 협력은 지도자 간 부단한 접촉과 정상회담, 신뢰를 기반으로 전면적이고 전천후적으로 진전되어 왔고 매년 1회 이상의 육지 및 해상에서의 연합훈련을 개최하면서 최근 연합항공훈련도 거행하는 등 동맹 직전의 단계로 발전해왔다. 양국은 기술 교류와 투자 및 무역을 빠른 속도로 증진해왔고, 시진핑 주석의 일대일로 사업과 푸틴 대통령의 유라시아경제연합(EEU)을 연계적으로 발전시켜 역내 산업·공급·가치 사슬을 구축하고 미국의 제재와 봉쇄에 대항하고 있다.

트럼프 대통령이 기존 국제질서에 도전하는 중국을 견제하고 미국이 주도한 규칙을 따르도록 하는 정책은 매년 3,500억 달러가 넘는 경상수지 적자를 줄여 침체된 미국의 제조업을 회복시키고 고용을 증진하겠다는 의도에서 비롯된 것으로 보인다. 사업가 출신으로서 우선 중국으로부터 수입되는 상품에 고율의 관세를 부과함으로써 이를 해결하려 했다. 그러나 대중 무역적자는 줄어들지 않았고 중국의 성장세도 꺾이지 않았다. 이에 트럼프 행정부는 중국 공산당과 정부의 환율 조작과 기업 경영 개입을 중단하라고 요구했다. 또 지식재산권을 침해하고 중국 투자 기업들에게 기술이전을 강요하는 행위를 '기술 도둑질'이라고 평가한 뒤, 이는 미국의 국가안보 사안이라고 강조했다. 고율의 관세를 추가 부과하면서 중국 기업들의 기술도입 과정의 불법성·부적절성 및 미국 기술 절취를 문제 삼으며, 중국 정부의 기업 관여 중단은 물론이고 급기야 공산당 일당 지배 체제 전환을 요구하기에 이르렀다. 또 미국은 화웨이, SMIC 등 중국 회사들을 제재하고 미국 기술을 이용하는 다른 나라들도 이들과 거래하지 못하게 하며, 틱톡(TikTok) 같은 회사는 미국 기업이 반강제적으로 인수하도록 하는 조치를 취하기도 했다.

군사·안보 면에서도 중국이 인공섬 구축과 군사기지 설치 등 남중국해를 내해화하려 하고, 일대일로 사업을 통해 국제 영향력을 강화하며 진주목걸이 전략 하에 인도양 및 아프리카까지 군사 거점을 구축해나가자, 미국은 이를 견제하는 한편 중국의 남중국해 영유화를 저지하기 위해 베트남, 필리핀 등 피해국들을 규합해 항의하고 무해통항과 항행의 자유를 명분으로 수시로 군함을 통과시킬 뿐 아니라 수시로 다국 연합훈련을 실시했다. 그러나 중국은 2021년 초까지 세 번째 항공모함을 진수시키고 중국식 위성항법장치인 베이더우(北斗)를 완성해 미국의 GPS 체제로부터 독립하였으며, 미국 군함의 중국 연해 접근을 차단하고 유사시 격멸시키겠다는 반접근/지역거부 전략(A2/AD)을 펼치고 있다. 중국의 전략은 미국과의 정면충돌은 우회하거나 회피하면서 시간이 자기편이라는 계산 하에 지속적으로 군사력을 강화하여 2050년 이전까지 미국과 군사적으로 균형을 이루고 장기적으로는 능가하겠다는 것이다.

또한 미국은 1972년 미중관계 정상화의 조건으로 지켜온 '하나의 중국' 원칙을 건드리면서 대만과의 관계를 낮은 단계부터 재개하고 무기 판매를 노골화했으며, 신장 위구르족 탄압 등을 인권 문제로 지적하면서 시정을 요구하고 제재를 가했다. 특히 2020년 5월 전인대가 홍콩국가보안법을 통과시키자 미국은 홍콩 민주화 운동을 박해하는 중국의 정책에 반대하고 제재를 부과하면서 관여하고 나섰다.

한편 트럼프 대통령은 코로나 19 팬데믹으로 미국 국민들의 대중 감정이 더욱 악화하자 수많은 확진자 발생과 사망자 급증을 중국 탓으로 돌렸다. 그러나 중국 시진핑 주석은 미국의 압박에 굴복하지 않고 오히려 신형대국관계를 주장하면서 중국의 사활적인 이익은 사수하는 태도를 취했다. 특히 미국보다 중국이 코로나 19를 더 신속히 극복하고 경제 성장을 이루었음을 널리 홍보하고 있다. 또 덩샤오핑의 유훈인 도광양회를 넘어 분발유위(奮發有爲), '중국 제조 2025' 등을 내세우고 민족주의나 애국주의를 격려하며 중국몽 실현을 목표로 삼아 첨단기술 분야에서 미국을 능가하겠다면서 미국의 '부당한' 공격을 자신의 3기 집권에 호재로 활용하는 듯하다.

3. 바이든 행정부 출범과 미·중 패권경쟁 전망

바이든 행정부가 출범해 미국은 가치 공유를 확인하면서 동맹과의 유대를 강화하고, 국제협력을 주도하면서 국제질서를 주도하는 초강대국으로서의 위상 회복을 도모하고 있다. 바이든 대통령은 2021년 2월 4일 국무부를 방문하여 "미국의 국제 위상 회복 (restoring America's place in the world)"이란 제목의 연설을 통해 중국을 직접적 위협으로 간주해 부상을 견제하겠지만 중국이 미국의 이익을 해치지 않는다면 협력하겠다고 강조했다. 가장 심각한 경쟁국인 "중국이 우리의 번영, 안보, 민주주의 가치에 대해 제기하는 도전들에 직접적으로 맞설 것"이며 중국의 인권 탄압과 지적재산권 침해 등을 문제 삼고 글로벌 지배구조에 관한 중국의 공격에 맞설 것이라고 말했다. 단지 "중국이 미국의 이익이 될 때는 협력할 준비가 돼 있다"고 말했다.

종합해보면 바이든 행정부는 일단 중국에 대해 트럼프처럼 관세 폭탄, 경제 봉쇄, 제재 같은 직접 수단 사용은 완화하여 중국과의 정면 대결은 피하고 테러, 환경, 전염병 대처, 북핵 문제 등 협력이 필요한 사안에 대해서는 협력을 도모하겠지만 인권, 민주주의, 지식재산권, 항행의 자유 등 국제 기준을 내세우면서 지역 문제, 첨단기술 등에 대해서는 동맹 및 우방국들과 협력해 공동으로 대응하면서 세계질서 주도 경쟁은 지속할 것으로 예측된다.

그렇다면 미·중 갈등과 대결의 승자는 누가 될 것인가? 먼저 중국이 시간은 자기편이라는 인식 하에 정면 대결을 회피하면서 농산물 수입 통제나 애플, 보잉 등 미국 기업들에 대한 규제 강화 등을 통해 반격할 여지도 있으므로 미국이 중국과의 정면충돌로 나아가지는 않을 것으로 보인다. 반면 미·중 갈등은 구조적으로 패권경쟁 차원에서 진행되는 것이므로 바이든 행정부도 동맹국 및 우방국들을 규합해 대중 압박을 지속하려할 것으로 예측된다.

경제 면에서 이미 미국과 중국의 시장 규모가 같아진 데다 중국의 실질 경제력이 미국을 능가하는 시점도 〈그림 1-1〉에서 보듯이 당초 예상되던 2028년보다 더 앞당겨질 것으로 예측되고, 군사력도 2035년까지 미국에 버금가는 현대화를 달성하며 2049년에는 비등한 수준을 이룰 것이다. 중국은 러시아와의 전략적 동반자관계와 이란과의 협력 등을 통해 중장기적으로 에너지를 안정적으로 확보하고 있고, 스마트 농법 등 기술혁신을 통한 식량 증산과 적극적인 수입 증진을 통해 식량 자립화에도 주력하고 있다. 미국의 고관세 부과, 무역 제재 및 거래 차단 등에 대해 중국은 내수와 중·러

<그림 1-1> 미국 GDP 대비 중국 GDP

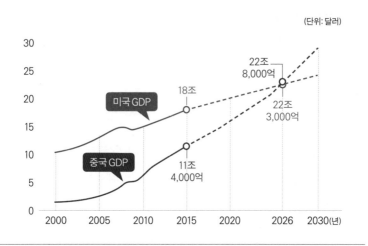

자료: 전진우 기자, 뉴시스 그래픽, 2016.

전략적 동반자관계, 일대일로 사업 활용, 수입 증대 등으로 새로운 지역가치사슬을 만드는 쌍순환 경제전략으로 대응하고 있다.

미·중 간 승패는 결국 기술과 금융, 체제 문제로 갈릴 것으로 보인다. 먼저 미국이 중국에게 선진 기술을 차단하려 하므로 중국은 반도체와 사물인터넷 등 첨단산업 분야에서 새로운 소재를 활용하는 창의적이고 독립적인 기술 개발을 시도하고 있다. 그 성공 여부가 단기 승부를 가를 수 있다. 현재 관치금융으로 부실한 은행, 보험, 증권, 서비스업 부문에서 중국이 미국과 경쟁할 수 있는 합리적이고 효율적인 체제를 구축할 수 있을지도 중요하다.

달러 패권에 대해서는 원유 거래를 달러로 해온 페트로 달러체제가 유로화나 위안화 결제 통용 등으로 약화 조짐이 보이고 있고 러시아 등의 위안화 보유도 증가하고 있다. 미국이 경제 회복을 위해

빈번히 달러를 남발하면서 기축통화국으로서의 특권 향유와 도덕적 해이에 대한 불만이 제기되고 있고, 만약 중국이 기축통화 복귀를 꿈꾸는 유럽과 제휴해 달러를 견제하고 나설 경우 확고부동했던 미국의 지위가 흔들릴 가능성이 태동하고 있다.

보다 장기적으로는 중국이 자기 방식의 정치 민주화를 달성해 중국식 체제가 국제사회에서 새로운 표준으로 인정받을 수 있을 것인가를 주시해야 한다.

03
....

국제질서 변화 속
남북관계의 미래

미국과 소련의 합의에 따라 국토와 민족이 분단된 뒤, 한민족은 갈라진 양측 간 골육상쟁의 내전으로 참혹한 피해를 본 뒤에도 적대적 갈등을 벌여왔다. 한국은 한미동맹을 주축으로 평화와 안정을 지키면서 민주화를 달성하고 세계 10위의 경제력까지 달성했다. 특히 1990년 9월 30일 한·소 수교, 1991년 9월 17일 남북한 동시 유엔 가입과 1992년 8월 24일 한·중 수교를 달성하고 여전히 한미동맹을 대외전략의 주축으로 삼아왔으며, 6·25전쟁에서 적국이었던 중국이 무역의 제1 동반자이자 한반도 평화 구축의 협력자가 되었기 때문에 한·중 전략적 동반자관계 역시 반드시 유지하고 발전시키려 하고 있다.

제2차 세계대전 이후에 존재한 여러 분단국가 중 베트남, 예멘, 독일은 통일을 달성했고, 중국도 홍콩과 마카오와 통합을 달성했다. 아직 대만이 남아 있지만 중국과 대만은 통신, 우편, 통행, 교역이 자유로우므로 정치체제가 다르다는 점만이 분단비용으로 남아 있다. 그러나 현재 남북한은 1970년대 초, 1990년대 초와 2000년대 초, 그리고 2018년의 한반도의 봄 등 네 차례의 짧은 해빙이 있었을 뿐 여전히 군사적인 대치와 불신, 적대적인 경쟁이 지속되고 있다. 문재인 정부가 남북관계를 정상화하고 신뢰를 기반으로 한 항구적인 평화체제를 구축하고자 하는 진정성과 열의를 가지고 노력하고 있지만, 위기에 처한 경제, 안보 딜레마 상황과 시대착오적인 일인 독재체제로 인해 체제 존망이 불확실한 북한이 핵능력을 지속적으로 발전시키고 있고, 이를 용납하지 않겠다는 미국이 사실상 북한의 선 양보적인 비핵화를 압박하고 있으므로 북미관계와 북핵 문제 해결은 물론이고 남북관계의 정상화마저 지연되고 있는 상황이다.

더구나 한반도를 둘러싼 주변 4강과의 관계가 협력적이어야 그나마 북핵 문제 해결과 한반도 평화체제 구축에 희망을 가질 수 있는데, 현재 미국과 러시아의 관계가 불편하고 미중관계는 구조적으로 중장기적 경쟁이 거의 불가피하다. 한국 정부가 최대한의 지혜를 발휘해도 큰 성과를 내기는 녹록지 않은 상황이다.

이런 맥락에서 국제질서와 남북관계의 상관성을 살펴보고 바람직한 남북관계의 미래를 제시한다.

1. 국제질서와 남북관계의 상관성

앞에서 우리는 강대국이 아니므로 국제질서와 국제정치의 압도적인 영향을 받아왔다고 지적했다. 그러나 혹자는 우리가 군사력이나 경제력, 무역량, 문화 역량 등에서 세계 10위권에 들게 되었으므로, 이제는 주도적으로 한반도 문제를 해결하고 남북관계도 만들어나가자고 주장할 수도 있을 것이다. 그러나 우리가 선진국 경제력을 가졌지만 여전히 국제정치의 압도적인 영향을 받을 수밖에 없다. 왜냐하면 지정학적으로 우리 주변에 위치하고 한반도 정세에 상당한 이해관계와 관심을 갖고 있으며 그 변화에 관여하려는 의지를 가진 미국, 중국, 러시아, 일본이 우리보다 더 강력한 국력을 갖고 있기 때문이다.

특히 한미동맹과 북중동맹이 체결되어 있어 미·중 양 강대국이 한반도의 안보와 평화 문제에 지속적으로 관여해왔다. 또 이들은 변화하는 상호 관계와 국가 내부의 정권 변화 및 국내정치적 계산에 따라 한반도 정책을 구사하고 활용하고 있어 정책 방향도 예측이 쉽지 않다. 더구나 북한이 국제정치의 핵심 문제인 핵을 개발함으로써 미국과 중국이 보다 더 당사자적인 입장에서 한반도 문제에 개입해왔다.

최근 북한이 한반도 평화 프로세스의 약화를 한국의 중재 탓으로 돌리고 있지만, 사실은 북한과 미국이 타협을 모색하기보다 자기들 주장만 내세워 북·미 간 타협을 이루지 못했기 때문이다. 양측 모두 협상에서 상대방의 입장도 고려해 타협을 모색하기보다는 자기 이익만 챙기려 한 것이다. 북한은 확실한 체제 보장과 경제적 보상 없이 핵 포기는 있을 수 없다는 것이고, 미국은 상응 조치를 취하고 북핵 포기를 유도하기보다 패권국으로서의 자국의 전략적 이익 지키기를 우선시했다.

특히 북한이 국제규범을 어기고 핵을 개발한 것은 잘못이지만 미국이 북한의 500배 이상의 경제력을 갖고 있고 핵무기도 100배 이상 많이 가지고 있으며, 투발수단에서도 압도적인 우세를 갖고 있으므로 북한이 핵을 개발한 것은 대미 선제공격용이라기보다 미국의 대북 공격 억지용이라고 여겨진다. 따라서 미국이 북핵문제 해결을 진정으로 바란다면 북한과 불가침조약을 맺고 의회 비준을 받는 것을 포함해 상호 안보의 관점에서 단계적·점진적으로 비핵화와 보상을 동시 교환해가면 실현 가능성이 상당하다고 볼 수 있다. 그러나 실제로는 대북제재를 누진적으로 가하고 상호주의보다 일방주의, 그리고 북한의 안보를 고려하는 상호 안보의 관점보다 일방안보의 관점에서 북한의 사실상 선 양보를 요구해왔고 북한이 타협을 거부하면 비핵화 의지가 없고 평화 훼손자라고 비판하면서 북핵 문제 해결을 지연시키고 있다고 평가된다.

더구나 미국은 이런 사유로 북·미 간 협상과 대화가 정체되면 유엔 안보리의 대북제재를 명분으로 남북한 관계의 진전도 사실상 통제해왔다. 결과적으로 안보리의 대북제재는 북한의 정상 국가화나 북핵 문제 해결, 한반도 평화 구축보다 미국의 국익을 증진하는 동북아 외교의 주요 수단으로 작동하고 있다는 의심을 받는다. 한국 정부가 열정을 가지고 노력을 기울여도 미국을 비롯한 국제사회가 한반도 평화를 중시하고 성의를 가지고 협력하지 않으면 기대한 성과를 내기 어려운 것이 한반도 안보 현실이다.

또 현시점에서 보면 미·중 갈등이 장기적으로 진행될 것으로 여겨지는데, 양 강대국이 한반도 비핵화에 뜻과 노력을 모아야 성과를 낼 가능성이 커지므로 북핵 문제 해결이 그만큼 더 어려운 상황에 처했음을 감안해 한국의 대외전략을 구상하고 시행해야 할 것이다.

2. 바람직한 남북관계의 방향

한반도가 유라시아 대륙세력과 해양세력 사이의 교량적 역할을 하는 반도이므로 지정학적으로 이들 양대 세력의 끊임없는 세력 경쟁과 관여의 대상일 수밖에 없는 여건이라는 것은 우리의 숙명이다. 한국이 꾸준히 경제발전을 이루어 세계 10위 정도의 경제강국이 되었지만, 주변 강대국들이 한국보다 월등히 우월한 국력을 갖고 있기 때문이다.

따라서 우리보다 강력한 국력을 가진 주변국들이 자국 이익 극대화라는 목표에 입각해 한반도의 미래를 형성하려고 세 대결을 벌이는 와중에 남북한이 분단 극복과 통합을 모색하기보다 군사 부문을 포함한 거의 모든 방면에서 경쟁하고 소모적인 대립을 벌인다면, 이는 민족의 이익을 스스로 희생하면서 한반도 주변 강대국들에게 한민족의 운명을 맡기는 어리석은 방휼지쟁(蚌鷸之爭)이다.

국익 추구를 위해 무한 경쟁을 벌이고 있는 냉혹한 국제정치 상황에서 북한보다 GDP로 계산해 50배 이상의 경제력을 가진 한국이 민족의 이익을 수호하고 운명을 올바른 길로 인도하려면 북한

주민을 포용하여 민주주의 체제 하에서 한반도 평화를 지키고 경제 발전과 복지 증진을 이루며 동북아와 세계의 평화와 공동번영을 모범적으로 선도할 뿐 아니라 인류문화 창달에 기여하는 매력 국가의 모습으로 통일한국을 건설하는 방향으로 나아가는 동시에, 불시에 다가올 다양하고 막대한 통일비용을 준비하면서 궁극적으로 순리적인 평화통일을 이루어야 한다.

그 과정에서 국제사회는 국제법이 명문으로 존재하지 않고 집행기관도 미약하여 힘이 지배하는 사회이고 이를 과점하고 있는 강대국들의 권력정치가 그 질서를 주도하고 있음에 유의해야 한다. 이들 강대국들은 자신의 국익과 부합되지 않는다고 판단하면 약소국에 의한 현상변경을 쉽게 용인하지 않는 것이 국제정치의 순리이다. 따라서 한반도 분단이라는 인위적인 현상변경이 강대국 국제정치의 산물이었듯이 통일도 국가주권과 관련된 중요하고도 명백한 현상변경이므로 강대국 권력정치가 통용될 가능성이 매우 크다.

그러므로 남북한이 갈등과 대립을 접고 합심하여 통일을 지향하더라도 이들의 지지를 획득하려면 상당한 노력이 필요한데, 남북한이 갈등과 대립을 지속한다면 통일은 더욱 요원하다. 결론적으로 통일로 나아가려면 통일을 바라는 국민적 성원과 정부의 의지와 열정, 남북 대화와 경제협력, 그리고 주변 강대국들의 지지가 필요하다.

끝으로 우리는 장기적으로는 물론이고 중단기적으로도 남북한 주민 전체에게 최소한의 비용만 부담시키고 막대한 이득을 가져다주는 통일 달성 방법을 추구해야 한다. 최우선적으로 전쟁을 예방·억지하고 평화 정착 및 제도화를 모색하며 북한의 전 영토를 통일한국에게 귀속되도록 할 뿐 아니라 분단비용과 통일비용의 최소화를 위해 노력하면서 주변 강대국들을 포함한 국제사회가 통일을 지지하거나 적어도 반대하지 않도록 하는 방안을 찾아야 한다. 이를 위해 필요한 가장 지혜로운 방안은 국민통합을 이루고 국제협력을 도모하며 어느 주변국도 반대할 수 없는 호혜적인 남북경협을 진흥하여 남북한 경제공동체*를 건설하는 방향으로 대북정책을 시행해 사실상의 통일로 나아가는 것이다.

---

* 남한과 북한의 자본과 인력 등 생산요소의 교류·협력과 공동의 경제정책을 통해 경제적인 통합(integration)을 이룬 공동체.

제2장

•

동아시아 지역질서와 선도국가의 균형외교

박종철(경상국립대)

01
····

내가 아는 상식과 확증편향의 오류

감각적으로든 이성적으로든 세상을 보는 인간의 사고는 일정한 규칙을 가지고 있다. 인간만이 체계적인 논리구조에 바탕하여 사고를 하는데, 국제질서를 바라보는 시각에도 이러한 사고가 반영되어 있는 것이다.

매일매일 국제정세와 남북관계 관련 언론기사가 쏟아져 나오고 있는데 각종 학술회의, 정부와 기업 등 정책설명회도 적지 않다. 같은 사건에 대해 언론사마다 다루는 사실(fact)이 너무 다르고, 해석 부분은 첨예하게 상반되는 경우가 허다하다. 서로 다른 색안경을 끼고 세상을 바라보고 있기 때문이다. 시간이 흘러서 관련 사건에 대한 다양한 자료가 풍부하게 공개되고 입체적인 자료를 통해 같은 사건을 다시 보면 진실이 뒤바뀌는 경우가 적지 않았다. 조작된

제2장 동아시아 지역질서와 선도국가의 균형외교

간첩사건과 이로 인한 감옥생활이나 사형도 있었다. 우발적인 사건에 의해 전쟁이 일어났는데, 때로는 이러한 사실을 알고 있었으나 고의로 은폐하여 벌어진 '고의적'인 우발적 사건도 있다. 정치인, 관료, 언론인, 학자들과 같은 사회지도층에 의한 고의적인 왜곡과 조작도 적지 않다는 것이다. 한국 사회에서 서로 생각이 다른 사람들은 보수 꼴통이나 종북 빨갱이로 부르며 몰아붙이기도 한다.

이런 왜곡과 조작, 과장과 은폐는 우리나라 정치에만 있는 것일까? 1950년 2월 공화당 상원의원 매카시는 "국무부 안에 공산주의자가 있다"는 연설을 했다. 실제 영국의 명문대학 출신으로 소련에 동조하여 핵 및 각종 기밀 정보를 제공한 스파이가 있었던 것도 사실이다. 이는 영화와 다큐멘터리로 제작되기도 하였다. 그러나 문제점은 매카시의 주장이 왜곡되고 과장되어 공산주의자 적발과 추방의 광풍이 불었고, 미국 국민들만이 아니라 동아시아 각국에서도 광범위한 지지를 얻었다는 것이다. 이는 소련과의 냉전을 위한 미국 국내외적 결집을 이루기 위한 좋은 소재가 되었다. 당시 중국의 국공내전, 한국전쟁과 베트남전쟁 국면에서 미국과 동맹국 지도자들은 이러한 분위기를 필요로 했다. 미국 국민들은 정확한 사실관계를 이해할 수도 없었고, 신뢰할 만한 정보에 접근하는 것도 법적으로 봉쇄되어 대부분 가공된 정보만 취득할 수 있었다. 소련이라는 상대를 악마화하는 소수의 기득권들이 자신들의 이익을 극대화하기 위해 생산한 왜곡된 정보에 대해 다수의 국민들이 동조하면서 정보왜곡 현상은 증폭되었다.

이러한 과정에서 복잡한 현실 세계에 대해 인간은 자신만의 색안경을 통해 자신의 신념과 일치하는 정보를 받아들이고 이와 반대되는 정보는 무시하는 경향이 있다. 이는 마음속에서 인지의 부조화가 이루어지고 있는 것인데, 즉 복잡한 세상을 머릿속에서 단순하게 정리하는 과정에서 스스로 편견을 만들고, 이를 마치 사실처럼 간주하며 이를 확대하여 해석하는 경향이 있다는 것이다. 이를 확증편향의 오류라고 한다. 매카시즘은 적을 만들고자 하는 정치 지도자들의 선동과 다수 대중의 무지와 편견이 결합하여 증폭되었었다. 우리나라에서도 해방과 분단, 그리고 전쟁과 냉전 과정에서 반공이라는 행위가 이데올로기처럼 신봉되었다. 그래서 우리나라에서도 공산주의를 반대하는 가짜 이데올로기가 만들어졌는데, 이를 냉전반공주의라고 부른다. 냉전반공주의는 한국판 매카시즘으로, 미국 편향과 북한, 중국 등에 대한 증오를 확대재생산하는 색안경이 되었다.

사람들은 부동산투기, 아파트 분양, 취업, 시험, 의료와 복지, 장학금 혜택 등 일상생활에 대해 공정하게 정책이 결정·집행되고 있는지 꼼꼼히 따진다. 내 가족과 친구들이 내는 세금인데, 부정입학과 부정취업, 내부정보를 이용한 투기와 세금도둑으로 인해 내가 손해를 보는 것은 눈을 부릅뜨고 주의를 기울인다. 우리 집 주변의 가로등이나 도로가 파손되면 즉시 인터넷으로 해당 관공서에 민원을 제기하여 생활환경 개선을 요구한다. 이렇게 몇만 원에 대해 전자계산기를 면밀하게 두드리다가도, DMZ의 개발과 주권 문제, 평택미군기지 건설과 방위비 분담비용, 첨단 전투기 구매비용 등과 같은 수십조 원이 드는 사건에 대해서는 단위가 너무 커지면서 내 생활의 범주가 아닌 것으로 착각하며 감시의 눈을 거두기도 한다. 남북 사이에 군사분쟁이 발생하면, 다음 날 한국의 주가가 곤두박

질치고 미국의 방위산업체 주가가 오른다. 동시에 우리의 편안한 삶을 지키는 우리의 아들, 남자친구가 전시태세에 돌입하면서 연락이 두절되어 가족들은 긴장하게 된다.

이렇게 직접적으로 국제질서나 한반도 분단이 우리 생활에도 많은 영향을 미치고 있는데도 오랜 분단으로 인해 한국인들은 자기 이익에 대한 감각이 무디어졌다. 생활인의 관점에서 어떤 국제질서와 한반도 상황이 나의 이익에 맞는지 곰곰이 생각해볼 필요가 있고, 또한 오랜 분단 시기 동안 누가 이익을 보고 손해를 보았는지 생각해볼 필요가 있다.

사람들은 경제라는 먹고 사는 문제에는 민감하지만, 안보라는 죽고 사는 문제는 무감각한 경향이 있다. 세계 최첨단의 무기를 가진 미군이 2001년 10월부터 20년간 아프카니스탄 전쟁비용 1,000조 원과 주변국에 주둔한 기지 유지비용 1,000조 원이 넘는 국방비를 투입하고, 수십만 명의 미군과 이에 맞먹는 동일 규모의 전쟁용병, 그리고 동맹국 군인들을 투입하며 3,500명의 젊은이들을 희생하고 얻은 성과이다. 아프카니스탄에서는 17만 명, 파키스탄 등 주변국을 합치면 24만 명이 넘는 사람들이 죽고, 500만 명이 넘는 난민이 발생했다. 2021년 8월 카불 함락은 성과 없는 철군이라는 점에서 1975년 4월 사이공 함락의 역사의 데자뷰이다.

무능하고 부패한 정치지도자들로 구성된 아프카니스탄 정부가 깨어 있지 못한 국민을 버리고 패망할 수 있는지, 우리는 똑똑히 지켜볼수 있었다. 스스로 자신을 지키려는 의지가 없는 정부와 국민을 위계적인 낡은 동맹이 일방적으로 압박을 하면 어떤 결과가 도출되는지 볼 수 있는 사례가 되고 있다. 역사를 직시하는 깨어 있는 국민들과 더불어 유능하고 결기 있는 지도자, 그리고 공동체의 단합이 얼마나 중요한지 배우는 비극의 시간이 되었다.

　다음 절에서는 친구과 적을 오가는 미중관계 속에서 동아시아의 비틀어진 역사를 토론하고, 위계적이며 낡은 군사동맹을 넘어 공정과 연대에 기반한 국익 중심의 실용적인 균형외교의 가능성을 탐색해보도록 한다. 다음 절을 읽기 전에 내가 쓰고 있는 색안경이 정말 상식인지, 혹은 낡은 시각을 넘어서 좀 더 나에게 맞는 시각이 있는지 성찰해보도록 한다.

02
....

강대국 정치와 한반도 분쟁

우리나라에서 한국전쟁은 일반적으로 6월 25일 김일성의 명령에 의한 조선인민군(북한군)의 남침에 의해 시작되었다고 배운다. 이는 맞는 사실이지만, 한편으로 또 다른 진실이 있는지도 고민해볼 필요성이 있다. 하나의 사실에 대해 다양한 진실이 있고, 다양한 해석이 나올 수 있다는 측면에서 접근할 필요성이 있는 것이다. 여기서는 냉전반공주의라는 색안경을 벗고, 당시 강대국은 어떻게 한반도를 보고 있었는지 토론해보도록 하자.

일제로부터 해방 이후 동아시아는 구체제 세력인 프랑스와 같은 제국주의 국가가 다시 식민지를 회복하려고 군대를 파견하면서 전쟁이 지속되었다. 제국주의 세력과 민족주의 세력, 그리고 자본주의 세력과 공산주의 세력이 복잡하게 얽힌 적과 동지가 혼재된 비틀어진 전쟁이 이어졌다. 38선으로 분단된 한반도 역시 1948년 무렵 남북 사이에 무력투쟁이 있었다. 그리고 1950년 6월까지 3년간 약 870~1,000여 회의 상호 침략이 있었다. 이런 분위기 속에서 1949년 김일성은 모스크바와 베이징을 방문하여 전면 개전을 제안했지만, 스탈린과 마오쩌둥은 경제건설에 전념하라며 거절하였다. 그런데 왜 스탈린과 마오쩌둥은 1950년 6월 김일성의 전면개전 제안에 동조하는 전략으로 전환한 것일까. 한국전쟁 개전 과정에 대한 스탈린, 마오쩌둥, 김일성의 삼국공모론을 통해 한반도 분쟁과 강대국의 개입을 이해해보자.

해방 이후 베트남과 중국, 한반도 등 동아시아 각국에서 새로운 전쟁이 지속되었고, 무력에 의한 해결을 지향하였다. 제국주의 세력에 대한 저항과 내전의 성격이 결합된 경우도 있었다. 1949년 베트남, 중국에서 민족진영과 결합된 공산당 군대가 우세한 상황이었고, 소련은 핵실험에도 성공하게 되었다. 이와 더불어 제주항쟁, 여순사건, 빨치산의 유격활동을 보면서 김일성과 박헌영은 남침을 하면 남측 국민들이 봉기에 동참할 것이라는 착각에 빠져들게 되었다.

트루먼 대통령의 마샬플랜에 의한 유럽재건계획으로 유럽에서 미국에 우호적인 분위기와 더불어 NATO(북대서양조약기구)에 의해 스탈린은 위협을 받고 있었다. 신중국 건국 이후 마오쩌둥은 자력으로 혁명에 성공하며 소련에 대해 자신감을 가지게 되었다. 1949년 12월에서 1950년 2월 마오쩌둥은 영토와 군사점령 문제에 대해 중소 사이에 새로운 조약체결을 위해 모스크바에 체류하였다. 중국공산당은 항일투쟁과 국공내전에서 스탈린으로부터 별다른 도움을 받지 못했었다. 마오쩌둥은 스탈린에게 국경조약, 만주

철도, 뤼순군항 등 소련의 이권에 대해 반환을 요구했는데, 모스크바에서 서로 상당히 불쾌한 입장이 되었다.

1950년 초, 스탈린은 미국과 서유럽, 그리고 중국 양방향에서 위협을 받는 상황이 된 것이다. 스탈린은 패권국과 미래의 도전국을 진흙탕에 밀어넣는 싸움을 붙이는 전략을 구상하게 되었다. 그런데 1950년 2월, 김일성이 소련 대사관에서 다시 한 번 개전 제안을 은근히 반복하였다. 이후 스탈린은 한국과 미국만이 아니라 중국에게도 비밀리에 소련 군사고문단, 작전계획, 중무기 등을 북한에 보내기로 결정하였다. 스탈린은 소련의 패권 추구를 위하여 한반도를 희생하는 비정한 전략을 선택한 것이다.

이후 1950년 5월 개전 1개월 전, 김일성은 베이징을 방문하여 마오쩌둥에게 북·소 사이의 개전 결정을 통보하였고, 마오쩌둥은 스탈린의 결정을 수용하였다. 이상은 소련과 중국 자료에 근거한 한국전쟁 개전에 대한 강대국의 개입에 대한 고전적인 연구 성과이다.

미국 중앙정보국(CIA)과 남한에 주둔한 군사고문단은 중국 내 조선인 부대 수만 명이 귀국하고, 소련 중무기 등이 북한에 대규모로 배치되는 것을 정확하게 포착했다. 이에 대해 트루먼 대통령과 애치슨 국무장관과 같은 지도부가 북한군의 남침 신호를 오인(misunderstand)했다고 한다. 냉전 시기 미국 지도부의 북한 의도에 대한 오인에 의해 북한의 남침을 막지 못했다는 것은 주류 학설이었다. 그러나 냉전 이후 미국의 연구자들은 이러한 고전적 연구에 대해 의문을 제기하기도 하였다. 한반도는 강대국 전략에 의해 지정학적으로 활용되는 과정에서 피할 수 있는 분쟁이 전쟁으로 발전하기도 하였다. 이러한 과정에서 정보의 과장, 축소, 무시와 같은 왜곡이 동반되었다.

　앞에서 소련, 중국이라는 강대국의 개입을 중심으로 한반도 분쟁을 검토하였다. 이번에는 미국의 전략을 검토해보도록 한다. 조지워싱턴대학 리처드 손턴 교수의 '강대국 정치와 한반도'라는 연구가 있다. 트루먼 대통령은 이상과 같은 스탈린과 김일성의 전쟁 준비와 38선에서 전면 남침에 관한 정확한 정보를 잘 알고 있었다는 것이다. 미국의 고전적인 연구에 의하면, 미국 지도부가 이상과 같은 중앙정보국의 정확한 정보보고를 오판했다고 주장했었는데, 이에 비해 손턴 교수는 "미국 지도부는 '고의로' 정보보고를 오판했다"고 분석하고 있다.

　제2차 세계대전 이후 미국은 급속한 군비 축소를 추진하였다. 그러나 소련이라는 동맹이 냉전이 시작되며 적으로 변모하였고, 소련에 대항하기 위해 미군은 군비를 3~4배 증액하고, 일본의 재무장의 필요성이 대두되었다. 미국 국내적으로 군사력과 군비 증강을 위해 스탈린과 김정일의 움직임을 이용하였고자 하였다.

　당시 미·소 사이에 복잡한 첩보전이 있었는데, 이 이야기는 앞에서도 설명한 바와 같이 많은 영화와 다큐멘터리의 소재가 되어 일반인에게도 잘 알려진 이야기이다. 영국 케임브리지대학과 같은 명문대학 출신의 스파이들이 미국, 영국, 캐나다의 주요 핵 과학기술 및 국무부 등에서 활동하며 소련에 많은 핵과 외교전략의 자료를 제공하였다. 물론 스탈린 역시 미국 국방부, 핵 관련부터, 국무부 등 심어둔 영국계 소련 간첩을 이용하여 핵 기술과 미사일 기술만 훔친 것이 아니라, 미국의 동아시아 전략과 한반도와 일본에 대한 입장을 수집했다. 당시 미국은 이러한 영국 간첩의 활동을 이용하여 많은 잘못된 정보를 소련에 넘기기도 하였다. 일종의 미·소 사이에 어느 정도 상호 허용한 첩보전이었던 것이다.

리처드 손턴 교수는 한국에서 전진과 후퇴와 같은 결정도 전투 상황만을 고려한 결정이 아니라, 미국 국내적 정치 상황과 군비 증액이라는 목표를 위해 결정된 측면이 있다고 주장하고 있다. 예를 들어 한국군과 미군이 북진하는 과정에서 이미 많은 중국군을 생포하여 중국군의 장진호 포위작전을 입수했다. 그러나 미국은 중국군이 참전하지 않을 것이라고 오인하는 척하는 의도적으로 사실이 아닌 내용을 배포했다고 한다. 전쟁지도부가 중국 포로를 통해 중국 인민지원군의 참전과 포위작전을 정확히 인지하고 있었다고 한다.

중국 인민지원군은 지구전이라는 고전적 전술을 통해 주간에 잠자고 야간에 공격하는 전략을 실행했는데, 따라서 실제보다 과장된 인해전술이라는 신화를 만들기도 하였다. 당시 종군기자들은 미군이 중국군의 인해전술이라는 실재하지 않는 유령과 전쟁을 하고 있다고 비꼬기도 하였다. 군비 증강과 미국 국내적 통합을 위해 트루먼과 애치슨은 전장을 한반도로 제한하며 시간을 끄는 전략을 통해 미국의 군비 확장과 일본의 재무장을 추진하였다. 이러한 정치지도자의 전쟁 개념을 잘 이해하지 못한 맥아더는 제2차 세계대전과 같은 무차별 폭격과 대규모 군병력 투입을 통해 전쟁을 빨리 종결하려 하였고, 심지어 만주까지 핵폭격하는 방안까지 추진하였다. 기존 연구들은 맥아더 장군이 정치군인이며 전쟁을 조기에 종결하기 위해 트루먼 대통령을 압박한다고 주장하고 있다. 이에 리처드 손턴 교수는 오히려 트루먼이 맥아더 장군이 정치를 한다는 명분을 만들어서 반강제적으로 전역하도록 계략을 꾸몄다며 정치가가 군인들보다 한 수 위에 있다고 주장한다. 이후 강대국의 국내─국외 정치에 의해 한반도에서 전쟁과 협상이 동시에 진행되는 질질 끄는 형태의 전쟁이 2년간 지속되었다. 이 기간 동아시아, 한반도, 일본은 미국의 군사기지로 변모하였고, 미·소 냉전은 더욱 심화되었다.

03
....

친구와 적을 오가는 미중관계

앞서 설명한 바와 같이 약소국 분쟁과 강대국의 개입은 한반도에서 임진왜란, 청일전쟁, 러일전쟁, 한국전쟁의 사례가 있다. 제국주의 약탈 시기, 동아시아 각국은 우리와 비슷한 유사한 강대국 개입을 겪기도 하였다. 제국주의 시기, 동아시아 지역은 현대적인 국민국가의 건설에 실패하여 서구 열강과 일제의 침략 대상으로 전락했다. 해방 이후 제국주의 세력의 아시아로의 회귀전략과 민족독립 세력 간의 충돌, 그리고 자본주의와 공산주의 세력의 뜨거운 전쟁 지역이 되었다. 미·소 냉전은 미국과 소련의 직접 충돌에 의한 세계대전이 회피되었다는 의미로 차가운 전쟁으로 이름 지어졌지만, 동아시아 지역은 강대국을 대리한 다양한 분쟁이 있었다. 미국의 패권에 소련이 대항하는 기본 구도였지만, 진영 내부에서 도전과 순응이 동시에 있었고 인도네시아, 싱가포르, 말레이시아, 인도 등은 제3세계나 중간지대 혹은 비동맹운동 등을 제안하며 미·소라는 두 강대국과는 다른 가치를 지향하기도 하였다.

  탈냉전 시기, 미국 단독 패권과 미·중 협조노선 속에서 동아시아 지역은 가장 역동적으로 경제가 성장하는 지역이 되고 있다. 근대 이후 동아시아는 미국, 영국, 프랑스, 중국, 일본, 러시아의 세력이 충돌하는 지점이며, 지리적으로 아시아와 태평양을 연결하는 방대한 지역이다. 현재 미·중 전략경쟁으로 바이든의 인도-태평양 전략과 시핑의 일대일로의 충돌이 격화되고 있으며, 충돌지점이 한반도-타이완 해협-남중국해라는 제1도련선에서 인도양-태평양 지역으로 연결되며 확장되고 있다.

  일본은 동아시아와 태평양의 다양한 국가를 침략하고 막대한 피해를 미친 제국주의 국가였으나, 1951년 샌프란시스코 강화조약으로 국제사회에 복귀하였다. 미국의 아시아 핵심 동맹이 되면서 미국의 지원을 바탕으로 경제적 번영에 성공하였다. 그러나 일본과 동아시아 각국은 고도의 경제협력 관계를 맺고 있지만, 인접국들과 해결하지 못한 역사, 정치, 영토 문제를 둘러싸고 분쟁이 지속되고 있다. 미국과 일본의 특수관계는 일본 대국화의 원동력이 되었지만, 동시에 피해국과는 역사 문제의 해결을 못 하게 되는 모순이 남아 있는 상황이다.

  미국의 동아시아 정책이 일본을 중심으로 편성되면서, 동맹국을 미일동맹의 하부에 편입시키려고 하면서 동맹국들의 저항이 발생하기도 하였다. 냉전 시기 미국이 제공하는 자유주의적 질서 아래 그들의 동맹국들은 경제적 번영을 이루었지만 미국, 일본 그리고 동맹국 사이에 역사, 정치, 경제라는 세 축이 분야별로 협력, 경쟁, 갈등하면서도 비틀어진 지역질서를 만들어냈다. 이는 동아시아의 비틀어진 냉전을 만드는 한 축이 되었다.

이와 유사하게 소련 진영 내부에도 중월전쟁, 중·소 국경분쟁, 베트남의 캄보디아 침공 등 다양한 전쟁이 있었다. 1964년 통킹만 사건으로 미국의 베트남 침략이 본격화되었지만, 전쟁 초기 미국 정보당국은 베트남에서 패배를 할 것으로 전망하였다. 1968년 당선된 닉슨 대통령은 베트남에서 명예로운 철수를 희망하였고, 동시에 소련 봉쇄를 위해 중·소 분쟁을 이용하고자 하였다. 이는 1950년 스탈린의 한반도를 이용한 미·중 충돌 계략과 유사한 전략인 것이다. 소련과 중국은 300년간 영토분쟁이 있었고, 냉전 시기 국경에서 전투만이 아니라 핵전쟁까지 우려하는 관계였다. 소련의 핵공격 위협을 받고 있던 마오쩌둥 역시 미국과의 데탕트를 통해 소련을 견제하고자 하였다. 1972년 닉슨은 베이징을 방문하여 마오쩌둥과 악수를 하였다. 이는 비틀어진 냉전을 상징하는 가장 인상적인 상징적 사건으로 기록되고 있다.

닉슨과 마오쩌둥은 『손자병법』의 전형적인 이이제이(以夷制夷)를 실천한 것이다. 서양에서도 토머스 홉스가 설명하는 자연 상태가 '만인에 대한 만인의 투쟁'이라고 하는데, 국제사회와 국제관계도 본질적으로 유사하다고 인용되는 사례이기도 하다. 이는 현실주의 국제정치 이론에서도 국제사회의 본질이라며 국제사회에서 적도 친구도 없다는 사례로 인용되고 있다. 미국 진영만이 아니라 소련 진영 내에서 여러 전쟁이 있었고 사안별로 협력, 경쟁, 갈등이 존재하는 비틀어진 질서가 존재하고 있었다.

본 장에서는 주로 강대국 정치와 동아시아 분쟁을 토론하고 있
는데, 강대국의 개입에 대해 동아시아 각국은 어떻게 대응했는지
도 토론할 필요가 있다. 실제 동아시아 각국은 주권유지와 경제성
장을 위해 강대국 전략에 균형(balancing)과 편승(bandwagon), 유화
(appeasement), 회피 등 다양한 대응 방법을 수립하였다. 동아시아는
강대국의 힘의 충돌만이 아니라, 더불어 진영 내부에서도 다양한
이익이 상호 충돌하는 소용돌이 속에서 각자도생의 국가전략을 수
립한 것이다. 이와 더불어 냉전 시기 인도, 프랑스, 인도네시아, 라
틴아메리카 등에서 비동맹운동, 제3세계 등 미·소 진영구도를 넘으
려는 시도가 있었고, 연대라는 방안이 고안되기도 하였다. 실제 유
럽연합(EU), 아세안(ASEAN)과 다양한 경제협력기구 등의 성과가 도
출되기도 하였다. 이러한 중간지대의 연대와 각국의 각자도생의 대
외전략은 미·소 냉전구조에서 동맹이라는 낡은 관계를 넘어서는
이색적인 풍경을 연출하기도 하였고, 냉전을 완화하며 비틀어진 질
서를 창출하는 요인이 되기도 하였다.

　1972년 미·중 데탕트를 달성하며 우호관계가 되었고, 1979년
1월 국교 정상화를 달성하였다. 이후 40여 년간 중국은 미국의 자
유주의 무역체제 안에 연간 10%에 가까운 경이적인 경제성장을 하
였다. 미국은 중국이 미국적 민주주의, 인권과 자유의 가치를 장기
적으로 수용하게 될 것이라는 장기 전략을 구상하였다. 물론 중국
은 중국적 사회주의 가치를 유지하면서도, 동시에 미국이 구축한
자유무역체제에 편입하여 경제성장을 목표로 하였다. 국교 정상화
이후 40년간 미·중은 전략적 묵계(strategic tacit agreement)를 맺고 협
조노선을 통한 평화로운 공존을 하였다.

최근 바이든-시진핑 시기 미·중이 상호 뿜어내는 독설과 외교적 수사를 보면 지난 40년간 미·중은 과연 친구였는지 의문이 들고 있다. 국제정치는 패권국과 도전국 사이에 사이 좋은 경우가 거의 없었다는 점에서 일부 국제정치 전문가들은 설령 중국의 미국 가치를 수용했어도 현재와 같은 미·중 충돌은 발생했을 것이라 주장하기도 한다. 미국과 중국은 40년간의 친구에서 다시 적으로 전략경쟁의 시대에 접어든 것이다.

미중관계를 보면 영원한 적도 영원한 친구도 없는 것처럼 보인다. 국제질서는 각국이 어떤 문화와 사고를 갖느냐에 따라서 국제사회의 운명이 변화한다. 예를 들어 상대 국가를 친구로 인식하는지, 적으로 인식하는지에 따라 우리와 상대방의 관계는 미중관계처럼 적과 동지를 오가며 변화무쌍한 모습을 보이게 될 것이다. 최근 바이든이 대외정책에서 빈번히 설명하는 협력, 경쟁, 갈등의 전략적 선택에 대해 토론해보도록 한다.

첫째, 바이든-시진핑의 적대적 발언을 보면 홉스적 발상에 기초하여 국제질서를 '만인에 대한 만인의 투쟁'으로 인식한다고 볼 수 있다. 앞에서 설명한 국제정치 이론의 현실주의와 같은 맥락을 갖고 있는 것이다. 서로 '같은 하늘 아래서 우리는 같이 살 수 없다'며, 패권국과 도전국의 품격이라고는 찾아보기 민망할 정도의 저질스러운 표현을 서슴지 않고 상호 퍼붓고 있다. 국제정치의 승부를 결정짓기 위한 투쟁에서 상대방의 정치체제를 전복시키겠다든가, 훔쳤다 혹은 압도하겠다는 표현을 사용하고 있다.

실제 약탈 시대, 제국주의 국가들이 동아시아를 침략했을 때 이런 사고를 기반으로 동아시아 각 지역을 분할하고 점령하였다. 이런 사고는 인간이 악하다는 성악설을 기반으로 해서 인류 문명사에서 인간의 야만성을 전쟁의 형태로 표출하였다. 최근 동아시아 각국에서도 많은 극우적 국가주의 정치인(쇼비니스트 스트롱맨)이 집권하며 막말을 퍼붓고 있고, 국민들의 인기를 얻으며 정치력을 발휘하고 있다. 코로나 백신을 보급하는 문제에 있어서 강대국들이 자국우선주의를 내세우며 사용하지 못할 수준으로 사재기를 하고 상당 부분을 보관 문제로 폐기하고 있는 상황이다. 만약 이런 사고에 기반하여 미·중 신냉전이 심화되고, 우발적 사고에 의해 세계대전이 일어난다면 현재 인류가 갖고 있는 사상 초유의 핵무기와 다양한 전략무기들로 인해 지구상에 인류는 원시시대로 돌아갈 가능성이 상당히 높아지게 된다.

둘째, 전략적 경쟁이 있다. 이러한 전략적 경쟁은 국제정치에서 행위자 간의 상호 경쟁에 기반하여 현재 다수 국가의 국가전략과 행동양식의 근본이 되어왔다. 상호작용을 기반하기 때문에 상대방을 소멸시키지는 않지만 압도하겠다는 경쟁문화가 만연해 있다. 이는 앞에서 설명한 국제정치 이론 중에서 자유주의와 유사한 맥락이라고 볼 수 있다. 자국의 국가경쟁력을 자랑하고, 이웃 국가보다 월등한 군사력과 경제력을 갖추기 위해 무한 경쟁을 하고 있다. 이는 인류 산업발전의 원동력이기도 하였지만, 우발적 사건에 의해 경쟁자가 쉽게 적으로 변모할 가능성도 있다.

셋째, 세계 시민으로 서로를 환영한다는 칸트적 발상이 있다. 이는 화해와 협력, 공정한 세상을 만들겠다는 전략적 선택으로, '플러스섬(Plus-Sum)'과 '공통의 이익'의 결과를 중시하여 화해와 협력을 확대하며 갈등을 억제하는 평화 확산의 전략적 사고이다. 이는 인간이 선하다는 성선설에 기반하고 있다. 국제정치를 군사력과 같은 강한 수단에 의한 전략은 억제하고, 약한 국가를 돕겠다는 억강부약(抑强扶弱)을 실천하여 지구촌을 대동세상을 구현하겠다는 이상적인 정치문화이다. 현재 지구촌에서는 유럽연합, 아세안 그리고 몇몇 경제협력기구 정도에서만 이러한 정치문화와 인식에 부분적으로 도달해 있다.

현재 미·중 사이에 사안별로 협력, 경쟁, 갈등이 전개되고 있으며, 전반적으로 협력 분야가 줄어들고 갈등 분야가 증가하고 있다. 더불어 동아시아 지역에서도 역시 이러한 세 가지 전략적 선택이 혼재되어 있다. 미·중 전략경쟁이 심화되면서 양국은 중간지대에 줄서기를 선택하라는 강요를 하고 있지만, 역사적으로 미중관계를 보면 적과 친구는 모호했다.

트럼프 대통령 시기, 미국우선주의라는 비전통적인 외교 원칙에 입각하여 미국 외교는 중국 때리기만이 아니라 동시에 최상위 동맹인 나토, 일본, 한국 때리기도 실천하였다. 제2차 세계대전 이후 미국은 동맹만이 아니라 전 세계에 안보와 무역이라는 국제 공공재를 제공하며 세계질서를 창출했다. 그러나 현재는 미국은 동맹에게 상당한 방위분담금 부담을 지우고 있고, 무역에 있어서 상당한 부담을 주고 있다. 냉전 시기 미국이 비용을 제공하고 동맹국이 군대를 제공하는 형태에서 전략경쟁 시대 미국이 군대를 제공하고 동맹이 비용을 분담하는 형태로 변화되어 가고 있다.

외교 원칙으로 어떤 정치문화를 선택하느냐는 좀 더 평화롭고 공정한 지구촌 건설과 자국의 생존을 위해 중요한 문제이지만, 이와 더불어 현실의 외교 실천에서 협력, 경쟁, 갈등이 사안별로 복잡하게 혼재되어 있다는 측면에서 유연하게 국가전략과 외교 실천을 수립해야 한다.

냉전 시대 미·소 냉전구도 속에서 동맹국들은 미국 일변도라는 편승전략과 탈냉전 시기 미·중 협조노선 속에서 안미경중(安美經中) 전략을 쉽게 선택했는데, 현재는 매우 유동적이며 역동적인 국제질서로 인해 각국은 상당히 어려운 고차방정식을 풀어야만 하는 처지에 놓이게 되었다.

미·중 패권경쟁의 역동적 움직임, 강대국의 줄서기 강요를 회피하고자 하는 중간지대의 고민과 연대, 국제사회를 선도하는 통상국가에 대한 빈곤 국가의 기대 등 상호 충돌하는 이익관계 속에서 선택과 자국중심주의로 무한 경쟁하는 각자도생이라는 파편화되어가는 국제질서 속에서 한국 외교는 앞으로 선택하기 어려운 고차방정식에서 깊은 고민에 빠져 있다. 이러한 국제정치의 움직임이 당분간 지속될 것으로 전망된다. 이에 응전하며 우리나라는 국가의 품격과 외교의 실천 속에서 다양한 방향으로 요구하는 국제사회의 질문에 동시에 만족할 만한 해법을 찾기가 어려워질 것이며, 따라서 외교 원칙은 일관되지만 외교 실천은 유연하게 우선순위를 선택해야 할 것이다. 북핵 문제와 남북관계의 교착 국면이 장기화되는 한반도 평화의 불안정이 지속되고 있다. 평화와 경제가 선순환하는 한반도 평화경제 시대로 진입하기 위해서는, 한미동맹을 기반으로 하면서 중국, 일본, 러시아, 동남아, 유럽 등 이웃 국가들과 전략적 우호협력을 지속하는 균형외교 속에서 국익 중심의 실용적 노선을 실천해야 한다.

선도국가의 품격과 딜레마

국제학술대회에서 외국 학자들에게서 자주 듣는 질문을 꼽자면 선도국가 대한민국의 외교가 무엇이냐, 남북 화해의 장기 구상이 무엇이냐 등이다. 일제의 침략과 한국전쟁, 그리고 그 이후에도 우리나라는 미국의 도움으로 독립과 경제성장을 이룩할 수 있었다. 국제정치 이론에서 힘이 서로 다른 강대국과 약소국이 동맹을 맺을 경우, 대체로 강대국은 군사적·경제적 이익과 현대적 가치체계를 제공하고, 약소국은 주권의 상당 부분을 이양하고 제약을 받는다. 상호 힘이 대칭적이지 않다는 동맹국 사이에 문제점이 발생한다는 의미로, 이를 비대칭 동맹의 딜레마라고 표현한다. 비대칭 동맹 사이에 너무 가까워지면 다양한 문제에 연루(entrapment)될 위험에 빠지고, 너무 멀어지면 동맹 파기라는 방기(abandonment)의 위험성에 빠지는 딜레마가 있다는 것이다.

앞에서 한국전쟁 개전을 둘러싼 미·중·소 관계를 토론한 바와 같이 적대적 강대국 사이에도 지속적 협상과 치열한 정보전을 통해 상대방의 계략을 적극적으로 활용한 사례가 적지 않다. 미·중·소 관계를 보면 적에서 동지로, 동지에서 적으로, 그리고 이이제이와 같은 다양한 합종연횡이 있어왔다. 각 국가마다 자신의 외교 원칙과 품격을 지켜야 하겠지만, 역동적 국제질서의 변화에 유연한 실천이 필요하다는 것을 의미한다.

국제학술대회에서 외국 학자들에게서 자주 듣는 선도국가로서 외교가 무엇이냐, 남북 화해의 장기 구상이 무엇이냐 등과 같은 질문을 바꾸어 말하면, 한국적 외교의 원칙과 유연한 실천이 있느냐는 질문과 같다. 일제의 착취와 전쟁으로 한국은 세계 최빈국으로 군사적·경제적 힘도 없었을 뿐만 아니라 민주주의와 인권, 자유와 같은 현대적 가치를 수용할 능력도 부족했다.

근대 이전 한반도는 강대국 중국만 관리하는 편승(bandwagon)전략을 선택하여 체제를 유지하였다. 이런 편승전략이 조공체제였으며, 외교에 있어서 사대주의(flunkeyism)는 현재까지 논쟁이 되고 있다. 조공체제에서 군사력과 외교는 중국이 허용하는 범위에서만 실행할 수 있었고, 한반도로서는 생존의 대가로 주권의 제한을 받아들일 수밖에 없었다. 한국전쟁 과정에서 국가 존망의 위기에서 우리나라는 다시 강대국 미국에 편승전략을 채택하였고, 비록 사대주의 논쟁이 있었지만 미국 일변도 노선은 약소국 외교로서 비교적 효율적인 대외정책이었다고 평가할 수 있다. 탈냉전 시기 미국과 중국은 적에서 친구로 전략적 전환을 하였고, 미·중 협조노선 속에서 미국과의 동맹과 중국과의 경제적 동반자관계라는 안미경중 노선은 미·중 양측으로부터 양해가 되었다.

그러나 미·중 전략경쟁이 심화되고 동시에 우리나라도 선도국가로 부상하면서 한국의 중견국 외교는 무엇인가 등의 질문이 국제사회로부터 나오기 시작하였다. 최근 미·중 전략경쟁이 모든 분야로 확산되고, 특히 미국의 중국공산당에 대한 체제전복이라는 가치투쟁으로까지 퍼지면서 미중관계는 '친구에서 적으로'라는 새로운 단계에 진입하고 있다. 이러한 패권경쟁은 향후 수십 년간 지속될 것으로 전망되고 있다. 국제질서가 요동치고 있는데, 그 핵심 지역이 1950년대와 같이 한반도가 되고 있는 것이다. 더불어 지난 70여 년간 한국은 최빈곤 국가에서 경제력과 군사력이 세계 10위권 안에 들고, 반도체나 조선과 같은 첨단기술 분야, 한류문화 등도 선도적인 국가로 부상하게 되었다. 한국은 민주, 인권, 자유라는 현대적 가치와 규범 분야에서도 상당한 모범국가로 성장했고, 2020년 코로나 팬데믹의 대응 과정에서 방역 통제와 민주적 절차를 순차적으로 성공시킨 몇 안 되는 국가가 되었다. 해방 이후 세계 최빈국으로 원조를 받던 국가에서 2020년대 세계 종합국력 10위권의 지구촌을 선도하는 책임국가로 성장하게 된 것이다. 따라서 냉전 시기 미국 일변도 노선이나 탈냉전 시기 안미경중 노선만으로 한국 외교가 지구촌에 공헌을 하거나 남북 화해와 통일을 실현할 수가 없게된 것이다. 더욱이 미·중 전략경쟁 과정에서 미국은 한국에 더욱 많은 국방비 분담과 미국 물건을 구입하라고 압력을 가하고 있고, 중국은 한국이 자국에 의한 경제성장을 했으니 이제는 안보, 문화 등 다차원 협력을 요구하고 있다.

지표적으로 한국의 종합국력이 세계 10위권 안에 들고 있다. 그러나 좁은 영토와 부족한 자원이라는 제약 요소가 있고, 산업 자원만이 아니라 식량마저도 자급자족이 거의 불가능한 환경에서 대외에 의존해야 하는 상당한 제약이 있다. 한국의 산업구조가 기초자원을 수입하여 첨단제품으로 가공하여 수출입하거나 다양한 물류의 환승창구 역할을 하는 전형적인 통상국가(commerce state)의 성격을 가지고 있다. 한국은 의식주를 매우 높은 비율로 외국과의 통상에 의존하고 있다는 것이다. 그러나 육상은 북한으로 가로막혀 전형적인 섬나라와 같은 특성을 가지고 있고, 바다는 일본, 중국, 러시아 사이에 좁은 해역만이 존재하고 있으며, 바다 역시 이들 나라를 통과해야 아세안, 유럽, 미주 등과 연결이 된다는 것이다. 지리적으로 우리나라는 주변 국가와 관계가 악화된다면 외국과의 통로가 봉쇄될 수 있다는 치명적인 약점을 안고 있다. 이들 4대 강국은 전 세계 종합국력은 평균적으로 제1, 2, 3, 7위 정도를 기록하고 있다. 우리나라는 자원과 내수가 좁아서 통상에 의존해야 하는데, 주변은 강대국으로 둘러싸여 있다는 단점이 있다. 또한 일방과 적대관계를 형성하며, 통상이 불가능하게 된다는 지리적 문제점도 존재하고 있다는 것이다.

지난 40년간 미·중 협조노선 속에서 한국은 통상국가로서 양호한 조건 속에서 안미경중 노선을 통해 경제적 성장이 가능했지만, 미·중 전략경쟁이 심화되는 과정에서 우리나라는 국가전략 전체를 재구성해야 하는 딜레마에 빠지게 된 것이다. 통상국가라는 제약만이 아니라 분단국가로서 화해와 통일 과정에서 우리나라는 주변 강국 모두에 좋은 관계를 맺어야 하는 외교적 실천방안을 창조해

내야 하는 입장이기도 하다. 더욱이 해방 이후 세계 최빈국에서 부유한 국가가 되는 과정에서 많은 부유한 국가로부터 원조와 경제협력을 제공받았고, 개발도상국으로부터 상당한 흑자를 내기도 하였다. 따라서 과거 원조를 받는 국가에서 이제는 책임국가로서 다양한 국제공헌을 요구받고 있다.

더불어 미·중 전략경쟁 속에서 중간지대 혹은 제3의 길을 걷고자 하는 많은 국가들도 역시 한국 외교의 향방을 주시하고 있다. 미국과 동맹 혹은 동반자관계 국가이면서, 중국이 제1무역 상대국인 국가가 적지 않다. 다시 설명하면, 한국 외교와 같은 딜레마에 빠진 국가가 적지 않은데, 냉전 시대 한국은 후발 개발도상국으로서 다른 국가의 성공모델을 적당히 수동적으로 따라 하면 되었는데, 현재와 같이 국제적으로 선도국가가 된 상황에서 따라 할 모델이 없게 되었고, 창조적이며 유연한 실천을 스스로 고안해야 하는 입장에 놓이게 된 것이다.

05
....

지구촌의 공정, 평화, 연대를 위한 선도국가로서 공헌

한국은 해방 이후 최빈국에서 탈냉전 시기 중견국으로, 그리고 미·중 전략경쟁 시기 다양한 분야에서 '글로벌 선도국가'로 성장하였다. 따라서 우리나라는 새로운 도전으로 선도 중견국의 외교 개념과 실천에 관한 질문을 받고 있다.

2005년 노무현 정권은 동북아 균형자론을 주변 강대국에 대한 외교안보 구상으로 제시하였지만, 국내외적인 논쟁 속에 외교의 실천 영역에서 제약이 상당했다. 분단 극복이라는 제1의 어젠다 때문에 글로벌 선도국가로 성장한 대한민국이 지구촌에 던지는 외교안보 메시지가 명확하지 않다는 국제사회의 비판이 있었다. 2020년 코로나 팬데믹은 지구촌 질서의 재편을 야기하였다. 미국은 사망자가 세계대전에서 사망한 인원을 넘었고, 자유주의 강대국 프랑스,

영국 등 서유럽 각국이 코로나19로 사회적 혼란을 겪었으며, 남미, 인도, 아프리카 등 정확한 통계 작성마저 어려운 처지에 놓이게 되었다. 민주주의와 자유를 기반으로 하면서도 동시에 코로나를 모범적으로 통제한 국가로는 대한민국, 호주, 뉴질랜드 등 손가락에 꼽을 정도로 소수에 불과하다.

코로나 팬데믹은 지구촌의 생명안전과 경제성장에도 악영향을 미치고 있고, 각국의 경제가 부익부, 빈익부의 악순환 구조가 심화되고 있으며, 지구촌 차원에서도 빈곤의 악순환이 심화되고 있다. 이를 극복하는 과정에서 2021년 코로나 백신과 치료제, 의료장비를 부유한 국가 대부분이 선점하며 자국 중심의 각자도생의 길을 노골적으로 자랑하고 있다. 냉전 시기 미국은 패권국으로 국제 공공재로 안전보장과 자유주의 무역체제를 제공하며 가난한 국가에 자유와 관용을 베푸는 상징이었다. 그러나 코로나 팬데믹 하의 미국은 미국우선주의 노선을 선택하며 양육강식의 '만인에 대한 만인의 투쟁'이라는 새로운 국제질서를 구축하는 데 상당한 영향을 미치고 있다.

이러한 각자도생 노선과 빈곤의 악순환 과정에서 지구촌에서 국내적·국제적으로 '공정'이 화두가 되고 있다. 과거 국내경제나 국제무역에서 주로 사용하는 '공정'무역(Fair Trade)과 같은 개념이 다양한 분야와 국제정치에서도 주요 개념으로 성장하게 된 것이다. 비교우위를 통한 국제무역이 선진국에 유리하고 개발도상국에게 약탈적인 경우가 적지 않았는데, 이러한 자유주의적 경제협력을 비판하며 1970년대 남미에서는 종속이론이 발전하였다. 국제정치에서 자유주의자들은 부유한 국가가 빈곤 국가에 코카콜라 공장을 세우면 원료 판매와 고용을 촉진하여 빈곤 국가에도 이익이 되고 부유한 국가에도 저렴한 콜라를 제공할 수 있어서 상호 플러스섬(Plus-Sum)적인 이익이 된다는 점에 주목한다. 그러나 종속이론가들은 부유한 국가의 자본은 증식되었지만, 빈곤 국가가 약탈되어 더욱 가난하게 되는 점을 주목하였다. 빈곤 국가의 노동자들은 생산되는 콜라를 마시거나 나이키 신발을 살 정도의 구매력을 갖지 못하고, 또한 부유한 국가의 노동자들 역시 고용환경이 악화되는 문제점도 동반한다는 것이다. 이를 보완하기 위한 빈곤 국가의 생산자에게 어느 정도 공정한 가격을 지불하고, 여행을 하거나 무역을 하는 사회운동이 전개되었다. 부유한 국가 소비자와 빈곤 국가의 생산자가 상호 공존하며, 생산자의 경제적 자립과 지속가능한 성장을 목적으로 좀 더 지속가능하고 공정한 지구촌을 만들려는 무역, 여행의 모델인 것이다.

지구촌의 공공재인 안전보장, 백신과 치료제, 환경, 인권, 무역 등에 있어서 공정을 주요한 지표로 삼자는 주장이 대두되고 있다. 통상국가이며 동시에 선도국가인 우리나라는 전 지구적인 자유로운 교류와 통행이 보장되고 상호 다양성이 존중되어야 지속가능한 평화와 번영을 누릴 수 있다.

빈곤의 악순환 구조는 국제안전보장을 위협한다는 의미에서 빈곤 국가를 돕는 것은 지속가능한 평화의 중요한 요소가 되는 것이다. 강대국과의 관계에서 선도국가 외교에는 앞에서 설명한 바와 같이 다양한 선택이 있지만, 중견국 사이의 연대도 하나의 선택이 될 수 있다. 부유한 국가와 빈곤 국가가 공존하는 억강부약과 각자도생의 전략경쟁구도를 완화하여 지속가능한 평화를 구축하는 아름다운 대동세상의 지구촌을 지향하는 선도국가 외교를 국익 중심의 균형외교를 공정외교라고 개념화할 수 있다. 미·중 전략경쟁 하에서도 미국과 동맹 혹은 동반자관계이면서도 중국에 배타적이지 않은 자유롭고 열린(Free and Open) 태도의 국가와 행위자들의 중간지대가 연대하여 네트워크를 구축한다면 좀 더 공정하며 평화로운 지구촌을 건설하는 데 공헌하게 될 것이다.

제3장

•

한반도 평화체제와
능동적 한미동맹

정한범(미래안보포럼)

기본안보와
한반도 평화 정착의 필요성

1. 기본안보

안보(security)란 의도적인 정치사회적 또는 군사적 위협으로부터 발생하는 불안을 제거하고 평화를 제공하는 것을 의미한다. 불안의 원인은 두 가지로 세분해서 생각해볼 수 있다. 먼저, 외부에 위협이 실재하는 객관적 불안이다. 다음으로, 외부의 위협에 대해 과대평가하는 주관적 불안이다. 우리가 불안을 느끼게 하는 원인은 이러한 외부의 위협에 대처할 수 있는 자신의 능력이 현저히 떨어지거나, 또는 그렇다고 느끼는 취약성(vulnerability)이다.

국민의 기본권으로서 안보를 의미하는 기본안보란 외부로부터의 객관적인 위협과 함께 내부로부터의 주관적 불안에서 오는 취약성을 제거함으로써 누구에게나 평화와 안전이 보편적으로 제공되는 것을 말한다. 인간은 누구나 안전하게 살 기본적인 권리를 가지고 태어났다. 신체의 자유처럼 안보권도 하늘이 인간에게 내린 기본권의 일종이다. 그러므로 이러한 천부인권의 안보권을 보장하기 위해서는 외부로부터의 객관적인 위협을 제거하는 것뿐만 아니라, 외부의 위협을 과장하거나 우리의 능력을 과소평가하게 하는 주관적 불안을 제거함으로써 안보에 대한 취약성을 감소시키는 것이 중요하다.

기본안보를 성취하기 위해서는 외부의 객관적 위협과 내부의 주관적 불안을 모두 제거해야만 한다. 외부의 위협을 제거하는 가장 효과적인 방안은 외교적 협상을 통해 상대방의 능력을 통제하는 것이다. 이를 실현하는 가장 현실적인 방안이 군비통제이다. 내부의 주관적 불안을 제거하기 위해서는 현재하는 위협이 실제보다 부풀려지는 것을 막아야 한다. 보통 이러한 불안의 증폭은 상대방과의 적대적 관계와 신뢰의 부족에서 비롯된다. 그러므로 적대적 관계를 정치적·선언적으로 종식시키는 것이 주관적 불안을 제거하는 핵심적인 요소가 될 것이다.

2. 평화로운 삶이 일상이 되는 한반도 사드 배치

한반도에서 평화를 위협하는 불안의 요소는 객관적·주관적 측면이 모두 작용하고 있다. 객관적으로 핵무력을 포함한 북한의 위협이 존재하고, 이를 용인하지 않는 미국의 적대적 냉전구조가 남아 있다. 그러나 한반도에서 안보의 위기는 객관적 사실에 못지않게 주관적 관념에 더욱 영향을 받는다. 사실 1953년 정전체제가 수립된 이후로 한반도에서는 간헐적으로 남북 간에 소규모 충돌이 있기는 했지만, 전쟁의 조짐은 없었다. 어쩌면 개디스(Gaddies, 1989)가 얘기한 '긴 평화'가 한반도에도 존재했었는지 모른다. 냉정하게 돌아보면, 정치학적 현실주의가 이야기하는 합리성을 가정한다면 남북한 모두 전쟁을 일으킬 만한 실질적 이익이 없다. 그 결과가 얼마나 처참할지 불을 보듯 뻔하기 때문이다. 그럼에도 한반도에서는 항상 실제보다 전쟁의 위협이 부풀려진다. 때로는 국내정치적 목적에 악용되기도 하고, 때로는 국제정치적 환경에 의해서 증폭되기도 한다.

이러한 시도들이 작동하는 근원에는 남북 간에, 그리고 북·미 간에 존재하는 불신이 자리하고 있다. 다시 말해 신뢰의 부족이 주관적 불안의 가장 중요한 원인이라는 것이다. 불신의 관점에서 바라보게 되면 상대방의 일상적이고 작은 행동들도 공격적이고 과도한 것으로 해석하게 될 수밖에 없다. 최근 2021년 북한의 8차 당대회 중에 북한이 방어적인 한미연합훈련에 대해 보인 과민반응이나, 북한의 의전행사에 불과한 열병식에 대한 남한 내의 예민한 관심들이 그 예가 될 수 있을 것이다.

이러한 안보의 취약성을 극복하고 평화로운 삶이 일상이 되는 한반도 사드 배치를 구축하는 것이 기본안보를 실천하는 것이다. 기본안보 차원의 기본권인 평화가 정착되고 국가적 안위를 확보하는 실천방안으로 남·북·미 간의 군비통제와 종전선언이 가장 현실적인 대안일 것이다. 또한 이러한 방안을 실천하기 위해서는 한반도에서 가장 큰 영향력을 행사하고 있는 미국의 전향적인 협조가 필요하다. 대북정책과 전시작전통제권에서 한국의 주도권을 인정하는 미래지향적인 공정한 동맹이 요구된다.

02
....

북핵 위협의 구조적 본질과
평화체제 구축

1. 정전체제의 구조적 문제

동북아에서의 안보 취약성은 구조적인 문제이다. 과거 냉전 시대에 자유진영과 공산세력이 대립하는 최전선이었고, 현재도 패권국미국과 역내 패권국으로의 도약을 꿈꾸고 있는 중국 사이에 치열한 전략적 경쟁이 벌어지고 있다. 이것은 '트럼프 지우기'에 나선 바이든 정부조차 트럼프의 중국 견제정책을 옹호하고 나선 데에서 확인할 수 있다. 심지어 '민주주의' 대 '권위주의' 간의 '신냉전'으로까지 묘사되고 있는 실정이다.

한반도 내에서의 구조적 문제는 더 심각하다. 1990년대 들어서면서 전 세계적으로 냉전적 질서가 해체되었지만, 유독 한반도에서는 여전히 남한의 자본주의와 북한의 공산주의가 대립하고 있다. 한국전쟁도 실질적으로는 종식되었지만, 법적으로는 여전히 '정전 체제'라는 이름으로 지속되고 있다.

2. 북한 체제의 위협과 핵 개발

한편 한반도에서는 1990년을 전후로 구 공산권의 맹주였던 소련이 붕괴되고 중국마저 자본주의 개혁·개방의 길로 나아가게 되면서 소련과 중국의 보호막이 사라지자 북한은 미국과의 직접적인 대립에 직면하게 되었다. 이러한 구조적 갈등 상황에서 등장한 것이 북한의 핵 문제이다.

북한은 미국이 먼저 체제를 보장하지 않으면 핵을 내려놓을 수 없다는 배수의 진을 치고 있다. 체제위협 때문에 핵무기를 개발했는데, 체제보장 없이 핵무기를 내려놓는다는 것은 받아들일 수가 없다는 것이다.

문제는 미국이 1차, 2차 북핵 위기 때의 경험 때문에 북한이 먼저 변하지 않으면, 미국이 먼저 북한에게 보상하지 않겠다는 강경한 입장을 보이고 있다는 점이다. 북한의 핵 개발은 단순히 북한의 안보라는 관점에서만 바라볼 수 있는 것이 아니다. 넓게는 국제 핵비확산체제에 대한 도전이 되고, 지역적 차원으로는 일본과 한국, 대만 등의 핵 개발을 자극할 수 있는 민감한 문제이다. 한반도 차원에서도 남한의 안보와 한미동맹에 직접적인 영향을 주는 중요한 문제이다.

결국 이와 같은 북·미 간의 대립을 해결하기 위해서는 한반도에서 정전체제를 극복하는 새로운 지속가능한 체제를 수립하는 길밖에는 방법이 없다.

3. 평화체제와 신뢰 구축

평화체제(Peace Regime)는 전쟁의 종식과 질서의 창출이라는 두 가지 요소로 구성된다(홍규덕, 2013: 172). 한반도에서의 평화체제를 구성하는 문제의 난점은 이곳에 있다. 평화체제라는 적극적 평화(positive peace)를 달성하기 위해 정전체제와 한미동맹의 억제력으로 유지되고 있던 현재의 소극적 평화(negative peace)를 벗어나는 위험을 감수해야 하는 것이다.

평화체제는 '제도로서의 평화체제'와 '과정으로서의 평화체제'로 접근이 가능하다. 제도로서의 평화체제는 한반도에서 남북한의 평화공존을 실현하고 남북연합 또는 평화로운 한반도 통일로 진입하기 위한 제도적 기반을 제공하는 과도기 체제를 뜻한다. 과정으로서의 평화체제는 단순한 전쟁의 법적 종결만이 아니라 남북 및 국제 차원의 여러 긴장 요소를 포괄적으로 다루며 평화를 정착시켜 제도화하는 일련의 장기적 과정을 뜻한다. 단기적으로 정전협정의 평화협정 전환으로 구체화되며 장기적으로는 동북아 평화안보질서 구축으로 연계된다(김연철, 2013: 13).

한반도 평화체제를 구축하기 위해선 북미관계 개선과 신뢰 구축이 필요하다. 신뢰 구축은 과정이자 결과이다. 국제체제의 무정부

성이 존재하는 한 어느 누구도 다른 행위자의 호혜적인 행동을 담
보할 수 없기 때문에 북·미 간의 신뢰는 행동 대 행동, 동시 행동,
상호 검증을 통해서만 구축될 수 있다. 이를 위한 두 가지 출발점
이 바로 종전선언과 군비통제이다.

03
····

군비통제를 통한
객관적 위협 감소와 신뢰 구축

1. 객관적 위협과 군사적 신뢰

남과 북의 군사적 대치는 객관적 현실이며 북한의 대량살상무기는 객관적 위협이다. 그런데도 남북한 간 객관적 위협을 제거하기 위한 군사적 신뢰 구축과 군비통제의 경험은 많지 않다. 과거 몇 차례 이뤄졌던 합의마저도 실질적인 이행을 위한 논의에서 구체적인 합의를 달성하지 못해 무산된 경험이 적지 않다. 남과 북이 포괄적인 관점에서는 군비통제에 합의했다가도 구체적인 내용에 이르러서는 상호 신뢰의 부족으로 합의에 이르지 못한 경우가 대부분이었다. 때로는 구체적인 합의에 이르러도 합의사항을 실천하지 못하는 때도 있었다. 이 모든 것이 상대방의 의도를 신뢰하지 못하는 데에서 비롯된 것이라고 할 수 있다.

2. 9·19 군사합의

마침내 2018년 9월 19일 남북한은 평양공동선언의 부속합의서로 '판문점선언 이행을 위한 군사분야합의서'를 체결하였다. 이 역사적인 '9·19 군사합의'에 따라 JSA 비무장화, DMZ 내 GP 시범철수, 남북공동 유해발굴을 위한 지뢰 제거, 한강하구 공동이용을 위한 공동수로 조사 등의 성과를 거두었다. 이로 인해 2019년 하노이 북·미 정상회담의 실패 이후 대치 국면에서도 남북 간에 군사적 긴장이 고조되는 것을 방지하는 효과를 가져왔다.

3. 군비통제

군비통제의 개념은 1970년대 냉전기 유럽에서 발전하고 실행되었다. 군비경쟁과 대조되는 개념으로 군비통제는 '평시에 양자 간 혹은 다자간에 상호 협의를 통해 군사적 위협을 감소시키거나 약화함으로써 상호 간에 안보를 달성하는 행위'로 규정할 수 있다(한용섭, 2015). 진영 간의 첨예한 갈등과 대결구조를 해소하기 위한 군비통제는 운용적 군비통제(operational arms control)와 구조적 군비통제(structural arms control)로 구분할 수 있다(Blackwill and Larrabee, 1989).

4. 운용적 군비통제

운용적 군비통제는 군사력을 감축하지 않으면서 '군사력의 운용적 측면인 훈련, 기동, 가용성, 작전, 행위, 배치 등을 통제하는 것'을 의미한다. 전문가들은 운용적 군비통제를 다시 군사적 신뢰 구축(Confidence Building Measures: CBM)과 제한 조치(constraint measures)의 두 가지 개념으로 구분하기도 한다(Darilek and Setear, 1990). 군사적 신뢰 구축은 상호 군사력에 대한 정보를 공개하여 투명성을 높이고, 예측 가능성을 높여서 상호 간의 신뢰를 증진시키는 것이다. 군사적 제한 조치는 재래식 군사력의 운용에 상호 제약을 가하기 때문에 신뢰 구축 조치보다 더욱 강력하고 직접적인 조치라고 할 수 있다.

5. 구조적 군비통제

구조적 군비통제는 군축(arms reduction)으로 표현되기도 하며, 군축은 군사력의 규모를 줄이는 방법으로 부대, 무기 규모 등을 감축 혹은 폐기하는 것이다. 군사적 의도를 가진 국가 간 능력을 제한함으로써 단시간의 신뢰 구축 조치의 전복을 방지하고 평화적 공존과 공영의 조건을 형성하기 위함이다(Lewis and Lorell, 1990).

재래식 군비통제가 실현되기 위해서는 무엇보다 남북 간 실질적인 군사적 신뢰 구축을 담보할 검증장치를 마련하는 것이 중요하다. 남북한과 유엔사는 '9·19 군사합의'에 따라 세 차례의 '3자 협의체'를 운영하여 판문점 공동경비구역 초소 내에서 모든 화기와 장비를 철수하고 인원을 각각 35명 수준으로 조정하는 비무장화 조치를 이행하고 상호 현장 검증을 완료하였다. 이것은 정전협정 체결 이후 최초로 남·북·유엔사 3자가 상호 초소와 시설물을 완전 개방하여 직접 검증한 사례이다.

남북한은 2018년 10월 26일 제10차 장성급 군사회담에서 '남북 군사공동위원회 구성 및 운영에 관한 합의서'를 준용하여 남북군사공동위원회 구성과 운영안을 마련하기로 합의한 바 있다. 남북 군사공동위원회의 조속한 가동을 통해 군사적 신뢰 구축과 긴장 완화, 그리고 한반도의 평화체제 구축을 위한 실효적인 방안들을 모색할 필요가 있다.

04

....

종전선언을 통한
주관적 불안 감소와 평화 구축

1. '긴 평화' 속 불안의 조장

평화체제 구축의 역사적 사명에도 불구하고 한반도는 많은 편견과 신뢰 부족, 그리고 구조적 문제들에 직면해 있다. 평화체제로의 전환을 위한 첫 번째 단계이자 입구라고 할 수 있는 '종전선언'을 두고 비핵화 조치와의 선후 문제와 선언 자체의 정치적·법적 의미에 대한 논쟁이 제기된다. 그러나 한반도 평화체제의 구축 과정에서 지나치게 과거의 관례라고 하는 틀에 얽매일 필요는 없다. 한반도는 이미 과거의 어떤 사례와 비교하기 어려운 특수한 점들을 많이 가지고 있다.

정전협정의 체결 이후 사실상 정전협정이 종전과 유사한 기능을 하면서 한반도에서 '긴 평화'의 시간을 보장해주었다. 실질적인 종전은 이미 이루어진 셈이다. 그럼에도 우리 내부에서 북한과의 적대관계를 부풀려 주관적 불안을 조장하려는 시도들이 끊임없이 이어져 왔다.

2. 궁극적 평화체제 수립의 출발점

이처럼 실재하는 위협에 비해 과도한 주관적 불안을 방지하기 위해서는 서로에 대한 적대적 관계를 청산하고 신뢰를 구축하는 것이 필요하다. 적대적 관계를 청산하고 신뢰를 구축하는 과정은 단번에 이루어질 수 있는 것이 아니다. 궁극적 평화체제를 수립하기 위한 출발점이 필요하다. 그 출발점으로서 종전선언은 주관적 불안을 제거할 수 있는 최선의 방안이 될 것이다.

종전선언을 통해 궁극적으로 도달하는 한반도 평화협정은 전쟁 이전의 상태를 회복하는 의미의 통상적인 협정의 틀을 뛰어넘어야만 할 것이다. 이미 사실상의 종전이 이루어진 상황에서 평화협정은 현재의 불안정하고 임시적인 상황을 법적으로 안정적이고 항구적인 평화의 상태로 전환하는 역할을 해야 한다. 아울러 특수관계에 있는 남과 북이 공존, 번영할 수 있는 완전히 새로운 체제로의 전환을 규정하고 지향해낼 수 있는 협정이 되어야 할 것이다.

3. 종전선언의 명분과 실리

이러한 맥락에서 4·27 판문점 공동선언에서 남북 정상 간에 제기된 종전선언은 주관적 불안을 해소할 수 있다는 점에서 중요한 의미가 있다. 종전선언을 분리 시행함으로써 다음과 같은 의미에서 한반도 평화체제 구축에 기여할 수 있다.

첫째, 종전선언은 앞으로도 얼마나 더 이어질지 모르는 정전체제에서 평화체제로의 전환을 시작하는 의미가 있다. 먼저 그동안의 적대적 관계를 청산하고 평화체제로의 진입을 이룰 수 있는 첫 조치를 취한다는 의미를 부여할 수 있을 것이다.

둘째, 종전선언은 남북한과 미국을 비롯한 역내 당사자들이 향후 상대방에 대한 적대적 정책을 철회하고 상호 신뢰를 증진할 수 있는 조처를 해나갈 기반이 될 것이다. 종전선언을 통해 적대적 관계를 청산하는 것은 양측이 지금보다 더 전향적인 조치를 취할 수 있는 계기가 될 것이다.

셋째, 종전선언은 북한의 전향적인 비핵화 조치를 이끌어낼 수 있는 계기가 될 수 있다. 논리적으로 본다면, 미국과의 신뢰 구축을 통한 안보 불안의 해소 없이 북한의 핵 포기는 요원한 것이 된다. 미국과의 적대관계에서 오는 위협 때문에 핵무기를 개발하고 체제보장을 요구한다고 주장하는데, 그러한 위협에 변화가 없는 상태에서 핵을 포기할 것으로 기대한다는 것은 논리적 모순이다.

넷째, 종전선언은 한국과 미국의 입장에서 매우 실리적인 카드라고 할 수 있다. 종전선언은 법적 구속력이 없는 정치적 선언에 불과한 것이다. 정전선언 후 유사시라도 여전히 한반도는 정전체제 하에 있기 때문에 이에 대한 대응 역시 정전체제의 규칙을 따르면 될 것이다. 북한의 노동신문도 종전선언은 정치적 선언에 불과한 것이라는 입장을 게재한 바 있다.

그러므로 종전선언은 북한으로 하여금 행동의 변화를 요구할 수 있는 명분이 되면서도, 한국과 미국의 입장에서는 최악의 경우 언제든 환불이 가능한 교환인 셈이다. 평화체제로 전환의 입구에서 종전선언을 분리해서 추진하는 것은 북한에게는 실질적 행동 변화를 필요로 하는 부담일 수 있지만, 어찌 되었든 자신들의 정책 변화를 시작할 수 있는 명분이 될 수 있고, 한국과 미국에게는 최악의 경우 본전이고 그렇지 않으면 크게 남는 거래가 될 것이다. 북한이 움직일 수 있는 공간과 명분을 제공해주는 것에 인색할 필요가 없다.

05

....

한반도 문제에 대한
미국의 책임과 역할

1. 소극적이고 수동적인 정전협정 당사국

한반도 평화체제의 구축 과정에서 미국의 중요성은 두말할 나위
가 없다. 애초 한미동맹−북미적대의 구조였던 한반도 정전체제는
미국이 '두 개의 한국 정책'을 펼치면서 남·북·미 삼각관계로 전환
되었다. 또한 정전협정 당사국이기에 평화체제를 구축하기 위한 핵
심 이슈인 비핵화, 군사적 긴장 완화, 종전선언, 평화협정 체결, 유
엔사령부 문제, 주한미군 문제, 한미동맹 문제, 동북아 안보질서
구축에 있어서도 미국의 역할이 필수적이다.

미국 정부가 견지하는 한반도 평화체제에 관한 기본 입장은 한
국 정부의 공식 입장에 지지를 표하지만, 소극적이고 수동적인 입

장으로 볼 수 있다. 한반도 평화체제에 대한 언급은 미국 정책 입안자들 사이에서 빈도가 매우 제한되어 있으며, 공개적으로 표현될 때 대부분 피상적인 개념으로 이루어졌다. 최근 미국이 한반도 평화체제에 대한 관심을 표하는 것도 북한 비핵화 문제를 해결하고자 하는 동기가 주축이 되어 있다. 미국은 한반도에서 평화체제가 수립된다면 동북아시아 지역에서 미국이 구축한 양자동맹 시스템인 '허브 앤 스포크(Hub & Spoke) 동맹구조'가 약화될 가능성을 우려하는 것이다.

2. 한미동맹의 발전과 갈등

동서양을 막론하고 동맹은 상황에 따라 수없이 많은 생성과 해체를 반복하였다. 그런데 이러한 동맹 간에도 잦은 이해관계의 충돌이 있다. 이것은 동맹이 필요의 산물일 뿐, 그 자체로 신성한 것이 아님을 보여준다. 한미동맹 역시 한국전쟁의 와중에 체결되었지만, 미국의 정책이 항상 한국의 이익을 배려한 것은 아니다. 잘 알다시피 현재의 정전체제가 성립될 때부터 한국과 미국은 극명한 입장 차이를 보였다. 당시 이승만 정부는 휴전에 단호히 반대하였으나 미국은 한국의 의사를 존중하지 않고 북한, 중국과 일방적인 정전협정 체결을 밀어붙였다. 이후에도 이승만 대통령이 북진통일을 줄기차게 주장하자 미국은 일명 '에버레디 작전(Operation Everready)'으로 불리는 이승만 제거 예비계획을 수립하기도 하였다.

박정희 정부 들어서 한국과 미국의 갈등은 더욱 심해졌다. 박정희 정부는 북한에 대한 태도에서 미국과 사사건건 충돌하였다. 1968년 북한의 청와대 습격과 푸에블로호 납치 사건 대응책 논의 과정에서도 양국은 심하게 갈등하였다. 이후 자주국방 노력의 과정에서 박정희 정부가 미국과 겪었던 갈등에 대해서는 익히 알려진 바이다. 이 밖에도 김영삼 정부에서 영변 핵시설 폭격 계획을 둘러싼 일화나 박근혜 정부에서 겪었던 '사드 갈등'도 빼놓을 수 없는 동맹 갈등의 역사이다.

3. 정전협정에 따른 전향적 자세 필요

이러한 불협화음을 극복하고, 한반도의 분단체제와 비핵화 문제 등 당면 문제가 평화적으로, 완전하게 영구적으로 해결되기 위해서는 현재의 정전협정이 제시하고 있는 세 가지 목표인 적대행위와 무장행동의 완전 정지, 적절한 군비통제, 정치회의를 통한 평화 문제의 궁극적 해결 모색이 선행되도록 하는 미국의 전향적 자세가 필요하다.

위와 같은 목표들이 달성되고 평화가 제도적으로 보장된 상태를 '한반도 평화체제'로 정의할 수 있을 것이다. 평화체제를 공고화하기 위해서는 현재의 정전협정을 평화협정으로 대체하여 관련 국가들의 신뢰 구축과 군비통제는 물론 동아시아 지역안보협력체를 구성하는 것이 필요하다. 나아가 한반도의 제반 문제에 대한 남북 및 주변국들의 이해와 관점이 수렴되는 과정을 통해 통일국가 혹은 평화적인 공존의 남북관계가 형성될 수 있을 것이다.

한반도 평화체제를 위한
미래지향적 한미동맹

1. 한국의 대북정책 주도권

이러한 어려움 속에서도 한미동맹은 서로의 신뢰 속에 강화되어 왔지만, 최근에는 미국의 잦은 대북정책 변화가 한미동맹에 큰 짐이 되고 있다. 미국의 대북정책은 오바마 정부의 '전략적 인내'와 트럼프 정부의 '최대한의 압박'처럼 정권의 변화에 따라 큰 변화를 보여왔다. 바이든 정부도 트럼프 정부의 대북정책에 대한 전면적인 재검토를 하고 있다. 한미동맹과 북한 정책에 있어서 우리 정부가 주도권을 가지고 있다면 이러한 미국의 정책 변화 영향을 어느 정도 상쇄할 수 있을 것이다.

2. 전시작전권 전환의 필요성

한미관계의 변화와 발전을 위한 또 하나의 요체가 바로 전시작전
통제권 전환이다. 만약 전시작전통제권 전환이 이루어진다면 현재
의 연합사—유엔사—주한미군사 3각 체제를 기본으로 하는 주한미
군 운용의 변화가 불가피할 것이며, 한미관계도 새로운 전기를 맞
이하게 될 것이다.

2017년 6월 한미 정상이 '조건에 기초한 한국군으로의 전시작전
통제권 전환'을 조속히 하기 위한 협력을 지속하기로 합의한 이래
양국은 2018년 10월 31일 제50차 한미안보협의회(SCM)를 개최하여
한반도 안보환경 변화를 고려하면서 전시작전통제권 전환에 필요
한 조건 충족을 평가하기 위한 노력을 지속하기로 합의하였다. 특
히 전시작전통제권 전환 이후에도 현재의 연합체제를 유지하는 가
운데 한국군이 연합군 사령관의 임무를 맡고, 주한미군의 주둔 및
유엔사의 유지, 한국에 대한 미국의 확장억제 보장을 지속적으로
유지하는 데 합의했다(대한민국 정책브리핑 포털, 2019).

한국은 전시작전통제권 전환에 대비하여 2019년 8월 11일~20일
진행된 '한미연합 지휘소훈련'은 처음으로 한국군 대장이 사령관
을, 미군 대장이 부사령관을 맡아 전시작전통제권 전환을 위한 한
국군 기본운용능력(IOC)을 집중적으로 검증하였다. 그러나 이후 코
로나19의 위협 속에 전작권 전환을 위한 추가적인 검증은 진행되
지 못하고 있는 실정이다.

3. 헌법적 근거 없이 이양된 전시작전통제권

이처럼 역사적으로 불가피하고 운명적으로 불리한 동맹의 환경에서 현재 '전작권 전환'의 문제는 이전 정부들에서 뿌려놓은 '원죄'에 기인한 바가 크다. 알다시피 한국전쟁의 와중에 이승만 대통령의 독단적 결정에 따라서 아무런 헌법적 근거도 없이 이양된 작전통제권은 사실 주권국가로서 당연히 환수해야 할 논란이 불필요한 사안이다. 그러나 노태우 정부에서 처음 문제 제기가 이루어질 때까지 이에 대한 제대로 된 논의조차 이루어지지 못하였다. 김영삼 정부에서 평시작전권이 환수된 이후로 약 30여 년 만에 겨우 전시작전권 환수 자체에 대한 논란은 이제 거의 사그라진 것 같은 느낌이다.

4. 인도-태평양 정책에 대한 입장

사실 전작권 전환이나 방위비분담금 문제처럼 당면한 현안들보다 거시적인 관점에서 더욱 심각하고 근본적인 사안은 미국의 '인도-태평양 정책'에 대한 양국 간의 입장 차이라고 할 수 있다. 미국은 호주, 일본, 인도와 연대하여 중국을 포위하는 전략을 구사하고있는데, 한국에게도 적극적인 참여를 요청하고 있다. 그러나 안보를 미국에 의존하고 있는 것처럼 우리의 최대 경제교역국이 중국이라는 것은 세상이 다 알고 있는 사실이다. 박근혜 정부 말기에 사드 배치 문제로 중국의 엄청난 경제 보복을 경험한 한국의 입장에서 섣불리 강대국들 간의 갈등에 개입하는 것은 현명하지 못한 일이다.

　미국의 인도-태평양 전략이 가시화될수록 한미 간에는 협의해야 할 동맹 현안들이 점점 더 많이 생겨날 것으로 전망된다. 한국은 앞으로 유엔사의 지위와 역할, 역내에서의 한국군 역할 강화, 주한미군의 전략적 유연성, 미국의 INF 조약 탈퇴 이후 중거리 미사일의 역내 배치 등과 같은 현안들을 협의함에 있어 한국의 국익을 극대화하면서도 동맹정신이 훼손되지 않도록 동맹정책을 수립해나가야 할 것이다.

5. 동맹의 딜레마

　동맹에는 반드시 수반되는 '딜레마'가 있다. 그중 하나는 '자율성-안보 교환 딜레마'이고, 다른 하나는 '연루와 방기의 딜레마'이다. 동맹에 참여하는 국가는 필연적으로 안보를 얻기 위해 자율성을 일정 정도 포기할 수밖에 없고, 동맹으로부터 버림받는 방기의 위협과 동맹 때문에 전쟁에 연루되는 위협을 둘 다 피해갈 수는 없다는 것이다. 한국의 경우도 동맹 초기의 관심사는 '생존'이었기 때문에 자율성이나 연루의 두려움보다는 '방기'의 두려움에 '자율성'을 과감하게 포기하는 전략을 구사했다고 볼 수 있다.

6. 미·중 전략경쟁과 한국의 딜레마

이제 미·중 전략경쟁이 심화되고 있는 상황에서 한국은 동맹 고유의 딜레마인, 연루와 방기의 위협을 피해갈 수 없는 상황에 부닥치게 되었다. 미국과의 관계 및 동맹의 이익을 저버릴 수도 없고, 우리의 뜻과 상관없이 마냥 끌려 다닐 수도 없다. 한국의 국민들이 추구하는 삶의 목표도 과거의 '소극적 생존'에서 '실질적 평화'로 바뀌었다. 주권과 존엄을 추구하지 않으려면 온갖 희생을 감수하면서 국력을 키우고 경제발전을 위해 노력할 필요가 없었을 것이다.

7. 국가안보의 목표는 '평화'

한미동맹이 체결된 한국전쟁 당시에 우리 안보의 목표는 생존이었다. 이제 대한민국 국가안보의 목표는 '평화'이다. 우리 부모 세대의 희생 덕분에 이제 우리는 평화가 곧 국익인 시대를 살고 있다.

8. 공정한 한미동맹

이제 한미동맹은 이러한 신장된 한국의 국력과 변화된 국제환경을 반영하는 미래지향적인 모습으로 발전해야만 한다. 한미동맹을 통해 한국은 기본적으로 '안보'를 추구하되 신장된 국력만큼 '자율성'을 회복해야 할 것이다. 만약 국력이 신장되었음에도 불구하고 영원히 '자율성'을 포기할 것이라면 주권국가의 길을 갈 이유가 없다. 전작권의 전환이 공정한 한미동맹의 첫걸음이 되어야 할 것이다. 이를 통해 한국군이 중심이 되는 '미래지향적인 연합군'을 건설해야 한다.

9. 한미 간 전략적 이익과 안보이익의 균형

인정하든 않든, 미국은 한반도에 미군을 주둔하고 있는 것만으로도 동북아에서 막대한 전략적 이익을 거두고 있다. 미군은 동아시아에서 전략적 이익을 거두고 있고, 한국은 주변의 위협으로부터 억지력을 거두고 있다는 점에서 한미동맹은 충분히 윈-윈하고 있다. 이제 변화된 환경과 한국민들의 평화에 대한 열망을 반영하여 한국의 자율성을 충분히 보장하고, 한국이 주변의 지정학적 위험에 연루되지 않도록 배려하는 미래지향적인 한미동맹으로 나아갈 때가 되었다. 그래야만 한국과 미국이 모두 승리하는 이익동맹의 길로 나아갈 수 있다.

10. 미래지향적 한미동맹과 기본안보

가치와 이익을 공유하는 동맹으로서 미국이 한국의 자율성을 존중하고 공정한 모습을 보인다면, 남과 북이 추구하고 있는 군비통제와 종전선언을 통한 신뢰 구축과 한국민의 기본안보 확보에 기여할 수 있을 것이다. 현재 남북 사이에 군비통제를 위해서는 유엔사의 협조가 필요한 상황이며, 종전선언을 위해서는 정전협정 당사자인 미국의 적극적 참여가 필요하다. 결국 한반도에서의 평화체제 구축과 기본안보의 확립은 미국의 미래지향적인 동맹을 위한 전략적 신택이 필수석이다.

제4장

•

한중관계와
동아시아의 새로운 질서

정재흥(세종연구소 연구위원)

01
....

한중관계 29년 성과와 과제

1. 한중관계 29년 발전과 성과

1992년 8월 24일 한중 수교 이후 양국 간 교류와 협력은 정치, 경제, 사회, 문화, 인적 교류 등 제반 분야에서 비약적인 발전을 보여주었다. 당시 한중 양국은 중국 베이징에서 호혜평등과 평화공존의 원칙에 입각한 선린우호관계를 수립하고 하나의 중국과 평화적 남북한 통일을 상호 지지하는 공동성명에 서명함으로써 새로운 시대의 막을 열었다.

1992년 한중수교 이후 목린우호협력(1992~1998년), 협력동반자관계(1998~2003년), 전면협력동반자관계(2003~2008년), 전략적 협력동반자관계(2008년~현재) 시기를 거쳐 매우 빠르게 발전하였다.* 목린우호(睦鄰友好)협력 시기의 중국은 한국과 북한의 관계에서 균형을 이루는 데 초점을 맞추었고 협력동반자관계 시기 한중 고위급 상호 방문으로 상호 신뢰를 강화했을 뿐만 아니라 각 영역에서 교류와 협력의 기본의 틀을 형성하였다. 이어 전면협력동반자관계(全面合作夥伴關係) 시기 한중 양국은 협력 영역을 군사안보 영역까지 확대하고 지역 협력체까지 긴밀한 협력을 도모함으로써 한반도와 동북아 질서 및 안보협력을 강화했다. 이어 전략적 협력동반자관계(戰略合作夥伴關係) 시기에는 정치, 외교, 안보, 경제, 무역, 사회, 문화 등 모든 영역의 협력을 전략적 차원으로 끌어 올리고 북핵 문제뿐만 아니라 역내 지역 및 국제 문제에서 있어서도 전략적 협력관계까지 발전하였다.

주지하다시피 지난 29년간 한중관계가 짧은 시간 안에 단순 수교부터 시작하여 우호협력관계에서 전략적 협력동반자관계로까지 급격히 발전할 수 있었던 배경과 원인은 탈냉전과 세계화 시대에 부응하는 이른바 '구동존이(求同存異)'의 원칙에 입각한 양국의 실리 이익 추구가 결정적으로 작용하였다. 사실 한국과 중국은 체제와 이념, 가치관이 서로 다르기 때문에 양국 관계의 발전을 저해할 수 있는 이질적인 요소가 상당히 존재하고 있다. 그러나 탈냉전과 세

---

*   현재 한중 관계는 기능주의적인 접근법을 기초로 비정치적 교류에서 시작하여 정치적 교류와 협력, 그리고 안보 영역에서의 교류와 협력의 단계로 나아가고 있는 중이다. 이 중에서 안보 분야 협력은 과거에 비해 강화되는 추세이나 협력의 수준이나 제도화의 측면에서 가장 미진한 영역으로 남아 있다. 李成日(2018), 「中國對朝鮮半島政策與新時代中韓關系的發展」, 『當代韓國』, 74-78쪽.

〈표 4-1〉 한중관계 평가와 주요 현황

시기	양국 관계	일방적 평가	통계	
			교역량	인적 교류
한중수교 (1992) 김영삼 정부 (1993~1997)	목린우호 협력관계	경제·통상·인적 교류 중심으로 관계 발전	63.7억 달러 (1992)	13만 명 (1992)
김대중 정부 (1998~2002)	협력동반자 관계	고위인사 교류 확대 정치·외교 분야 협력 강화 등 포괄적인 관계 발전	411.5억 달러 (2002)	226만 명 (2002)
노무현 정부 (2003~2007)	전면적 협력동반자계	정치·외교뿐만 아니라 모든 분야에서 전면적 실질적 협력 관계 발전	1,450억 달러 (2007)	585만 명 (2007)
이명박 정부 (2008~2012)	전략적 협력동반자관계	한중 양국 관계의 고도화 발전 단계	2,206억 달러 (2011)	640만 명 (2011)
박근혜 정부 (2013~2017)	전략적 협력동반자관계	한중관계의 중장기 확대 발전 모색, 사드 갈등 발생	2,274억 달러 (2015)	1,042만 명 (2015)
문재인 정부 (2017~현재)	전략적 협력동반자관계	한중관계의 실질적 내실화, 코로나19 협력 모색	2,434억 달러 (2019)	802만 명 (2017)

자료: 개별 정리

계화의 시대적 변화는 한국과 중국으로 하여금 이념과 체제의 굴레를 벗어나 공동이익을 추구하는 실용주의적 대외정책 노선을 추진할 수 있는 계기를 마련하였다. 탈냉전과 세계화라는 시대적 조류에 힘입어 한중관계는 모든 분야에서 괄목할 만한 성과를 거두며 급속한 관계 발전을 보여주었다. 양국 관계가 전례 없이 빠른 속도로 발전하게 된 것은 지리적 근접성, 지정학적 특수성, 문화적 동질성, 경제구조 상호 보완성 때문이라 볼 수 있다.

사실 탈냉전기 이후 한반도 평화와 안정과 공동번영에 대한 상호 이해와 전략적 공동이익을 함께 공유하며 한중관계 발전에 있어 매우 중요한 발전적 동인으로 작용하였다. 특히 한중 양국은 사회·문화 분야의 인적 교류 규모에서도 전례 없이 빠르게 확대되었다. 수교 당시 양국 간 인적 교류 규모는 13만 명에서 2018년 약 900만 명으로 69배 증가하였고, 한국 내 중국 유학생은 약 7만 명으로 외국인 유학생 중 가장 큰 비중을 차지하고 있다. 항공편수는 여객 주 1,240회 노선에 달하는 등 양국 간 교류가 활발해지면서 한류(韓流)와 한열(漢熱) 현상 등이 나타났다.*

　그동안 한중관계에서 가장 괄목할 만한 성과를 낸 분야는 경제 분야로 1992년 수교 당시 양국의 수출입 교역액은 약 63억 달러를 기록했으나, 2019년 약 2,434억 달러를 기록함으로써 수교 이후 약 40배 증가하는 등 교역 규모에서 비약적 발전을 이루어냈다. 현재 중국은 한국의 최대 교역 대상국이며 한국은 중국의 최대 수입 대상국, 제3위 수출 대상국, 제3위 교역 대상국으로 2018년 기준 한국의 대중 투자액은 47.7억 달러이며, 1992년 수교 이후 10년은 한국과 중국은 상호 간 윈-윈하는 분업 경제구조로 한국의 첨단기술, 투자는 중국의 저렴한 노동력과 원자재로 호혜적 이익을 공유할 수 있었으며, 2000년대 동아시아 경제위기는 역내 경제통합을

---

*　2018년 기준 방한 중국인 약 478.9만 명으로, 방한 중국인은 약 58만 명 증가한 셈이다. 그러나 2018년 이후 방중 한국인 수가 공개되지 않고 있다(한국관광공사 통계자료 사이트, http://kto.visitkorea.or.kr/kor/ktom/stat/stat.kto 검색일: 2020. 12. 14). 1992년 수교 당시 양국의 인적교류는 13만 명이었던 것과 비교하면 약 69배가 증가한 것이다(주중 한국대사관 홈페이지, http://chn.mofa.go.kr/korean/as/chn/policy/relation/index.jsp 검색일: 2020. 12. 12).

촉진하였고 2014년 한중 FTA 타결로 이어졌다. 특히 2001년 중국이 WTO 가입 이후 중국의 시장잠재력과 지리적 접근성, 문화 유사성, 양국 경제의 상호 보완성, 조선족 노동력 활용의 필요성과 용이성 등이 복합적으로 작용하여 중국은 한국 기업이 가장 선호하는 투자 대상국으로 자리매김하였으며 2014년 한중 FTA 체결 이후 수출입 제품 고도화, 투자업종 다양화, 진출 지역 다변화로 나타나고 있는 중이다.

더욱이 2014년 7월 시진핑(習近平) 주석 방한(訪韓) 및 2017년 12월 문재인 대통령 방중(訪中)을 계기로 전략적 협력동반자관계를 심화시켜 전략적 소통 강화와 지역 정세에 공동대응하고, 경제통상 분야에서 양적 발전과 더불어 교류 확대 등을 통해 양국 관계를 더욱 긴밀하게 발전시키기로 합의하면서 한중 경제의 질적 발전을 가속화하고 있다. 〈그림 4-1〉을 살펴보면 한국의 대중국 직접투자와 무역은 2018년 기준 전년 대비 각각 48.9%와 14.1% 증가한

〈그림 4-1〉 한국의 대(對)중국 직접투자 및 교역 현황

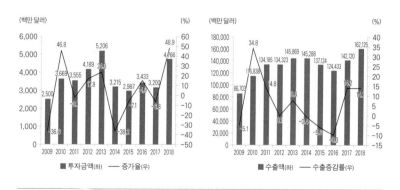

자료: 한국수출입은행   자료: 한국무역협회

47.6억 달러, 1,621억 달러를 기록하는 등 중국의 사드 보복에도 불구하고 여전히 한중 경제와 투자 교류는 증가하고 있으며 점차 회복 추세를 보여주고 있는 중이다.

한편 그동안 사드 문제로 한중관계가 한동안 소원하였으나 시진핑 주석 방한이 다시금 논의될 정도로 회복 단계에 진입하는 중이다. 특히 2019년 한국을 5년 만에 다시 방문한 왕이(王毅) 외교부장은 한중 무역액 3,000억 달러에 부합하는 새로운 한중관계 발전과 도약을 위해 경제·사회 교류를 넘어 외교·안보 분야까지 전략적 소통을 강화해나갈 것을 강조하였다. 왕이 외교부장은 한국과의 전략적 소통 강화를 위해 더 높은 수준의 정치적 상호 신뢰 구축, 더 높은 수준의 양자 협력 실현, 더 높은 수준의 다자협력의 새로운 한중관계 발전 방향을 제시하여 한국과의 적극적인 협력을 강조하였다.

2020년 초 코로나19가 우한에서 발생한 이후 한중 양국은 매우 긴밀하고 신속한 상호 협력을 통해 코로나19 대응을 보여주었다. 2020년 초 중국의 코로나19가 창궐하자 한국 정부을 포함하여 상당수 기업, 민간단체들이 '중국 파이팅(加油), 우한 파이팅(加油)' 구호와 함께 성금과 방역물자들을 긴급히 보내주었다. 중국 역시 한국의 코로나19 확진자가 크게 증가하면서 '도는 사람으로부터 멀지 않고 사람은 국가를 가리지 않는다(道不遠人, 人無異國)'의 마음으로 한국에 중국 내 각계각층을 통해 기부 받은 마스크와 의료물자 등을 보내주었다.[1] 이미 2020년 3월 한중 간 코로나 대응 방역협력 대화가 개최되었고 지속적인 방역협력을 강화해나가기로 합의하였으며 동북아 방역협력체제에 대해서도 공동의 인식을 공유하였다.

향후 한중 양국이 힘을 합쳐 코로나19를 빠른 시일 내로 종식시키고 시진핑 주석의 조기방한이 성사된다면 한중관계의 새로운 이정표가 될 것으로 보인다.

2. 한중관계 29년 과제와 도전

한중 수교 이후 비약적인 발전과 동시에 다양한 문제점 및 모순, 갈등 요인들도 표출되기 시작하였다. 마늘 파동에서부터 동북공정, 천안함 사건과 연평도 포격도발을 둘러싼 한중 간의 심각한 이견과 갈등, 탈북자와 이어도 문제, 북핵 실험과 대북제재, 사드 배치에 이르기까지 다양한 영역에서 한중 간의 마찰과 갈등이 발생하였다. 특히 미·중 간 전략경쟁이 격화되면서 한중 관계에 미국 변수가 갈수록 직접적인 영향을 미치는 가운데 한중·한미 관계에서 적절한 합의점을 찾는 것이 필요하다. 한국은 '안미경중(安美經中)'을 통해 안보는 미국, 경제는 중국에 의존하는 전략을 추구하였고 '안미'가 '경중'보다 우선시되었다. 그러나 한국의 안미경중은 한미와 한중 관계에서 오는 구조적 모순을 갈수록 해결하기 어렵고 복잡하게 만들어나가고 있다.

그동안 한중 간 다양한 갈등에는 경제 문제보다 북핵 문제와 사드 배치 등과 같이 외교안보 분야에서 주로 발생하였다. 어느 국가이든 경제 교류가 확대될수록 갈등과 마찰은 확대될 수 있으며 법과 제도 개선을 통해 일정한 타협이 가능하다. 그러나 상호 이익 갈등보다 심각한 것은 국민 정서 차이에서 비롯되는 갈등과 마찰, 북핵 문제와 사드 배치, 한반도 통일 등을 둘러싼 전략적 안보이익 관계에서 비롯되는 갈등과 대립이다. 그동안 한중관계는 외교-안보적 이익 차이를 억제하고 상호 협력관계를 발전시켜 왔으나 이러한 관계가 갈수록 유지되기 힘든 상황을 맞이하고 있다. 이는 최근 미·중 전략적 경쟁이 갈수록 격화되면서 한국과 중국을 둘러싼 대내외적 외교-안보 환경이 급격히 변화되고 있기 때문이다. 즉 한중 간 경제적 이익과 기회에 대한 전략적 공감대가 사라지고 역내주도권을 둘러싸고 미·중 간 전략경쟁이 가속화되면서 한중 간 외교-안보 영역에서의 상호 갈등과 인식 차이도 점차 확대되어 가고 있는 중이다.

주지하다시피 한중관계는 사드 배치 문제로 인해 수교 이후 급격한 관계 악화에 직면하였다. 사드 문제로 인해 경제적 상호 의존이 안보적 상호 신뢰로 이어지기가 어렵다는 점을 다시금 인식하게 되었다. 물론 문재인 정부 출범 이후 사드 문제에 대한 3불(不)합의 이후 회복 중에 있으나 한중관계는 양적으로 발전할수록 질적으로 관계의 복잡성과 미국, 북한 요인 등으로 인해 한반도 안보 딜레마에 직면하고 있는 중이다. 사실 시진핑 지도부는 미국 주도의 대중 포위망 저지와 사드 배치 철회를 위해 북한보다 먼저 한국을 방문하여 사드 배치 저지, 한·미·일 3자 안보동맹 강화 무력화, 일본의 우경화에 대한 한중 전략적 공조를 적극 시도하였다.

그러나 한국의 사드 배치 이후 한중관계는 최악에 직면하면서 중국은 다시금 북한과의 전략적 가치를 주목하게 되었으며, 북한을 중요한 전략적 안보자산으로 인식하게 되었다. 특히 문재인 정부 출범 이후 한중관계는 점차 개선되는 방향으로 나아가고 있으나 2019년 12월 23일 제8차 한·중·일 3국 정상회의 참석을 위해 중국을 방문한 문재인 대통령과 시진핑 주석과의 6차례 정상회담을 가졌으나 5차례는 다자간 정상회의 기간을 이용한 회의였고 양자 정상회담은 한 차례에 그쳐 2018~2019년 5차례 정상회담을 가

〈표 4-2〉 한중 간 주요 안보 쟁점 인식

주요 사안	한국 인식	중국 인식
한반도 통일 문제	• 구체적 사안 차이 인식 필요 • 북한 급변사태 대비 준비와 소통 • 지속적인 소통과 대화 필요	• 자주적 평화통일 지지 • 통일보다 균형적 안정 희망 • 북한 정권 안정 강조

주한
미군
문제
	• 한미 간 군사안보협정 사항
	• 주한미군 한반도 안정 기여 강조
	• 한반도 통일 후 주한미군 지역
	  안보 균형
		• 주한미군의 대중국 포위 역할
		  절대 반대
		• 한반도 평화협정과 주한미군
		  연계 강조
		• 주한미군의 대중국 역할 주시

북핵
문제
	• 한반도 완전한 비핵화
	• 북한의 선비핵화 조치 강조
	• 비핵화의 실질적인 조치와 행동
	  필요
		• 한반도 내 전쟁과 핵무기 절대불용
		• 대화와 협상을 통한 평화적인
		  해결 지지, 일방적이고 단독 대북
		  제재 반대
		• 쌍중단과 쌍궤병행을 통한 북핵
		  문제 해결

방공
식별
구역
문제
	• 한국 방공식별구역과 중첩되며
	  이어도 관할권을 포함하고 있어
	  인정 불가
	• 동·남중국해 우발적 충돌사고
	  가능성 증대 및 역내 지역안보
	  악화
		• 동·남중국해 군사적 압박조치와
		  무력화
		• 미일동맹 주도의 대중 포위전략
		  에 대한 공세적 대응
		• 서태평양 해양출구 확보 및 동·
		  남중국해 지배 강화

사드
배치
문제
	• 북핵 고도화 억제와 미사일 방어
	  수단
	• 사드는 방어용 군사무기
	• 중국의 과도한 군사적 논리와
	  주권침해 반대
	• X-BAND 레이더는 중국 감시
	  불가능
		• 한반도의 군비경쟁 가속화, 북한
		  의 핵·미사일 고도화 촉진
		• 한반도 신냉전 출현 가능성
		• 미국 대중 군사포위전략 인식
		• 한국 내 철수 강조와 추가 설치
		  반대

자료: 개별 정리

지면서 새로운 관계를 대내외에 선포한 북중관계와 확연하게 대비되는 모습을 보여주고 있다.

더욱이 북미관계 악화와 미·중 간 전략적 경쟁이 본격화되는 시대에 북핵 문제를 해결하기 위해서는 한미동맹 강화가 필요하나 중국의 핵심 이익과 안보를 위협한다면 오히려 중국을 자극하여 북중관계 강화를 촉발하고 한미동맹과 북중동맹이 상호 간 대립되는 신냉전 상황이 나타날 가능성도 전혀 배제할 수 없다. 결국 북핵 문제를 해결하기 위해서는 무엇보다 한미동맹과 한중관계의 조화, 북미관계 개선이라는 3차, 4차 방정식의 해법을 동시에 풀어나가야 하는 매우 어렵고 고난도의 숙제이다. 특히 한반도 비핵화 해결 공조에 있어 한국에 대한 중국의 불만은 남북관계 개선과 한중관계에는 최선을 다하지 않으면서 한미동맹 강화 차원에서 사드 배치 등을 통해 중국을 자극하고 대북제재 동참 등과 같은 중국의 역할을 과도하게 요구하고 있다는 것이다.

이러한 근본적 인식 격차를 줄이지 않고서 단지 중국의 대북 책임론만을 강조한다면 한중 간 안보 딜레마는 확대될 가능성이 높아 보인다.* 결국 한중, 북중, 남북의 삼각구도는 상호 연계되어 있

---

* 현재 남북한 관계 개선과 한반도 문제를 해결하기 위해서는 남북한의 협력이 전제되지 않으며 한중 간의 심도 깊은 신뢰관계가 형성되기 어렵다고 지적하고 있다. 이를 해결하기 위해 한국이 주도적으로 북한 문제의 해결을 도모하고 남북관계를 안정적으로 이끌어나감으로써, 첫째, 중국의 전략적 신뢰를 확보하고, 둘째, 한국에 상당한 부담으로 작용하는 미·중 간의 대립과 마찰을 미연에 방지할 수 있으며, 셋째, 한국의 동아시아 다자주의 정책에 긍정적 영향을 미칠 수 있다는 점을 강조하고 있다. 조영남(2013). 『중국의 꿈: 시진핑의 리더십과 중국의 미래』, 서울: 민음사, 360-361쪽.

는 관계로서 하나의 관계가 변화될 경우 양자관계에 즉각적인 영향을 미친다. 그리고 이러한 복잡하고 첨예한 이해관계는 예외 없이 매우 복잡하고 역사적·지정학적 연원을 갖고 있으며, 작금의 단계에서 일방적이고 갑작스러운 해결 추진 모색은 현실적으로 매우 쉽지 않다. 따라서 이들 삼각구도의 긍정적 양성 순환이 이루어져야 하며, 그 출발점은 자주적 의지를 토대로 하는 적극적인 남북관계 개선의 모색일 것이다.

현재 시진핑 지도부는 미·중 전략경쟁이 본격화되면서 주한미군 유연성 및 전략자산 배치 등에 대해 매우 민감하게 반응하고 있다. 한반도 비핵화 프로세스 추진 과정에서 주한미군이 전략적 유연성 차원에서 대중 견제를 위한 지역동맹으로 성격이 변화될 경우 한중관계에도 상당한 도전과 갈등이 예상된다. 특히 새롭게 출범한 미국의 바이든 행정부가 인도-태평양 전략과 쿼드(Quad) 등을 통한 대중 포위전략을 구체화시켜 나가면서 한국의 적극적인 동참을 요구할 경우 한중관계에도 직접적인 악영향을 미칠 가능성이 높아 신중한 접근과 대응책 마련이 요구된다. 즉 한국은 한반도 문제에 있어 명확한 기준과 원칙을 세우고 미국과의 긴밀한 소통뿐만 아니라 중국과도 주요 현안에 있어 보다 진지하고 솔직한 대화와 긴밀한 협력이 필요하며, 새로운 한중 전략적 협력관계 발전방안을 구체화시켜 나갈 필요가 있다. 그동안 한중관계가 경제 위주의 양적 성장과 정치 지도자 소통에 국한된 측면이 많아 전방위적 관계 확대 측면에서 상호 이익에 기반하는 정치-경제-외교-사회-문화 협력 등을 보다 확대시켜 나가는 노력이 요구된다.

한중협력을 통한 한반도 평화체제와 남·북·중 3자 협력

1. 한중협력과 한반도 평화체체 추진

2018년 한반도 정세 대전환에 따른 판문점선언, 평양공동선언, 북미공동성명 등이 연이어 발표되면서 한반도 평화체제 구축에 대한 한중협력 필요성과 중요성이 다시금 부각되기 시작하였다. 중국은 한반도 평화체제 구축만이 한반도 전쟁 상태를 종결하고 한반도의 평화와 안정을 실현시킬 수 있어 조속한 남·북·미·중 4자회담을 강조하고 있다. 그러나 한반도 평화체제 논의 과정 하에서 중국 소외론(차이나 패싱: China passing) 혹은 중국 배후설에 이르기까지 중국의 참여와 역할을 둘러싸고 양극단의 논란으로까지 이어졌다. 특히 중국은 한반도 평화협정 문제에 매우 민감하게 반응하며 휴전협정 체약국으로 반드시 참여해야 할 의무와 책임이 있다는 주장을 펼치고 있다.

　그동안 중국은 한반도 평화체제 구축에 대해 지지한다는 태도를 표명하였으나 중국을 다소 배제한 느낌을 주는 판문점선언 이후 남·북·미 3자 종전선언 가능성에 대해 분명한 반대 의사를 표시하며, 한반도 문제의 핵심 당사국이자 정전협정 체결국으로서 마땅히 참여해야 하며 부여된 모든 역할을 추진해나간다는 입장과 강한 불만을 표출하였다. 중국은 남북, 북·미 정상회담 이후 비핵화 해결 방식에 있어 북한을 포함한 주변국들의 안보도 함께 고려할 수 있는 6자회담과 같은 공동안보(共同安全)식 해결방안을 강조하고 있다. 특히 북·중 정상회담에서 김정은 위원장은 미국과의 비핵화 논의가 어느 정도가 이루어지고 대북제재 완화가 이루어진다면 인민생활 개선 차원에서 경제발전을 적극 모색해나갈 것을 밝히고 있다. 아울러 중국 역시 대북제재로 인해 동북 3성 주민들에게도 경제적 피해를 받고 있는 미국 주도의 대북제재 동참에 상당한 불만과 지속적인 문제를 제기하고 있는 중이다.* 이처럼 중국은 한반도 비핵화와 평화체제 추진이 자국의 핵심 이익(core interest)에 직접적인 영향을 미칠 수 있다는 인식을 크게 갖고 있어 모든 한반도 이슈(종전선언, 불가침, 군사적 신뢰 구축, 군비통제 등)들에 있어 남·북·미·

---

*　현재 중국의 상당수 한반도 전문가들은 북한의 체제안전보장을 전혀 고려하지 않고 승자패자식의 제로섬(零和博弈) 방식으로 북핵 문제 해결을 시도한다면 실패할 가능성이 높아 주변국 모두 균형(합리)적인 대응방안 마련과 단계적 해결을 모색을 강조하고 있다. 정재흥(2018). "한반도 비핵화와 평화체제 문제에 대한 중국 전문가들의 인식", 「세종정책브리핑」, 2018-27, 7-13쪽.

중 4자가 상호 입장과 의견을 존중하며 논의해야 된다는 입장이다.

더 나아가 중국은 한반도 평화체제 구축이 기존 냉전구조 해체를 의미할 뿐만 아니라 동북아 다자평화안보체제 구축과도 연결되는 사안으로 인식하고 있다. 특히 중국 정부는 기본적으로 한반도 비핵화와 평화체제 구축을 중장기적 과제로 인식하고 있으며, 궁극적으로 주한미군과 한미동맹까지도 함께 논의되어야 한다는 입장을 견지하고 있다.[2] 중국은 한반도 평화체제 구축을 비핵화 이슈를 넘어서 한반도는 물론이고 새로운 동북아 질서 구축과도 연동된 주요 사안으로 상정하고 있기 때문이다. 이는 한반도 비핵화를 바탕으로 하는 4자회담 혹은 6자회담을 적극 활용해나가면서 기초적 수준인 동북아 다자안보협력체제 논의도 충분히 가능하다는 입장이다. 지난 9·19 공동성명의 비전과도 완전히 일치하며 한반도 비핵화와 평화체제 공동의 목표에 달성할 수 있다면 이후 동북아 다자안보체제, 군사안보 신뢰 구축, 군비통제 등도 충분히 추진이 가능할 것으로 인식하고 있다.

현재 중국은 한반도 비핵화와 평화체제의 원활한 추진을 위해 한국과의 협력뿐만 아니라 주변국들과의 지속적인 논의를 이어나가기를 바라고 있는 중이다. 중국은 한국과의 적극적인 대북 협력과 공조를 통한 한반도 비핵화 진전과 함께 북한의 경제발전과 주민생활 개선 필요성 등도 강조하고 있다. 특히 조만간 북미관계 개선에 따른 비핵화 해결에 진전이 나타날 경우 남북 경제협력뿐만 아니라 남·북·중 3자 협력 필요성도 제기하는 중이다. 따라서 한국은 한반도 평화체제 구축을 포함한 중국과의 실질적인 협력을 위해 4자회담 혹은 6자회담 등과 같은 역내 다자간 협의 채널 구축을 추진해나가는 실질적인 노력이 필요하다. 더 나아가 미·중 전략경쟁 격화 및 북·미 간 상호 불신이 존재하는 상황에서 한반도에서 예상 가능한 각종 이슈들을 사전에 추출할 필요가 있다. 향후 한반도 비핵화와 평화체제 추진 과정에 있어 한중 간 협력이 가능한 부분과 절대 양보가 어려운 부분에 대한 지속적이고 긴밀한 사전 논의가 필요하며, 한중 간 주요 이슈가 될 수 있는 문제들에 대해서는 한반도 정세 변화에 맞춰 한중 간 지속적인 소통과 협력이 필요하다.

2. 남·북·중 3자 협력방안 모색

지난 28년간 한중관계는 급속한 발전을 이룩해온 것에 반해 북핵 문제와 같은 한반도 문제는 여전히 해결되지 못하고 양국 간 지속적인 발전과 협력에 상당한 도전과제를 던져주고 있어 상호 기회론적 관점에서 한중 전략적 협력 동반자관계를 발전시켜 나가야 할 시점이다. 특히 북한은 비핵화 문제로 미국, 한국과 갈등관계를 보여주고 있으나 내부적으로는 경제우선주의 노선을 채택하여 경제발전과 주민생활 개선을 적극 모색하기 시작하였다. 이미 북한과 중국은 쌍중단(雙中斷: 북한의 핵·미사일 발사와 한미연합군사훈련 동시중단)과 쌍괘병행(雙軌竝行: 한반도 비핵화와 평화협정 동시병행)을 강조하며 한반도 비핵화 프로세스 추진을 모색하는 중이며 대북제재 완화방안과 경제협력을 위한 북·중 간 긴밀한 공조와 협력을 본격화하기 시작하였다.

이러한 급변하는 정세 변화 속에서 코로나19 출현으로 국제사회는 사실상 패닉 상태에 빠졌으며 예측하기 어려운 새로운 거대한 도전에 직면하고 있다. 초유의 코로나19 팬데믹은 한국뿐만 아니라 전 세계적 차원에서 경제, 사회구조 전반의 대대적인 변화와 전환을 가속화시켜 나가고 있다. 이에 한국은 코로나19에 적극 대응하고 새로운 경제성장 동력 확보 차원에서 한국판 'K뉴딜'을 추진한다는 계획을 발표하였으며 디지털 뉴딜 및 그린 뉴딜을 중심으로 약 76조 원을 투자할 계획이다. 특히 K뉴딜과 한반도 평화경제를 상호 접목시켜 나간다면 경제협력이 상호 선순환되는 구조가 형성되어 새로운 한반도 평화와 번영의 공동체 건설도 충분히 가능하다는 구상이다. 예컨대 남북한뿐만 아니라 중국의 동북 3성까지 평화경제로 하나의 시장이 형성된다면 한반도를 중심으로 거대한 잠재력을 갖춘 새로운 시장이 창출될 수 있다. 특히 북한의 풍부한 노동력을 활용한 경제활동과 내부 SOC 구축, 내수시장 확대 등과 같은 상당한 경제적 이윤창출 효과 등이 가능하다. 한반도 경제권이 중국의 동북 3성으로 확대될 경우 북한의 개혁·개방이 가속화되고 유라시아까지 시장이 크게 확대되어 새로운 일자리 창출과 거대한 한반도 평화 경제권 탄생으로 이어질 수 있다.

그동안 한중관계는 사드 갈등 봉합에도 정체 상태에 놓여 있었으나 코로나19 발생 이후 한중 간에 새로운 차원의 협력과 논의들이 다양한 공론의 장을 통해 본격화되기 시작하였다. 한중 간 협력이 경제 및 인적 교류 분야에 치중되는 모습을 보여주었다면, 코로나19 발생 이후 다양한 영역으로 협력의 공간이 점차 확대되기 시작하였다. 사실 중국의 코로나19 발생 이후 한중 간 매우 긴밀한 협력과 소통을 보여주며 상당한 성과를 보여주었다. 따라서 한중 간 보건, 의료, 전염병 예방 등과 신흥안보 분야에서 보다 적극적인 협력과 소통이 필요하며, 여기에 북한과의 보건의료 협력을 동참시켜 나가는 방안도 보다 구체화시켜 나가야 할 것이다.[3]

더욱이 넓지 않은 영토에 인구가 밀집한 한반도에서 코로나19와 같은 보건의료 문제를 방치하는 것은 미래 통일 시점에서 천문학적인 보건비용 발생을 의미하며 동시에 남북한 한쪽의 노력만으로 해결되기 어려운 특수성을 갖고 있어 남·북·중 3국 간 협력이 절실한 영역이다. 특히 대북제재 강화 이후 북한은 중국으로부터 식량 및 농업 중간재 도입을 큰 폭으로 늘리는 등 제재의 부정적인 영향이 확산되지 않도록 노력하고 있으나 코로나19 충격을 차단하기는 쉽지 않을 것이다.[4] 작금의 코로나19와 북한의 특수적 상황 등을 감안한다면 동포애와 인도주의 정신을 발휘하여 남·북·중 3자 보건의료 분야 협력을 적극 추진해나갈 필요가 있다.

2020년 5월 10일 문재인 대통령은 취임 3주년 연설에서 전통적인 군사안보에서 재난, 질병, 환경문제 등 안전을 위협하는 모든 요인에 대처하는 비전통안보 분야인 인간안보를 강조하며, 하나의 생명공동체, 평화공동체를 만들어가길 희망한다는 의지를 표명하며 접경 지역 코로나19, 보건의료, 재해, 재난, 기후환경 변화에 공동 대응하는 남북 교류·협력 추진 가능성을 제시하였다.

현재 코로나19 위기에 남·북·중 3국 간 가장 현실적으로 상호 이익이 될 수 있는 보건의료 분야부터 남·북·중 3자 협력을 모색할 필요가 있다. 단순한 의약품과 물자 등을 제공하는 데 머물지 말고 선진 의료시스템 구축과 의료진 육성 등 보건의료시스템 선진화 차원의 전반적인 고려가 필요하다. 특히 2020년 북한은 조선 노동당 창건 75주년 기념일에 맞춰 평양종합병원 완공을 위해 전 사회가 긴밀하게 움직이고 있어 북한이 절실히 바라는 사업에 남·북·중 3자간 사업으로 제안한다면 성공 가능성이 매우 높을 것으로 보인다. 예컨대 평양종합병원 지원사업을 남·북·중 3자 협력사업으로 추진하여 남북한과 중국이 공동으로 평양종합병원 지원사업을 하게 되며 남·북·중 3자 협력 기반을 마련하고 상호 간 신뢰를 조성하는 데 상당히 의미 있는 기회가 될 것으로 보인다. 대북 인도주의적 차원에서 중국을 통해 남북이 함께 보건의료 협력을 추진한다면 북한도 쉽게 받아들일 수 있고 원만하게 사업이 추진될 가능성이 높을 것이며, 보건의료 영역을 남·북·중 3자 협력과 함께 묶어서 추진하는 과감한 구상도 필요하다.

물론 코로나19로 각종 현실적 어려움과 도전과제 등이 많을 수 있으나 북·중 국경지역에 코로나19 백신, 감염병 진단기기, 보호구 생산공장 등을 조성하여 보건의료와 경제협력을 함께 모색하고 위제품을 남·북·중 3국에 공급한다면 공동의 이익 창출과 신뢰 구축 등이 가능할 것이다. 향후 남·북·중 3국이 코로나19를 계기로 보건의료와 전염병 분야에서 실질적인 협력의 계기를 마련해나가는 노력이 필요하며, 이를 통해 남·북·중 3자간 협력이 동북아 다자평화안보체제로 더욱 확대 발전될 수 있기를 희망한다.

03
....

새로운 한중관계 모색과
동북아 다자안보체제 구축

1. 새로운 한중관계 모색

그동안 한중 간에는 북한의 핵과 미사일 문제로 인한 사드 문제를 놓고 전방위적 대립과 갈등으로 확대되었으나 한중 양국은 사드 추가 배치 불가, 미국 주도의 미사일 방어(MD)체제 불참, 한·미·일 3자 안보동맹 반대라는 중국이 우려하는 세 가지 사안에 의거한 사드 협의를 도출하면서 일정 부분 갈등이 봉합되었다. 물론 한중 간 사드 배치에 있어 중국이 우려하는 세 가지 사안 협의에도 불구하고 상호 대결적 적대구도 형성 가능성은 존재하고 있다. 따라서 중국은 한국에 대해 중국이 우려하는 세 가지 사안 약속의 유지를 요구하며 한반도의 주한미군 추가 전략자산 배치를 반대하고 있다.

더욱이 미·중 전략경쟁이 갈수록 고조된다면 시진핑 지도부는 한국에게 중국이 우려하는 세 가지 사안 협의 이행을 지속적으로 요구하면서 대중 포위전략 일환으로 추진 중인 인도–태평양 전략과 쿼드 플러스 등에 한국의 불참을 요구하고 있다.

수지하다시피 현재 시진핑 지도부는 '두 개의 백년(兩個一百年)'을 통한 2049년 '중국의 꿈(中國夢)' 실현을 위해 모든 노력을 기울이고 있어 중국의 안보적 우려를 전혀 배려하지 않고 한미동맹(혹은 한·미·일 3자 안보협력)만을 강조한다면 한중관계에 큰 도전이 될 수밖에 없는 상황이다. 특히 북·중 수교 70주년을 계기로 이루어진 시진핑 주석의 방북을 통해 '초심을 잃지 말고 서로 함께 손을 잡고(不忘初心, 攜手前進)' 표어처럼 과거 혈맹 수준으로까지 북중관계는 새롭게 복원되었다.

향후 북·중 양국은 한반도 비핵화 추진 과정에서 당–정–군 최고 지도부 사이보다 긴밀한 전략적 소통을 통해 한반도 정세 변화를 이끌어나갈 가능성이 한층 더 높아졌다. 따라서 한국 역시 북핵 문제 해결 차원에서 실현 불가능한 미국식 해법인 선(先) 비핵화–후(後) 보상 조치의 일괄타결식 해결방안에서 벗어나 중국과의 긴밀한 전략적 소통을 통해 단계적 접근 및 '행동 대(對) 행동' 원칙에 따른 중국식 해법인 쌍중단과 쌍궤병행에 대한 진지한 접근과 함께 조속한 시일 내로 4자회담 혹은 6자회담을 재개해나가는 우리 주도의 과감한 정책적 노력이 요망된다.[5]

더욱이 시간이 갈수록 대립 국면으로 흘러가는 미·중 갈등구조 속에서 한중 간 협력 강화는 매우 중요한 전략적 함의를 지니고 있다. 물론 한미동맹의 특수성과 사드 배치 갈등, 북핵 문제 등으로 인해 한중 간 외교안보 분야 협력이 다소 어려울 수 있으나 경제·사회 분야에 비해 미흡한 것 역시 부인할 수 없는 사실로 한중관계의 공고화를 위해 외교·안보 분야 소통과 협력을 더욱 강화시켜 나가야 할 것이다. 향후 역내 미·중 간 갈등이 더욱 격화될 경우 인도-태평양 전략과 쿼드 동참, 화웨이(華爲) 제재, 미군의 중장거리 미사일(INF) 배치 추진 등 모두 한국의 사활적 안보이익과도 직접적으로 연결되는 사안으로 새로운 한중관계 구축 차원에서 외교·안보 분야 협력을 본격화해나가는 노력이 요망된다.

현재 중국은 코로나19와 미·중 무역전쟁으로 인한 침체된 경제를 활성화하고 경기를 부양하기 위한 조치 차원에서 적극적인 내수 확대와 중국판 신뉴딜정책을 본격화해나간다는 구상을 밝히고 있다. 예컨대 중국 시장의 내수 확대와 쌍순환(雙循環) 전략 등에 한국 유수 기업들이 적극 참여하고 신북방-신남방 정책과 일대일로 연계협력사업 추진, 동북 3성과 연계한 남·북·중 3국 간 경제교류 사업 모색 등도 한중관계의 새로운 성장동력이 될 잠재력이 충분하다. 특히 중국의 쌍순환 전략은 세계 경제(국제 대순환)의 긴밀한 연결과 협력을 유지하면서도 국내 경제(국내 대순환)를 최대한 발전시켜 나간다는 새로운 차원의 경제전략으로 세계 최대 규모인 시장과 내수 잠재력 장점을 최대한 살려 상호 촉진하는 새로운 경제발전 구조를 만들어나가겠다는 것이다.

2. 한중협력을 통한 동북아 다자평화안보체제 구축

그동안 한반도 비핵화 프로세스 추진과 평화체제 구축에 대한 서로 보이지 않는 인식 차이로 인해 한중관계는 일정 부분 딜레마도 존재하고 있어 상호 간 신뢰 구축을 더욱 강화해나가고 상호 이익을 토대로 경제·사회·문화까지 협력 영력을 더욱 확대시켜 나갈 필요가 있다. 특히 새로운 북중관계 70주년을 계기로 시진핑 지도부는 쌍중단과 쌍궤병행의 투트랙(two track) 접근 방식을 토대로 대화와 협상에 방점을 두며 한반도 비핵화 프로세스를 주도해나간다는 입장이다. 따라서 한국과 중국은 상호 협력을 통해 한반도 비핵화 협상이 남·북·미·중 4자간 평화협정 협상으로 이어지도록 노력해나가야 할 것이며, 궁극적으로는 동북아 다자평화안보체제 구축을 위한 6자회담까지 발전하는 방안을 적극 고민하고 검토해나갈 필요가 있다. 이는 한반도 평화체제가 동북아 다자평화안보체제로 확장될 때 한반도의 평화는 더욱 안정적으로 보장될 수 있기 때문이다. 결국 한반도 비핵화 프로세스 이후 평화체제 수립을 위해 필수적인 남·북·미·중 4자간 평화협상이 평화협정 체결 이후에는 남·북·미·중·러·일 6자회담으로 이어지고 6자회담을 통해 동북아 다자평화안보체제 수립을 적극 도모해나가야 할 것이다.*

---

* 한반도 평화체제 이후 동북아 다자평화안보체제는 안보적 측면의 다자협력만 의미하는 것이 아닌 안보와 경제가 밀접하게 연관된다는 새로운 인식을 갖고 철도, 에너지, 기타 다양한 산업에서의 동북아 다자협력을 추진해나간다는 구상이다. 김상기(2018). 「한반도 평화체제 구축과 한미관계」, 서울: 통일연구원, 35–38쪽.

현재 시진핑 지도부는 중화민족의 위대한 부흥과 '중국의 꿈'을 통한 새로운 역내 질서 창출을 적극 모색하고 있어 한반도 비핵화와 평화협정 추진 과정에서 한중 간 비핵화 프로세스 해결방안 등을 놓고 마찰이 나타날 가능성이 높아 지속적인 소통이 요구된다. 특히 시진핑 지도부의 대북정책 인식은 미·중 전략적 경쟁에 따라 매우 복합적으로 접근하고 있으며, 가장 중요한 요인은 북한의 지정학적 중요성을 절대 포기할 수 없으며 과거에 비해 북중관계를 더욱 강화해나가면서 미·중 전략경쟁에서 북중관계를 확실한 우군으로 삼아 대응해나간다는 구상이다. 아울러 한중관계도 과거와 달리 한미동맹이 기존 한반도에서 벗어나 중국의 핵심 이익에 직간접적인 위협을 미친다면 북중관계를 새롭게 조정해나가면서 미국과의 역내 전략적 경쟁을 적극 대응해나간다는 구상을 갖고 있다.[6]

　더욱이 본격적인 미·중 전략적 경쟁으로 인해 시진핑 지도부는 자국의 핵심 이익은 절대 포기할 수 없는 절대가치로 강조하고 있어 미·중 전략경쟁 격화에 따른 역내 안보적 갈등(동·남중국해, 대만 이슈 등), 북핵 문제 악화로 야기되는 안보 딜레마 상황이 나타날 가능성도 높아 보인다. 이러한 안보적 딜레마 해결을 위해 한국은 보다 객관적인 정세 분석을 바탕으로 자기주도적인 대중전략 수립을 추진해나가야 할 것이다. 향후 미·중 전략적 경쟁이 악화될 경우 한중관계에도 직접적인 영향을 미칠 수밖에 없는 상황으로 미국 주도의 인도-태평양 전략 및 쿼드 추진, 새로운 미군 전략무기(중장거리 미사일)의 한반도 배치 가능성 등에 있어 심각한 안보적 우려를 보이며 동시에 한국과의 보다 긴밀한 전략적 소통과 협력을 강조하고 있다.

이처럼 한국은 코로나19 팬데믹과 미·중 전략경쟁 심화로 인해 매우 어려운 상황에 직면 중이다. 특히 국내에서도 미·중 전략경쟁에 대한 대응을 둘러싸고 논란이 가열되고 있는 상황으로 미·중 전략경쟁에 대해서는 동맹 우선론과 균형 외교론 등이 서로 대치하고, 각자 해묵은 입장만 반복할 뿐이다. 보다 근본적으로 미·중 전략경쟁의 지정학적 본질 등에 대한 분석과 판단, 미·중 전략경쟁과 각자도생 시대에 한국의 국익과 국가전략에 대한 재검토와 정립, 국가전략에서 대외전략과 원칙의 도출 등에 대한 집중적인 논쟁은 어디에도 보이지 않아 구체적인 고민과 대응방안 마련이 무엇보다 시급한 상황이다. 이미 바이든 행정부는 한국과의 동맹 강화 차원에서 한·미·일 3자 동맹 강화와 인도−태평양 전략, 쿼드 등에 적극 참여를 요구하고 있으며, 이에 따라 중국 역시 한국이 미국 주도의 한·미·일 3자 동맹 강화, 인도−태평양 전략 및 쿼드와 같은 반중전선 동참 여부를 예의주시하고 있는 중이다. 결국 한국 역시 우호적인 한중관계 유지를 통한 한반도 평화체제 추진, 남북관계 개선과 남·북·중 3자 경제협력에 이은 동북아 다자평화안보체제 구축을 통한 불가역적인 평화를 이룰 수 있도록 모든 사안들을 놓고 전략적 유연성을 최대한 발휘하여 가장 적절하고 합리적인 대응방안을 끊임없이 고민해나가야 할 것이다.

제5장

한일관계와 한반도 평화

윤석상(선문대학교 국제관계학과 조교수)

01
....

한반도·동아시아 지역의 불안,
일본의 모순

한반도를 둘러싼 동아시아 지역은 정치·경제적 상호 의존이 증대하고 있음에도 불구하고 북한 핵 문제, 영토 문제, 군비경쟁 등 영역과 주제를 달리하는 문제들이 다양하게 발생하고 있다. 이러한 문제들은 상대방에 대한 불신과 배타성에 의해 촉발되며, 이 지역의 안보 불안을 심화시키고 있다.

그러나 동아시아 지역의 불안정성을 이해하고 평화체제를 구축하기 위해서는 일본을 주목할 필요가 있다. 왜냐하면 1990년대 이후 헌법 개정을 통해 보통 국가를 추구하려는 일본의 움직임이 동아시아 지역의 협력과 한반도 평화체제 구축에 영향을 미치고 있기 때문이다.

전후 일본은 헌법에 명시되어 있는 평화주의 틀에 기반해 개발도상국의 빈곤퇴치 등 개발협력을 중심으로 국제사회에서 역할을 수행해왔다. 그러나 1990년대 이후 일본은 국제사회로부터 경제력에 상응하는 군사적 역할 확대 요구, 한반도 불안정과 중일관계 악화, 국제테러 증대 등 국제사회의 위험에 대응하기 위해 미일동맹 확대에 기반한 능동적인 국가로의 변화를 추진하고 있다.

이러한 일련의 변화는 일본의 평화와 안전의 추구가 국제사회의 평화와 안전에 기여 한다는 의미로 해석될 수 있다. 그렇지만 능동적 국가로의 변화는 전후 일본의 국가상과 국제사회에서의 역할을 규정한 헌법체계의 무력화와 동시성을 갖는다는 것에 주목할 필요가 있다.

헌법이란 규범으로 기능을 한다. 즉 원리와 준칙으로 국가통치 활동의 근간이라고 할 수 있다. 일본 헌법은 전 인류가 공포와 결핍으로부터 평화롭게 생존할 권리가 있음을 전문에 명문화하고 있다. 이점은 누구도 타인의 생명을 해쳐서는 안 된다는 것이며, 생명이 침해당하지 않도록 노력해야 할 의무와 함께 전쟁이나 테러를 반대하고 인명피해가 발생하지 않도록 조치를 강구해야 한다는 것을 천명한 것이다. 특히 일본 헌법 제9조 1항과 2항은 평화를 실현하기 위한 구체적인 규범을 제시하고 있다.

1. 헌법의 제약

그렇다면 왜 우리는 일본의 헌법 개정 움직임*에 대해 비판하고, 헌법 개정을 반대하는가? 일본의 헌법 개정에는 크게 두 가지 의미가 함축되어 있다. 하나는 입헌주의 틀을 바꾸어 전후 체제의 탈각과 국가권력의 제한을 완화하려 한다는 점이고, 다른 하나는 헌법 개정이 패전을 부인함과 동시에 패전의 굴레에서 벗어나지 못하는 이율배반적인 모습을 보인다는 점이다.

입헌주의 틀을 바꾼다는 것은 단순히 전쟁이 가능한 국가를 의미하지 않는다. 더 큰 목적은 스스로 책임성을 인지하여 자기 결정권을 확보하려 한다는 것인데, 당사자 의식을 통해 현실을 생각하고 국내외적 문제에 능동적으로 행동하는 국가의 모습을 추구하는 것으로 이해할 수 있다.

왜 일본은 주변국들의 반발을 불러일으키면서까지 변화를 추구하는가? 이에 대한 답은 패전 이후 일본 정치사회가 걸어온 길에서 찾을 수 있다. 일본의 전후는 평화와 번영을 특징으로 한다. 이를 가능하게 한 것이 항구적으로 무력 사용을 금지한 평화헌법과 정치―관료―재계로 이어지는 이익유도 시스템, 미일동맹, 그리고 불편한 진실을 은폐하는 부인(否認)의 구조이다. 따라서 일본이 변화를 추구한다는 것은 입에 올리기 꺼렸던 속내를 말하는 '혼네(本音)'

---

* 2018년도 자민당 주도의 개헌안 초안에는 국가정책 수단으로서 전쟁을 포기하고 이를 위해 육해공 전력 보유를 금지한 현행 헌법 제9조 1항과 2항은 유지하면서 3항에 자위대를 명문화하고 그 사령관은 총리대신이 담당한다는 조항을 새롭게 삽입하는 것이다(박영준, 2019: 199).

모드로 일본 정치사회가 바뀌게 되었음을 의미하는데, 이를 위해 필요한 것이 평화헌법의 해체인 개헌이다(시라이, 2017).

그러나 변화를 추구하는 일본의 노력은 오히려 대미 종속 구조의 심화로 귀결된다. 이와 관련해『영속패전론』의 저자 시라이 사토시(白井聰)는 패전은 미국이 주도하는 국제질서에 일본이 따라야 하고 미국의 요구를 수용해야만 하는 구조를 만들었다. 따라서 패전을 부인하는 것은 종속적 미일관계의 종식을 의미하지만, 오히려 동아시아에서 일본의 고립을 부채질하고 이의 극복을 위해 다시 대미 종속을 강화할 수밖에 없는 악순환이 반복된다고 주장한다(시라이, 2017).

일본의 패전에 대한 부정은 자기모순에 빠지는 결과를 낳고 있다. 1980년대 나카소네(中曽根) 내각부터 추진되어 온 '전후 체제의 종식' 혹은 '전후 체제의 탈각' 움직임은 미국이 설계한 전후 체제에 대한 부정과 부인이며, 자주국가 일본의 지향은 오히려 미국을 부정하는 것으로 이해된다. 그렇지만 일본이 미국을 부정할 수 있을 것인가? 그리고 동아시아 지역의 평화와 안정을 위해 미국과의 관계를 단절시킬 수 있을 것인지에 대해서는 회의적이다. 이에 대한 해답은 동아시아 지역에서 일본의 이웃이 있는가라는 물음에 대한 답으로 찾을 수 있다(시라이, 2017).

일본에 있어 20세기는 영광과 굴욕이 교차한 시기였다. 영광은 러일전쟁(1904~1905년)의 승리로 한반도에서의 주도권을 장악하면서 시작되었다. 이후 제1차 세계대전에 참전해 전승국으로, 1920년 국제협력 촉진과 국제평화 및 안전 유지를 위해 만들어진 국제연맹의 상임이사국(영국, 프랑스, 일본, 이탈리아)의 지위를 획득했으며, 이후 만주국 건설, 중일전쟁, 제2차 세계대전의 주축국으로 동아시아 지역의 패권을 장악하게 되었다.

2. 보통 국가로 변화 시도

이처럼 20세기의 절반이 일본에 있어 영광의 시기라면, 나머지 20세기의 절반은 굴욕의 시기였다. 제2차 세계대전의 전범국으로 자국의 안보뿐만 아니라 동아시아 지역의 안보 문제에 적극적으로 대응할 수 없는 자기 결정권이 박탈된 국가로 변모되었으며, 누군가의 결정에 따라야 하는 수동적인 국가로의 길을 선택받았다.

물론 20세기 일본의 영광과 굴욕은 2015년 아베 총리가 종전 70주년 담화에서 밝힌 것처럼 국제정세 하에서 일본이 선택할 수밖에 없었던 결과라는 점에서 이해될 수 있다. 그렇지만 20세기 영광과 굴욕의 교차가 일본의 자발적 선택의 결과라기보다는 이웃과의 관계, 즉 동맹관계를 적절히 활용해 영광의 길과 굴욕의 시대를 맞이한 것으로 이해할 필요가 있다.

일본의 이웃은 누구인가? 일본은 지리적으로 인접한 이웃(한국, 중국)을 지배의 대상, 때로는 적으로 대해왔으며, 일본의 이웃은 영일동맹, 미일동맹이 상징하듯이 아주 먼 곳에서 찾았고, 현재도 이웃으로 함께하고 있다(시라이, 2017).

동맹이란 어느 한 국가가 가상의 적으로부터 군사적 위협을 대비하여 국가 간 상호 군사적으로 지원하거나 평시에 동맹국 간 이익 증진을 위해 만들어진 협약이다. 따라서 영일동맹은 동아시아 지역에서 일본이 세력을 확장시킬 수 있는 기회로 작용하였으며, 20세기 영광을 가능하게 하였다. 반면 미일동맹은 굴욕의 시작과 이를 벗어나기 위한 몸부림의 상징으로 이해될 수 있다. 미일동맹은 위협에 직면했을 때 자율성이 침해받더라고 안보를 확보하고 방기(abandonment)에 대한 우려에서 벗어나는 방법을 모색해야 하는 국가로 일본을 변화시켰다. 따라서 일본은 미일동맹에 근거해 동아시아 국가들과의 역사 문제 해결과 화해 추구 등 이 지역 국가들과의 갈등을 최소화할 수밖에 없었다.

그러나 21세기는 오히려 미일동맹을 기축으로 하여 일국적·지역적 안보는 물론 국제사회의 안보 문제까지 대응이 가능한 국가로 변모함으로써 과거의 영광을 재현하려 하고 있다. 구체적으로 중국의 패권 추구, 북한 위협, 그리고 국제테러라는 불투명성이 초래하

〈그림 5-1〉 일본의 지역전략

자료: 프레시안(2019.5.7), https://m.pressian.com/m/pages/articles/239758#0DKW(검색일: 2021. 1. 25.)

는 위협에 대응하기 위해 공세적 성격의 안보 내셔널리즘에 근거한 정책을 추진하고 있으며, 아시아 지역을 차별화하여 선별적으로 동맹을 재구성하고 있다. 동맹 재구성의 기준은 민주주의와 시장경제라는 가치를 공유하는 국가들과 협력을 강화한다는 것인데, 한국을 배제한 호주, 인도, 중앙아시아, 동남아시아 국가들을 상정하고 있다.

이러한 움직임은 가치관 외교와 인도-태평양 전략 등으로 구체화되고 있는데, 가치관 외교는 제1차 아베 내각이 제시한 외교 방침으로 자유, 민주주의, 기본적 인권, 법의 지배 등 인류의 보편적이고 기본적인 가치를 강조하는 외교 이념으로 제1차 아베 내각의 '자유와 번영의 호(the arc of freedom and prosperity)' 전략, 제2차 아베 내각의 '아시아 민주주의 안보 다이아몬드(Asia's Democratic Security Diamond)' 구상으로 구체화되었다(토가시 2017: 105). 그리고 인도-태평양 전략은 아시아에서 아프리카에 이르는 인도양과 태평양 연안을 질 높은 인프라로 연결해 성장과 번영의 대동맥으로 삼으려는 발전 구상임과 동시에 중국의 일대일로에 대응하는 전략이다.

이러한 일본의 전략은 미·일 기축을 전략적으로 강화함으로써 가능한 것인데, 필연적으로 동아시아 지역의 분열을 초래하고 이 지역의 신냉전을 구조화한다는 점에서 안보위협이 되고 있다. 그렇지만 더욱 우려스러운 것은 스스로의 행동을 정당화하기 위해 과거를 부인하며, 끊임없이 위협을 생산해야만 한다는 것이다.

이러한 자기중심적인 일본의 움직임은 스스로를 동아시아 지역에서 더욱 고립시키고 있지만, 고립에서 벗어나기 위해 항상 그래왔던 것처럼 미국과의 긴밀한 관계를 통해 이를 극복하려고 하고 있

다. 그러나 고립에서 벗어나려는 행동들이 동아시아 지역 갈등을
심화시키고 있다는 점에서 주의를 기울일 필요가 있다.

02

····

일본의 대한반도 정책

한반도와 동아시아 지역의 불안이 일본의 모순에 의해 촉발되고 있다면, 일본은 한반도 평화에 전혀 도움이 되지 않는 국가인가? 이에 대한 답은 일차적으로 일본의 한반도 정책이 무엇인지를 살펴봄으로써 찾을 수 있다.

일본은 기본적으로 중국과 북한의 군사동향을 잠재적 위협으로 인식하고 한국에 대해서는 양자 간 혹은 미국 등을 포함하여 다자 간 차원에서 안보협력을 지속해야 할 우방국가로 구분 짓고 있다 (박영준, 2019: 201). 따라서 일본의 한반도 정책은 2000년대 이전까지 북한에 초점이 맞춰져 있었다고 볼 수 있다.

일본에게 북한 문제는 과거사 청산 문제이자, 안보 문제이다. 냉전 붕괴 이후인 1990년대 가이후(海部俊樹), 미야자와(宮澤喜一), 무라

야마(村山富市) 총리로 이어지는 온건파 내각들은 통상국가 일본을 지향했으며, 미국과의 관계뿐만 아니라 아시아와의 협조도 중시했다. 이들은 과거사 청산과 전후 처리를 중시하는 입장에서 북한과의 관계를 개선하고자 했으며, 북한과의 관계 개선이 일본의 안전보장에 기여할 것이라고 생각했다(신정화, 2016: 190).

그러나 북한의 핵·미사일 개발과 중국의 부상 등 2000년대 들어 동아시아 지역의 변화는 일본 스스로 군사대국화를 지향하면서 안전보장의 관점에서 대북정책을 추진하였다. 고이즈미(小泉純一郎) 내각이 전후 최초로 북·일 정상회담을 개최하는 등 북한과의 관계 정상화를 시도하기도 했으나, 이 역시 일본의 안전보장 확보라는 성격을 강하게 띠고 있었다. 일본의 강경파 내각들은 기본적으로 북한을 일본의 안전보장에 대한 위협으로 전제하고, 일본인 납치문제의 해결 방법으로 대화보다는 제재를 우선시했으며, 핵·미사일 문제에 대해서는 군사력 강화로 대응하고 있다(신정화, 2016: 190).

그러나 일본의 대북정책은 동아시아 정치지형의 변화에 따른 반응적 성격이 있다는 점에서 이 지역에서의 역할과 미국으로부터의 방기(abandonment)에 대한 우려를 항상 노정하고 있다. 현재 일본 국

〈표 5-1〉 일본 내 대북 정책론의 구도

	대북 경계론·불신론	대북 적극 대화·협력론	조건부 대화·협력론
주요 논지	• 북한 비행과 이전 대북 압박 견지 • 실질적 비핵화 이후 종전선언 등 추진	• 북한 초기 조치 평가 • 북일 국교 정상화 교섭 추진 • 대북 경제협력 추진	• 북한 핵물질 및 핵탄두 신고 이후 국교 정상화 추진 • 한국 정부와 대북정책 협의

자료: 박영준(2019). 212쪽.

내에서 대북정책 관련 논의는 〈표 5-1〉처럼 대북 경계론, 대북 적극 대화, 조건부 대화로 나눌 수 있다. 그렇지만 무엇보다도 일본 정부의 대북정책은 미국의 대북정책이 어떻게 전개되는가에 따라 달라질 수 있다는 점에서 반응적 외교의 양태에서 크게 벗어나지 않을 것이라고 예측할 수 있다.

그러나 한반도 정책의 핵심은 무엇보다도 한국과 일본과의 관계일 것이다. 현재의 한일관계를 한마디로 표현하면 '수직적 관계에서 수평적 관계로의 변용'이라고 할 수 있다. 이 말에는 안정적이지 못한 한일관계가 지속될 것이라는 의미가 있다. 한일협력은 한국의 경제발전과 외교관계 확대를 통해 남북 체제경쟁에서 한국이 우위를 확보하게 하였으며 일본의 안보를 위해서도 도움을 주었다는 것을 부인할 수 없다(木宮正史, 2015).

냉전 시기 반공연대라는 구조가 한국과 일본의 역할과 지위를 보장해주었고, 일본은 한국과의 협력을 중요시하였으며, 과거사 문제 등 역사와 관련된 문제들을 크게 확대되지 않도록 관리해왔다고 볼 수 있다. 일례로 일본의 국가의식 재고를 통해 일본 전후 정치 총결산을 추진한 나카소네 수상(재임기간 1982~1987년) 재임 당시 수상의 야스쿠니 신사 공식 참배(1985년 8월)와 '교과서 문제를 생각하는 의원연맹 결성'(1985년) 등의 우파적 움직임과 정책들은 대내외 비판에 직면하여 철회하거나 약화되었다.*

---

* 즉 야스쿠니 참배 중지와 1985년 5월 일본 우익세력들의 모임인 '일본을 지키는 국민회의(日本を守る国民会議)'가 편찬한 『신편일본사(新編日本史)』(原書房) 교과서의 123곳을 수상의 직권으로 수정하도록 지시한 것은 주변국들과 마찰을 최소화하려는 정책의 유연성을 보인 것으로 현재의 우익과 다른 점이라고 할 수

1990년대 이전까지 한일관계 갈등은 한국의 권위주의 정권과 일본 보수세력과의 연대를 통해 조정되었는데, 미국을 중심으로 하는 냉전질서 편입과 경제발전이라는 목표 하에서 양국은 관계 안정화를 우선시하였다(송주명, 2010: 488).

　이와 관련해 빅터 차(Victor D. Cha)는 방기(abandonment)와 연루(entrapment)의 개념으로 한일 간 협력과 갈등을 설명한다(Cha, 2003: 50-59). 1990년대 이전까지 한일관계는 방기와 연루의 불안이 비대칭적인 구조를 이루고 있었다. 비대칭적인 구조는 한일 양국 사이에 갈등이 존재한다는 것을 의미한다. 그러나 미국의 방위공약과 관련해서 양국은 방기의 불안을 공유하고 있었는데, 방기의 불안이 한일 양국의 갈등을 잠재화시키는 데 일정 정도 역할을 하였다고 볼 수 있다. 왜냐하면 냉전기 안보위협이 점증하는 환경에서 미국의 안보공약 축소는 한국에 경제적·정치적 부담으로 작용하였으며, 일본에게도 방위비 지출 증가, 재무장을 둘러싼 국내 논쟁 심화와 아시아 주변국들과의 갈등을 초래하기 때문에 미국을 중심으로 협력관계를 유지하는 것이 양국에게 최상의 이익이 되었다고 볼 수 있다.

　그러나 2000년대 들어 한국의 민주화와 일본의 우경화로 인해 양국의 전통적 보수연대가 해체되고 한일관계가 표류하고 있다. 즉 과거 권위주의 체제 하에서 봉인되었던 문제들인 위안부 문제, 강제 징용공 문제 등이 시민사회의 활성화에 따라 일본에게 적극적인 문제 해결을 요구하고 있다. 이에 반발한 일본은 반도체·디스플

있다(윤석상, 2019: 79).

레이 등의 생산에 필수적인 품목의 한국 수출규제를 강화하는 조치를 취했으며, 한국을 일본의 백색국가 명단에서 제외시켰다. 물론 일본 정부의 규제가 보수 지지층 결집을 위한 조치라는 해석들이 있지만, 근본적으로 안보협력의 파트너로 인식되어 왔던 한국의 중요성이 떨어졌기 때문이라고 볼 수 있다.

이러한 사실은 일본이 독자적인 국가안보 전략을 추진하는 과정에서 어느 정도 예측 가능한 것이다. 현재 일본의 국가안보 전략은 인도-태평양 전략에 대한 위상 강화와 일본 중심의 가치관을 중심으로 새로운 블록(bloc)을 형성하는 것인데, 배타적 성격을 강하게 띠고 있다. 특히 아베 내각의 대외정책 기조인 자유롭고 열린 인도-태평양 전략(Free and Open Indo-Pacific Strategy)은 미국, 일본, 인도, 호주 등 4개국을 중심으로 한 협력의 가속화를 추구하는 자국 중심의 폐쇄성과 배타성을 특징으로 한다.

따라서 한국은 연대와 협력을 강화해야 할 필요가 있는 국가가 아니라, 향후 일본의 국가전략이 충실히 진행된 후에 관계 개선을 모색할 수 있는 국가로 상정하고 있다고 볼 수 있다. 따라서 현재 일본은 과거처럼 한국의 입장을 지지하며 공통적 과제에 대해 협력하기보다는 일본의 이익을 위해 유리한 몫을 차지하려고 한국에 대해 압박을 강화하고 있는 것이다.

특히 교착상태에 빠진 한일관계에서 주지해야 할 것은 한반도에서 일본이 주도권을 확보할 가능성이 있다는 점이다. 한반도 문제는 민족 내부의 문제임과 동시에 주변국들의 관여를 특징을 하는 문제이다. 따라서 한국이 주도적 역할을 한다고 하더라도 미국과 중국, 일본의 이해가 반영될 수밖에 없는 것이다. 앞서 설명하였듯이 일본은 미일동맹의 틀에서 한반도 정책을 추진할 것이며, 미국의 대북정책에 편승해 한국과 북한 사이에서 이중외교를 구사할 수 있다는 점에서 한반도 문제에 주요 행위자로 역할을 할 수 있다.

03

....

일본 역할의 전제, 상호 인정

일본은 한반도 평화체제 구축에 어떠한 영향을 미칠 것이며, 그 역할은 무엇인가? 압박과 대화 기조를 병행하는 일본 정부의 대북 정책은 한국의 대북정책 추진에 긍정적으로 작용할 수 있다고 평가할 수 있지만(박영준, 2019: 216), 일반 국민들의 시각에서의 부정적인 시각도 무시할 수 없다. 이 점은 일본이 한반도 평화체제 구축을 위해 역할을 하기 위해서는 일본 정치사회의 전환이 전제되어야 함을 의미한다.

한일 양국은 일본군 위안부 문제, 강제 징용공 문제, 식민지배 정당성, 영토 문제 등 역사 문제, 재일 한국인에 대한 헤이트 스피치(hate speech), 혐한 등 차별과 2019년 한국에 대한 화이트리스트 제외 등 경제 보복에 이르기까지 주제와 영역을 달리하는 다양한 분야에 걸쳐 갈등하고 있다(윤석상, 2020: 75). 그러나 현재 갈등은 각각의 이슈별로 첨예하게 대립하는 것이 아니라 특정 영역에서의 갈등이 전체로 확대되고 있다는 점에서 과거와 다른 양상을 보이고 있다(윤석상, 2020: 75–76).

특히 한국과 일본의 경제 격차 축소는 양국 관계를 재규정하고 있는데, 한국에서 일본의 중요성이 줄어들고 있다는 것이다. 한일 간 경제력 격차가 축소는 구매력을 기준으로 한 1인당 국내총생산(GDP)으로 확인할 수 있다. 2017년 구매력평가(Purchasing–Power Parity: PPP)를 기준으로 한국의 1인당 GDP가 4만 1,001달러를 기록하며 4만 827달러를 기록한 일본을 앞섰다. 관련 통계가 나오기 시작한 1970년 이후 50년 만에 처음으로 추월한 것이다(중앙일보, 2020. 3. 3).

또한 국제경쟁력을 경제 상황, 정부 효율성, 비즈니스 효율성, 인프라 4분야의 평가로부터 종합 순위를 산출하는 국제경영개발연구소(International Institute for Management Development: IMD)의 국제경쟁력 순위를 보면, 2020년 한국은 23위로 34위인 일본보다 우위에 있다(IMD World Competitiveness Center, 2020).

한국의 변화된 위상은 일본 사회에서 한국에 대한 반감으로 나타나고 있는데, 한국에 대한 경계심을 넘어 혐오로 향하고 있고, 상대방을 고려하지 않은 자기중심성에 기반한 인정투쟁(struggles for recognition)을 야기하고 있다. 상대를 인정하지 않는 것은 인정의 대상이 되는 타자에게 상처를 주고 억압하며 타자의 존재 양식을 변형시키는 것이기 때문에 대등하고 평등한 연대를 불가능하게 한다고 할 수 있다(강진구, 2013: 215–216). 따라서 일본 정치사회의 혐한이 상징하는 인정투쟁은 동등한 존재로 한국을 인정하지 않는다는 것이다.

혐한 현상의 바탕에 깔려 있는 한국에 대한 멸시는 어제오늘의 일이 아니다. 전후 일본 사회에서는 한국에 대한 무관심과 무지가 팽배했고 한국인과 한국 문화에 대해 생물학적 인종주의와 문화적 인종주의를 바탕으로 일본인의 우월감을 암묵적으로 인정하는 분위기였다(강기철, 2020: 25). 일본 사회가 불안할 때 기묘한 내셔널리즘을 통해 가상의 적으로 이용되기도 했고, 일본인의 관념 속에는 일본의 '한국 식민지 역사관'이 존재해왔다는 점에서 '한국 멸시론'과 '한국 식민지 역사관'의 변종이 인터넷이라고 하는 뉴미디어를 통해 '혐한 현상'으로 나타나게 된 것이다(강기철, 2020: 25).

이처럼 일본 정치사회가 한국을 인정하지 않고 있는 것은 관용 없는 정치의 폭주, 획일화에서 원인을 찾을 수 있다. 1990년대 이후 일본 경제 불황은 개혁을 추진하는 과정에서 개혁의 주도권을 보수세력이 차지함으로써 혁신세력의 몰락을 가져왔고 결국 보수세력을 견제할 수 있는 세력의 소멸로 이어졌다. 따라서 일본에 있어 보수화란 다양성이 사라진 일본을 상정하는 것이고, 보수화에 대항하는 아이디어뿐만 아니라 다양한 아이디어에 근거한 정책의 부재함을 특징으로 하는 것이다(윤석상, 2019: 88). 아이디어가 정책 결정자의 가치나 태도를 다스리고 정책지침으로 기능한다는 점에서 자국 중심주의에 매몰되어 있는 일본 정치사회가 한국과의 갈등을 해결할 수 있는 다양한 아이디어가 부재한 것은 어쩌면 당연하다(윤석상, 2019: 88). 또한 보수화로 상징되는 일본 정치공간의 변화에서 한국과의 경제격차 축소와 경쟁, 북한 핵미사일 위협, 영토와 역사 문제를 둘러싼 갈등과 공방에서 한국에 대해 옳고 그름의 도덕적 판단을 결여한 혐오의 정치가 분출하는 것도 당연하다.

이상을 종합해보면 한반도 평화 구축, 나아가 한반도를 둘러싼 동아시아 지역에서 일본이 역할을 수행하기 위해서는 한일 간 갈등 구조의 전환이 우선되어야 한다. 왜냐하면 상대방을 인정하지 않는다는 것은 상대에 대한 부정적인 집단 이미지를 형성시키고, 상대방의 요구와 행동에 대한 대응이 이성적이라기보다는 집단적 분노의 형태로 표출됨으로써 자기중심적인 문제 해결에 매몰되기 때문이다.

04
· · · ·

한반도 평화 구축에
일본의 역할은 무엇인가?

상호 인정이 결여된 한일관계 하에서 한반도 평화 구축 논의에 일본의 역할을 논한다는 것이 국민적 감정에서 용인될 수 있을 것인가? 한일관계에 국한하지 않더라도 한반도 평화체제 구축을 위한 일본의 역할과 관련해 일본 국내에서도 '재팬 패싱(Japan Passing)'이라는 표현처럼 일본의 존재감이 상실되는 것이 아닌가라는 우려를 낳고 있다.

그렇다면 급변하는 한반도 정치 상황 하에서 일본의 역할은 무엇인가? 한반도 평화 구축의 첫 단계는 북한의 비핵화에 초점이 맞춰져 있다. 북한의 비핵화에서 이슈가 되는 것은 비핵화의 비용 분담이며, 일본의 역할을 논할 수 있는 부분이다.

비핵화 비용은 핵무기 해체와 핵시설을 폐기하는 데 들어가는

<그림 5-2> 정부와 연구기관들이 추산한 북한 재건비용

국토연구원 (2013)	금융위원회 (2014)	한국건설산업연구원 (2018)	산업은행 미래전략연구소 (2017)
노후 인프라 신설·교체	철도·도로·통신· 전력·공항·항만 등 인프라 구축	경제특구 개발 등 인프라 투자	북한의 1인당 GDP를 1만 달러로 올릴 경우
44조	150조 (20년간)	270조 (10년간)	705조 원 (20년간)

자료: "北 핵무기 폐기에만 6조 원…천문학적 비용 누가 낼까", 『조선일보』, 2018. 5. 21. https://www.chosun.com/site/data/html_dir/2018/05/17/2018051702305.html(검색일: 2021. 1. 10.)

직접비용과 핵 관련 인력의 민간 전환, 핵시설 일대 환경 정화비용 등에 쓰이는 간접비용, 그리고 비핵화의 대가로 제공할 경제원조 등의 보상비용으로 나뉜다. 북한 비핵화 비용은 연구기관에 따라 다양하게 제시되고 있는데, 향후 10년간 적게는 200억 달러에서 많게는 2조 달러에 달할 정도로 정확한 추산이 되지 않은 상황이다. 이는 북한이 실제 보유하고 폐기해야 할 핵무기의 개수와 북한 내부 핵시설 규모 등이 정확히 파악되지 않고 실제 비핵화 비용이 대부분 차지할 것으로 예상되는 보상비용의 규모도 불명확하기 때문이다.

실제 핵 폐기와 관련된 비용보다 큰 부분을 차지하고 있는 것이 보상비용인 북한 경제개발 비용이다. 연구기관마다 북한의 경제재건에 필요한 비용 추산이 다양하다. 일단 핵 폐기든 경제개발이든 기본 인프라가 먼저 갖춰져야 가능할 것으로 예상되기 때문에 전기, 도로, 철도망 복구가 가장 우선될 것으로 예상된다. 북한의 도

148

로 포장률은 2%에 그치고, 전력 생산량은 남한의 4% 정도에 불과하고, 철도는 70% 이상이 노후화되어 일제강점기 때 쓰던 것임을 감안하면 상당한 투자가 선행돼야 할 것으로 예상되고 있다(아시아경제, 2018. 6. 21). 따라서 우리의 입장에서 북한의 비핵화 협상에서 일본의 역할로 생각할 수 있는 것이 보상비용의 측면이고, 보상비용을 일본이 부담하는 것에 반대할 이유가 없다.

북한의 입장에서 한반도 평화체제 구축의 일차적인 목적은 군사적인 안전보장 확보라고 할 수 있다. 이 점에서 일본의 역할은 제한적일 수밖에 없다. 그 이유로 두 가지를 생각할 수 있는데, 하나는 한반도 평화체제는 일차적으로 남한과 북한, 미국과 중국 4자가 당사국이기 때문이라는 점이고, 다른 하나는 일본이 중거리 미사일 등 일본에 위협적인 요소들을 해결하려고 할 때 북한은 일본의 군사력 증강에 대해 군축을 요구할 가능성이 있기 때문이다. 따라서 일본의 역할은 군사안보적인 부분보다는 비용적인 부담이나 경제 지원 쪽이 될 가능성이 있다(국민대학교 일본학연구소, 2018). 실제로 1994년 제네바합의 때도 북한 핵 동결의 대가인 경수로 건설비용 46억 달러 중 한국과 일본이 70%와 30%를 부담하였다.

북한 비핵화에서 일본의 역할은 비핵화 보상비용을 지불하는 정당성을 어떻게 확보할 것인가에 달려 있다. 일단 현재 일본 정부의 대북정책 기조를 보면, 비핵화 보상비용을 지불하는 것은 어렵다고 볼 수 있다. 일본은 북한과의 관계 개선 이후 경제협력을 한다는 입장을 표명하고 있으며, 특히 북한과의 관계 개선의 전제인 일본인 납치 문제 해결 없이는 경제 지원이 불가능하다는 방침이다. 그러나 납치 문제는 일본 정부가 국내정치적 목적에 활용하기 위해 강경일변도로 대응해왔다는 점에서 북한의 비핵화와 관련해 북한에 대해 유화적인 정책을 취한다는 것은 정치적으로 상당한 부담으로 작용할 수 있다.

반면 중국의 존재가 일본에게 비핵화 프로그램에 적극적으로 참여할 수밖에 없는 구조를 만들고 있다. 일본은 정치·경제적으로 중국의 부상을 견제하고 있다. 2020년 일본 방위백서에는 중국이 남중국해와 동중국해의 현상을 일방적으로 변경하고, 방역 지원을 통해 자국의 정치적·경제적 이익을 도모하고 있다는 점을 들며 중국을 견제하고 있다.

단적으로 중국의 부상은 일본에 있어 위협이다. 북한에 대한 경제 투자와 경제 지원 문제에서 볼 때, 2000년대 초반에는 일본과 중국이 북한의 최대 무역 상대국으로 위치를 차지하고 있었다고 볼 수 있다. 그러나 지금은 중국이 강력한 대안으로 등장했으며, 무역뿐만 아니라 북한이 필요로 하는 인프라 투자도 아시아인프라투자

〈표 5-2〉 2000년, 2001년 일본과 중국의 대북 무역 규모

(단위: 억 달러)

	2000		2001	
	북한의 수출	북한의 수입	북한의 수출	북한의 수입
일본	2.57	2.07	2.26	2.49
중국	0.35	4.51	1.67	5.73
전체 교역에서 일본과 중국 비중	일본 23.5%		일본 20.9%	
	중국 24.7%		중국 32.6%	

자료: 이형근·최유정(2018). 「최근 한반도 정세 변화와 북일 경제협력 과제」, KIEP 기초 자료, 18-21, 2018. 9. 14.

〈표 5-3〉중국의 해외직접투자 중 대북투자 비중

(단위: 억 달러)

연도	2003	2004	2005	2006	2007	2008	2009	2010
투자 총액	28.55	54.98	122.61	176.34	265.06	559.07	565.29	688.11
대북 투자액	0.01	0.14	0.07	0.11	0.18	0.41	0.06	0.12
비중	0.04	0.25	0.06	0.06	0.07	0.07	0.01	0.02

연도	2011	2012	2013	2014	2015	2016	2017	2018
투자 총액	746.54	878.04	1,078.44	1,231.20	1456.67	1,961.49	1,582.88	1,430.3
대북 투자액	0.60	1.09	0.86	0.52	0.41	0.28	0.01	0.00
비중	0.08	0.12	0.08	0.04	0.03	0.01	0.00	0.00

자료: kotra 해외시장뉴스, "중국의 대북투자 현황: 건축 자재 분야", 2019. 12. 23, https://news.kotra.or.kr/user/globalBbs/kotranews/786/globalBbsDataView.do?setIdx=247&dataIdx=179711(검색일: 2020. 1. 20.)

은행(Asian Infrastructure Investment Bank)을 통해 지원을 할 수 있다.

이 점은 북일 무역관계가 일본이 북한에 대해 압력을 행사할 수 있는 카드였다는 것이다. 즉 납치 문제와 핵·미사일 문제에 대응하기 위해 일본은 대북 경제제재를 수단으로 활용하였다. 물론 북한 경제도 타격을 받았지만 북한에 대해 일본이 가지고 있었던 압력수단이 모두 사용되었음을 의미한다(기미야, 2011: 19).

오히려 일본의 대북제재는 중국에 대한 북한의 의존을 증대시켰다. 중국은 북한의 핵 보유나 세습체제에 대해 반대 의사를 명확히 하지 않고 북한과의 경제적 유대관계를 강화하면서 북한의 대중국 의존도를 끌어올렸다(기미야, 2011: 20).

현재 북한과의 경제관계에서 일본의 위상이 상대적으로 약화되었지만, 일본 환동해경제연구소(ERINA) 미무라 미츠히로(三村 光弘) 주임연구원은 북한과 일본의 관계가 개선된다면 일본은 상당한 규모의 경제협력을 할 수밖에 없는 상황이라고 설명하고 있다. 그 이유로 일본이 북한 경제에 개입하지 않는다면 한반도가 중국의 압도적인 영향력 아래에 놓이게 되어 동북아시아 지역의 균형이 무너질 염려가 있기 때문이라고 설명하고 있다(Kotra 해외시장뉴스, 2018).

결론적으로 한반도 평화체제 구축에 있어 일본의 역할은 중국을 견제한다거나 미일동맹의 연장선상에서 북한에 접근하는 지정학적이고 진영논리에 빠진 발상은 동북아시아 안보질서를 설계하는 데 불협화음을 일으킬 가능성이 크다. 그렇다고 일본을 배제할 수는 없는데, 통일 한국이 일본을 압박할 수 있다는 불안감을 가질 수 있으며, 군사적 영향력 확대를 꾀함으로써 군비경쟁을 초래할 수 있기 때문이다. 따라서 일본과의 협조는 이러한 불안감과 군비경쟁을 해소하는 데 필요한 것이다. 또한 과거의 경험상 한국과 북한이 급속히 가까워지면 일본이 브레이크를 가하려는 경험이 있었다는 점에서 북한이 판을 주도할 수도 있다. 따라서 북한이 주도하는 한반도 평화 구축이 되지 않기 위해 일본의 역할도 필요하다.

제6장

•

바이든 행정부의
대한반도 정책 전망

Stephen Costello(George Washington University 객원연구위원)

01
....

개요

　2021년 1월 20일 바이든 정부의 출범 후 대한민국에 직접적인 영향을 끼칠 중요한 안보, 인도주의, 정치적 결정이 이루어지고 있다. 특히 바이든 대통령의 새로운 결정에 따라 많은 이해관계가 얽혀 있는 경기도로서는 워싱턴의 동향을 예의주시해야 할 필요가 있다.
　문재인 정부가 마지막 해에 접어든 가운데 현 정부의 주요 의제 중 남북협력과 한미동맹 현대화에 대한 진척 여부는 청와대가 이를 어떻게 준비하고 적극적으로 추진하는지와 한반도에 대한 백악관의 인식과 정책에 따라 결정될 것이다. 하지만 현재까지 대북 문제에 있어 바이든 행정부는 효과적인 신규 방안을 제시하고 있지 않을 뿐만 아니라 한국 정부의 참여 확대를 어떻게 받아들여야 하는지에 대해서도 특별한 반응을 보이지 않고 있다. 바이든 정부가 적절한 한반도 정책을 펼치기 위해서는 한국이 앞장서야 하지만 이 또한 한국 정부의 능력과 과감성이 수반되어야만 가능하다. 문재인 정부는 2017년 이후로 북한과 미국 관련 전략적 계획 수립에 있어 약한 모습을 보여왔기 때문에 새로운 미국의 대북정책에 있어 한미연합의 접근 방식을 강력하게 제안하지 않는다면 성과를 이룩할 수 있는 기회는 사라질 것이다. 그렇게 될 경우 2022년 5월 선출될 차기 정부는 진보적 성향을 지닌 미국 정부를 통해 북미관계와 관련 안건을 정상화시켜야 하는 과제를 안게 된다.

한반도 문제의 핵심이 무엇인지, 워싱턴과 서울에서 어떻게 결정을 내리는지, 그리고 향후 어떻게 미국의 정책 결정에 영향을 끼칠 수 있는지를 이해하는 것이 중요하다.

1. 바이든 행정부의 한반도 정책

워싱턴의 시각에서 남북한은 밀접하게 연결되어 있다. 대한민국은 1987년부터 지속적인 민주주의 진전으로 1993년 문민정부가 들어섰지만 권력 구조와 국가 정체성에 대해 미국의 이해를 크게 높이지 못했다. 한국의 상황은 미국 내 한반도 전문가들에게도 어려운 문제였으며 그 원인은 북한의 냉전 및 공산주의 때문이었다. 지난 30년간 워싱턴의 권력 엘리트 및 양대 정당들은 이런 상징성을 받아들이고 이용했으며, 결국 한반도에 있어 '북한 위협'이 핵심 의제로 자리 잡게 되었다. 오늘날 미국 언론의 한국 관련 기사들은 대부분 과장된 북한 위협의 기본 틀 위에 미국이 이에 대응하기 위해 한국을 지원하는 역할을 다루고 있다. 심지어 민주당에서조차 한반도 위기에 습관적으로 대응해왔기에 미국이 대북 전략을 수립하는 데 있어 동맹국인 한국이 미국에 귀중한 조언을 해줄 수 있다고 인식하는 사람이 없고, 나아가 북한의 지도부, 경제 및 사회적 여건의 변화를 이해하기 위한 구체적인 대안 역시 부족한 것이 현실이다.

그리고 워싱턴의 정책 입안자들은 한국을 일본, 중국의 시각과 함께 연결하기 때문에 제대로 한국을 이해하는 데 오류가 있다. 정책을 결정하는 주류 엘리트 입장에서는 평화헌법에 근거해 미국에 국방을 의지하는 일본이 미국의 동아시아 안보협력의 핵심인 반면 한국은 일본에 비해 상대적으로 믿음과 전략적 신뢰가 부족한 국가로 인식되고 있다.

2021년 현재 한국과 일본의 대미 의존은 한일 양국에서 가장 뜨거운 정치적 논쟁거리이지만 한·미·일 3국 사이의 가치 논의는 대다수 피상적이고 포퓰리즘에 기반한 정치적 논란이며 실제로 3국이 추구하는 가치는 매우 유사하다.

중국이 최근 미국의 패권경쟁국으로 부상함에 따라 미국이 동아시아 국가들을 평가하는 기준은 향후 동아시아에서 미·중의 패권경쟁과 역내 국가에 대한 중국의 내정간섭을 견제하는 데 있어 얼마나 도움이 되느냐에 달려 있다. 한미동맹의 전제조건은 미·중 대결에서 한국이 미국의 편에 서도록 압력을 행사하는 것이다. 트럼프 정부 시절 일본, 인도, 호주를 포함한 쿼드(Quad) 협력도 이러한 시각을 잘 나타내고 있는데, 이는 한국의 강점과 민주주의적 가치에 대한 정체성, 그리고 미국의 국익에 대해 정확히 이해하지 못하

〈그림 6-1〉 존 칼 베이커 선임 계획관 및 북한 계획 협조관

JOHN CARL BAKER

Nuclear Field Coordinator and Senior Program Officer | *Washington, DC*

John Carl Baker is the Nuclear Field Coordinator and Senior Program Officer at Ploughshares Fund. He manages the organization's portfolio of North Korea-related grants, develops strategy for its grassroots grantmaking, and works to increase coordination among funders and NGOs in the nuclear policy field.

John holds a PhD in Cultural Studies from George Mason University and an MA in American Studies from the University of South Florida. His works of commentary and analysis have appeared in New Republic, Bulletin of the Atomic Scientists, National Interest, and other publications. He lives in the DC suburbs.

Email:
jbaker@ploughshares.org ✉

자료: Ploughshares Fund, 2021. 2. 4.

고 있다.

동아시아 국가들의 군사 및 전략적 안보와 관련한 핵심 가치를 평가할 수 있는 방법은 동북아시아가 비핵화, 북·미 평화협정, 남북협력의 증대를 통해 받게 될 영향을 확인하는 것이다. 남북한의 협상이 불가능하거나 바람직하지 않다고 판단된다면 동아시아의 국제관계에 대한 정확한 분석은 어렵다고 할 수 있다. 게다가 미국 내 한국 정책 전문가들의 수는 일본, 중국 전문가들에 비해 적고 연구소, 대학교, 언론기관 역시 부족하다. 이 같은 기본적인 인적 구성과 성향은 바이든 정부에서 한국 및 동북아에 대한 미국 정책을 검토하고 결정하는 과정과 한반도 주변 안건들을 바라보는 시각 및 대처 방안에도 크게 영향을 미칠 것이다.

최근 경향 중에서 몇 가지 사례는 미국의 한국 정책에 대한 새로

운 시각을 요구하고 있다. 그중 한 가지는 미국의 강력한 대북 및 대이란 제재가 결국은 미국의 국익에 크게 반했다는 사실을 받아들이자는 주장이며 이는 외교적 협상과도 이어지기 때문에 중요하다. 현실적으로 바이든 대통령이 중동 지역과 동북아 지역에서 성과를 낼 수 있는 방법은 '협상'이 유일한데, 이는 한국이 한미관계에 집중하며 미국과 이란의 관계의 전개 역시 계속 주시할 필요가 있는 부분이다.

2021년 1월 바이든 행정부는 최정상급 외교관인 로버트 말리(Robert Malley)를 이란 특사로 임명했다. 하지만 미국이 사전에 일방적으로 탈퇴했음에도 불구하고, 미 국무장관은 대이란 제재의 해제 전에 이란의 포괄적 공동 행동계획 재준수를 제재 완화의 조건으로 제시했으며, 이러한 상황은 양자 협상에 긍정적일 수 없다.

바이든 대통령이 로버트 갈루치(Robert Gallucci), 조셉 윤(Joseph Yun) 혹은 프랭크 자누지(Frank Januzzi)와 같은 경험이 많은 사람을 대북 특사로 임명한다면 이는 한반도, 중국과 동북아시아에 모두 긍정적인 신호가 될 것이다. 그리고 문재인 대통령 또한 미국의 정책 결정에 목소리를 낼 수 있는 사람 중 한 명이다. 현재로서는 바이든 대통령과 김정은 위원장의 정상회담 추진은 성급하기 때문에 한국에서 우선적으로 대북제재와 조기 협상안에 대한 기본 골자가 논의되어야 한다. 대북제재와 관련하여 문재인 정부에서 명확하고 통일된 목소리를 내어야 하는데, 현재까지 이를 나타내는 징후는 보이지 않는다.

2. 워싱턴의 신임 한국 정책 담당자

바이든 행정부는 향후 한국을 담당할 다양한 분야의 관계자들을 논의 중이며 전임 행정부들에 비해 한국을 보다 존중하는 방법으로 접근할 것으로 판단된다. 백악관 국가안보 보좌관으로 제이크 설리번(Jake Sullivan), 국무장관으로 안토니 블링켄(Anthony Blinken), 중앙정보국(CIA) 국장으로 윌리엄 번스(William Burns), 국가안보위 아시아 국장으로 커트 캠벨(Kurt Campbell)이 임명되었고, 성김 전 주한대사가 블링켄 장관의 임시 아시아 차관보로 임명되었다.

현재까지 언급된 인물들 중 대북 압박을 우선하는 강경파는 없는 것으로 알려졌다. 그리고 국가안보위가 국무부 및 국방부의 관제탑 역할을 수행할 것이기 때문에 캠벨 아시아 국장이 대북정책에 비중 있는 역할을 담당할 것이라 예상되는데, 그는 워싱턴에서 한일 양국의 강점을 정확하게 파악하고 있는 몇 안 되는 인물이다.

하지만 번즈 중앙정보국장의 역할이 의문인데, 번즈 국장은 해외 정책부문의 전문가이며 국무부 장관 후보자로 평가받았다. 게다가 오바마 시절 이란과의 비핵화 과정에 있어 비밀 협상을 담당했기 때문에 그가 CIA 국장이 된다면 비핵화에 기여할 수 있는 다양한 가능성이 생기게 된다. 또한 번즈 국장의 한국 카운터파트인 박지원 국정원장 역시 그간 대북 대화에 있어 큰 역할을 해왔다는 점 역시 중요하게 작용할 수 있다. 성김 전 주한대사도 싱가포르 북·미 정상회담뿐 아니라 수차례 대북 대화에 참여했던 만큼 큰 역할을 해줄 수 있을 것이다.

3. 2021년에 준비 사항

바이든 행정부는 올해 미국의 대한반도 정책들을 재평가할 것이고, 그 과정에 워싱턴 관계자들의 집단적 사고가 가장 큰 영향을 준다는 점을 유의해야 한다. 지난 2001년 조시 W. 부시 대통령은 선친인 부시 대통령 및 클린턴 대통령 시절의 성공과 교훈에 대한 전문가의 의견을 경청하지 않았고, 2009년 오바마 대통령 역시 부시 대통령 시절의 교훈을 무시하고 워싱턴에서 가장 오래되고 경험이 많은 전문가들을 외면했다.

현재 바이든 행정부에서는 캠벨 아시아 국장이 대한반도 최고 선임자로 보인다. 이란과 달리 북한 문제에 관해서는 워싱턴 싱크탱크와 행정부를 상대로 지속적인 로비 활동이 없었던 것으로 보아 바이든 정책지원팀의 최종 정책들은 한국 정부가 의지를 가지고 강하게 밀어붙이지 않으면 매우 느리고 비효율적일 가능성이 높다. 그런 점에서 문재인 정부가 김정은과의 실용적이고 현실적인 협상을 강하게 추진하고자 할 때가 가장 큰 영향력을 발휘할 수 있는 시점이다.

지난 2월 4일 바이든 취임 이후 첫 전화 외교를 통해 한미 정상은 대북 문제를 협조하기로 합의했는데, 바로 지금이 문재인 정부가 대북 문제에 있어 윈-윈할 수 있는 계획을 수립할 적기이다. 현재로서는 문재인 대통령의 자문 없이 바이든 행정부에서 현실적인 대북정책을 도출하는 것은 많은 어려움이 있을 것으로 보이기 때문에 백악관에 전문적인 의견을 제공하기 위해 취할 조치들에 대해 주목할 필요가 있다.

북한 및 김정은에 대한
미국의 접근 방식 변화

지금 우리는 지난 20년간 행해진 미국 대북정책의 오류를 바로 잡을 수 있는 전환기를 맞이했는지도 모른다. 그동안 미국이 잘못된 방향으로 접근했던 원인에는 미국 선거 제도로 인한 우익의 득세, 냉전 시절 반공주의, 일방적 행동에 대한 우위와 더불어 국제기구 무시, 외교적 성과에 대한 국내적 반대 등이 제시되는데, 이는 지난 30년간 공화당의 대외정책에서 나타났던 세계관의 기본 요소들이었다.

부시와 트럼프 정부의 등장으로 인한 손해는 계량화할 수 없지만 한국이 치른 대가는 명백하다. 사실상 미국의 한반도 정책 전환으로 한국의 전쟁 상황을 종식시키고 경제적·전략적 남북협력을 확대할 수 있는 기회가 그동안 봉쇄되었던 것이다.

1. 하노이 북·미 정상회담의 파국

2017년 트럼프 대통령의 대북 위협이 상당 수준으로 고조되는 가운데 문재인 대통령은 2018 평창 동계올림픽을 통해 신속하게 김정은에게 화해의 손을 내밀면서 신뢰를 구축하려 했고, 이어 2018년 3월 북·미 정상회담을 위한 중재를 했다. 하지만 2017년과 2018년의 북·미 정상회담은 한국, 미국, 북한 3국에게 좋은 모습으로 마무리되지 못했다. 미국은 실리적인 협상을 이끌어낼 의도가 처음부터 없었으며, 정상회담이라는 기발한 메커니즘을 통해 가시적인 효과를 최대화시킴으로써 트럼프의 개인적이고 일시적인 이익을 거두는 데 집중했다. 북한은 다른 선택의 여지가 없었기 때문에 워싱턴에서 제시한 협상에 승산이 없다는 것을 알면서도 낮은 기회를 활용하고자 했다. 그리고 한국은 협상 과정에 자국이 가진 힘을 이해하지 못하고 미국의 의도를 제대로 파악하지 못한 채 하노이 정상회담이 엉망으로 끝나는 과정을 옆에서 지켜볼 수밖에 없었다. 그 결과 한국, 미국, 북한 3국은 국익에 상당한 타격을 받았다.

2021년 1월을 기점으로 북한과 김정은에 대한 미국 주류의 정책에 변화가 감지되고 있다. 공개적으로 주요 논쟁들이 이어지고 있으며, 최선임 북한 전문가인 로버트 칼린(Robert Carlin)과 미국 평화연구소 프랭크 엄(Frank Aum)은 북한 제재안의 적용법을 제시하며 바이든 대통령을 이해시키고자 했다. 지난 1994년 합의안의 기본 골자 형성에 가장 큰 역할을 수행한 로버트 갈루치 당시 국무부 비무장 협상 담당자와 조 데트라니(Joe DeTrani) 전 대북 특사도 지속적으로 조언을 하고 있다.

현재로서는 미국의 대북정책이 얼마나 변화할지 알 수 없지만, 한국과 북한은 바이든 행정부의 태도에 변화를 가져올 수 있다. 민주당의 경우 현실적이고 성과가 있는 외교정책을 선호하기 때문에 남북한이 각자 주장하고 외교적 역량을 활용함으로써 미국의 목표 달성을 지원한다면 바이든 행정부의 초기 외교정책에 영향을 끼칠 수 있다.

　중국과 일본도 바이든 대통령의 한반도 접근 방식에 영향력을 행사할 기회가 있는데, 이는 북한에 대한 미국의 경제제재와 군사압박에 중국과 일본이 미국에 얼마나 협조할지의 여부에 달려 있다. 중국과 일본은 미국과 북한의 외교적 협상 타결을 지원함으로써 미국을 도울 수 있으며, 각국이 북한에 가진 영향력을 활용해 안보 및 경제적 확약을 제공할 수 있다. 중국 및 한반도 문제 전문가들은 이러한 방식의 해법을 바이든 대통령에게 강하게 건의하고 있다. 그리고 불편한 진실은 지난 20년간 중국이 미국의 대북정책과 관련해 제공해왔던 조언이 오히려 미국이 스스로 옳다고 선택했던 방식보다 더 적절했을 수도 있다는 것이다. 미국은 이를 받아들이기 힘들겠지만 중국과 미국의 정책 결정자들은 한국의 입장과 동일하게 북한 핵 문제를 접근하게 해야 한다.

2. 바이든의 새로운 접근을 위한 핵심 사항

　바이든 행정부 대북정책의 핵심 사항 세 가지는 다음과 같다.
　첫째, 전략적 사고에 깔려 있는 기본적인 오류가 수정되어야 한다. 북한의 지도자는 강력한 제재가 있어야만 핵무기 개발 및 보유 계획을 중단할 것이라는 생각은 처음부터 사실이 아니었다. 부시 행정부가 북·미 핵 동결 협약을 2001년부터 파기하기 시작함으로써 이를 대체하고자 하는 것이었다. 미국과 북한은 협약 실패에 대비를 하고 있었으며, 북한은 파키스탄의 칸(AQ Kahn) 박사와의 협의를 통해 우라늄 농축방안을 연구 중이었고, 미국 정계에서는 북한으로의 원유 지원이 계속 지체되는 상황이었다. 미국에서 협상 반대파들이 집권하자 핵동결 협약은 바로 무효화될 것이라는 것이 기정사실이었으나 협약에 이해관계가 걸린 다른 국가들은 미국에 협약을 무효화시키지 말아달라고 요청했다. 북한의 공식적 핵동결 협약 탈퇴는 1993년이 되어서야 이루어졌고, 당시 전문가들은 잘 진행되던 협상을 압박과 제재로 대체하면 북한의 핵무장으로 바로 이어질 것이라 경고했었고 결국 우려는 현실이 되었다.

둘째, 앞서 설명한 전략적 오판의 연장선 위에서 바이든 행정부는 북한 문제를 대할 때 중국과 러시아에 대한 접근법을 변경해야 한다. 바이든 행정부의 전문가들은 대부분 부시, 오바마, 트럼프 행정부 및 문재인 정부 초기의 실수를 반복하고 있다. 이들은 압박과 제재를 통해 북한을 협상에 응하게끔 하려는데, 문제는 북한에 압력을 행사하는 것은 비효과적이고 역효과를 낼 뿐만 아니라 궁극적으로 중국, 러시아, 미국의 국익에 반하는 결과로 이어질 것이라는 점이다. 그래서 바이든 정부는 향후 북한 문제를 미국이 주도하거나 중국 및 러시아의 지원을 원한다면 중국과 러시아에 보내는 메시지를 바꿔야 한다.

셋째, 2016년 UN에서 제시한 다섯 개의 강력한 대북제재 철회

방안이 바이든 정부가 북한과의 협상에 내놓을 첫 번째 카드가 되어야 한다. 2020년 워싱턴 싱크탱크 회의에서 헤이즐 스미스(Hazel Smith) 박사가 반복해서 강조했듯이, 북한에 대한 강력한 제재들은 북한의 불법 활동을 표적으로 하는 것이 아니고 일반 대중들을 표적으로 하는 만큼 오히려 불법일 가능성이 있다. 무기 소지 및 기타 목적의 항목에 대한 제재들은 지속될 것이라는 사실은 여러 해 동안 분명히 강조되었고, 지난 하노이 북·미 정상회담에서 확인되었다. 당시 북한은 일부 제재의 조기 중단 시, 핵 관련 협상 및 사찰에 응하겠다는 뜻을 내비쳤고, 핵 재개발 방지의 안전장치를 마련하는 것은 새로운 북·미 비핵화 협약에 반영될 것이다.

향후 위 세 가지 전략적 사항들은 바이든 행정부가 정책을 검토하는 과정에 남북한과 함께 진행하고자 하는 비핵화 의지를 반영하게 될 것이다. 현재 바이든 행정부는 이란과 '포괄적 공동행동계획'으로 되돌아가기 위해 현실적인 대안을 준비 중이라는 징후가 나타나고 있지만, 북한에 현실적인 협상안을 활용할지의 여부는 불투명한 상황이다.

03
....

한국 정부가 가진 중요한 지위와
정부 차원 적극적 참여

김대중 전 대통령은 두 번의 대선 패배 경험, 야당 지도자 경력, 그리고 정객으로 세계를 돌아다니는 과정을 통해 북한과의 돌파구를 찾는 정책을 지속적으로 가다듬어 왔다. 그리고 한국 정부가 민주적이고 개방적이어야 북한과 솔직하게 대화할 수 있는 정치적 지지와 자신감을 지닐 수 있다고 주장했다. 분단된 국가를 위한 한국의 접근법과 관련해서 김대중 전 대통령은 미국이 결정적인 영향력을 행사할 것이라는 점을 인지하고 있었고, 워싱턴과 뉴욕을 자주 방문하며 지미 카터 전 대통령과 강한 유대관계를 유지했다. 1994년 초 김대중 전 대통령은 워싱턴에 있는 내셔널프레스클럽(National Press Club)에서 강연을 했는데, 클린턴 대통령에게 카터 전 대통령을 대북 특사로 임명할 것을 건의했으며 카터는 1994년 6월

북·미 간 중재 역할을 수행했다. 김대중 전 대통령은 1997년 말 대선에서 승리하기 전 이미 본인의 생각을 정책에 반영하기 위한 상당한 준비가 되어 있었던 것이다.

조 바이든 대통령과 김대중 전 대통령은 다음과 같은 공통된 모습을 보인다. 두 사람은 모두 40년 동안 정치계에 몸담았고, 두 번이나 대권에 도전을 했었다. 그리고 바이든 대통령은 부통령과 상원의원으로서, 김대중 대통령은 국회와 민주화운동을 통해 국가발전에 기여했으며 무기통제와 외교정책의 복잡성을 매우 깊이 이해하고 있다.

1. 김대중 대통령의 성공이 따른 행운

"성공적인 지도자는 행운이 있었기 때문이다"라는 정치계 속담이 있다. 많은 어려움과 고난을 극복한 김대중 전 대통령은 1997년 IMF 사태로 한국의 거품경제가 붕괴하고 당시 정부에 대한 지지율 하락이라는 행운으로 대선에서 승리할 수 있었다. 또 다른 행운은 미국 역사상 민주당 출신 대통령(클린턴)이 대북정책에 있어 대담하고 새로운 전략을 적용하기 위해 노력하고 있었다는 점이며, 당시 한미 지도자들은 북한을 대하는 데 의견을 같이해야 한다는 점을 공감하고 있었다.

한미 양국이 북한의 고립주의와 불안정을 해결하기 위한 정책 공조를 추진하는 과정에 진척을 보였던 시기가 김대중과 클린턴의 임기가 겹쳤던 3년이다. 1998년 2월부터 2001년 1월까지 두 지도자는 동맹국으로서 협조했고 북미관계와 남북관계에 성과를 보였다. 현실적 조건은 현재와 다르지만 다수의 전문가들은 문재인 대통령과 바이든 대통령이 함께하는 동안 이러한 마법이 재현되리라는 희망적 전망을 한다.

부시 대통령의 집권 이후 딕 체니(Dick Chaney), 도널드 럼스펠드(Donald Rumsfeld), 존 볼튼(John Bolton) 등 네오콘(Neo Con) 출신의 인물들이 등용됨에 따라 그동안 한반도 정책에 미국이 쌓아온 영향력과 평판은 바로 추락했지만 2001년 9·11 테러 후 미국의 대외 정책 입안자들은 그간의 비판에 면죄부를 받게 되었다. 이때 부시 행정부의 정책에 비판의 목소리를 냈던 사람이 당시 상원 국제관계 위원회 위원장이었던 조 바이든 상원의원이었다.

현실적인 전략 논의 없이 행했던 미국의 파괴적 대외정책의 피해자는 미국과 전쟁을 했던 중동 국가들(아프가니스탄, 이라크)이었다. 4조 달러의 손해와 수십만에 달하는 인명 손실을 가져왔던 이 두 전쟁은 지금도 미국이 완전히 종결하지 못한 숙제이다. 당시 동북아시아 역시 유사한 규모와 정도 면에서 피해를 받았다. 1994년 북·미 핵동결 협약(AF)을 기반으로 6년간 진척된 합의사항을 파기함으로써 부시 행정부는 동북아 지역이 주요 문제들을 해결할 실마리를 스스로 없애버리는 결과가 되었다. 핵동결 협약과 북한의 무기통제, 군사적 불안정, 북한의 고립주의에 대한 미국의 지원이 없는 현실 속에서 한국과 일본에 대한 다수의 전략적 압박은 협력 과정에 걸림돌로 작용하게 되었다.

2. 노무현 대통령과 오바마 대통령: 미국 정책의 한국 정치에 끼친 영향

부시 행정부가 핵동결 합의를 반대하고 한국의 국익에 도움이 되는 정책 추진을 반대함으로써 김대중 대통령의 임기 마지막 2년 은 위기관리가 핵심이 되었다. 이는 한국의 대외정책, 국내정치, 그 에 따른 국익에 매우 큰 손해를 끼쳤다. 2000년 6월 남북 정상회담 이 개최된 지 불과 7개월 만에 부시 대통령은 북미 및 남북 대화에 대한 지지를 철회하기 시작했고, 이렇게 정책을 뒤집음으로써 한국 에 전략적·안보적 악영향을 끼쳤다.

우선 김대중 대통령을 포함한 새천년민주당과 북한의 협력 강화 를 통한 경제적·전략적 이득을 제한시켜 버림으로써 한미동맹 강 화와 남북대화 활성화에 진전을 볼 수 없도록 구조적 한계를 설정 한 것이다. 결국 부시 행정부에서 취한 정책들이 남북관계에서 김 대중, 노무현 대통령이 성공적으로 대통령직을 수행할 수 있는 기 반을 크게 흔들었기 때문에 진보 인사들의 명예가 실추되는 결과 로 이어졌다. 2007년 당시 남북관계와 한미동맹 모두 교착 상태가 되었고, 한국은 보수정부로 정권교체가 일어나면서 이명박, 박근혜 정부 시기인 이른바 '잃어버린 10년'으로 이어지게 된다.

한국과 미국의 보수정당들은 상이하면서도 유사한 측면이 있는 데, 당의 정체성을 반공에 두면서 대중민주주의의 발전에 있어서 는 특별한 계획이 없다는 것이다. 부시 행정부는 북한, 미국, 국제 핵확산 금지와 같은 사회의 관심사항에 대한 기본적이고 현실적인 관점을 버림으로써 워싱턴의 외교정책 입안자들조차 공포에 떨게

했다. 2008년 말 오바마 대통령이 당선되었을 때 한미 양국의 많은 국민들은 새로운 민주당 출신 대통령이 클린턴 시절의 성과들을 기억하고 기본적 전략적 기틀 위에 북·미 핵동결 합의를 재개할 것이라고 기대했다. 그러나 오바마 대통령은 외교정책에 있어 무지한 모습을 보임과 동시에 관련 분야 최고 전문가들을 등용할 의도가 없다는 사실을 드러냈고, 제프리 베이더(Jeffrey Bader) 아시아 최고 담당자, 힐러리 클린턴(Hillary Clinton) 국무장관, 로버트 게이츠(Robert Gates) 국방장관과 함께 부시 정부가 완전히 실패한 동북아 지역에 대한 대외정책을 그대로 계승했다.

여기서 반드시 짚고 넘어가야 할 점은 본 논의는 한국이나 미국의 특정 정당을 지지 혹은 규탄하려는 것이 아니며, 오히려 한미 양국의 보수 정당과 시민단체들이 사회적 발전 및 정부 기능 개선을 지속적으로 와해시킴으로써 반민주적으로 퇴행시켰다는 현실을 직시하고자 하는 것이다. 이는 지난 20년 동안 분명하게 드러났으며 미국 민주당, 진보세력, 관련 단체들 역시 오바마 행정부가 대북 문제와 관련하여 완전히 잘못된 분석을 했다는 사례로 미루어 볼 때 상당한 약점을 지니고 있으며, 한국의 경우 문재인 정부는 준비 미흡, 소심함, 역학관계에 대한 불충분한 이해를 드러내고 있다. 그럼에도 한미 양국 내에서 민주주의, 안보, 공동 전략에 대한 관심 사항에 있어 계속 진전하려는 의지를 보인 집단은 민주당 및 진보 성향을 지닌 사회단체라는 것이 현실이다.

3. 30년간의 한미 정책 및 정치가 시사하는 교훈

정책은 항상 현실 반영, 전략적 고려와 정치적 계산을 함께 내포하고 있다. 지난 30년간 한국과 미국이 축적한 경험은 이제 출범한 바이든 행정부와 문재인 정부에게 좋은 지표가 될 것이다.

첫째, 정책 방향에 내구성과 연속성을 보장함으로써 특정 정치 세력의 교체나 정권교체 이후에도 정책이 지속적으로 승계되게 하는 것이다. 현재 민주주의 정치제도 아래에서 미국과 한국에서 동시에 민주당 정부가 집권하는 경우는 매우 드물다. 비록 양국 민주당의 조합이 반드시 좋은 정책을 보장하지는 않지만 때로는 과감한 정책을 가능하게 한다. 현재까지의 정보로 판단하자면, 바이든은 클린턴만큼 한국에 대해 밝지 못하고 문재인 대통령 역시 김대중 전 대통령만큼 능숙하지 못하지만 1990년대 상황들에 비해 긴급하거나 국정을 와해시킬 만한 위기 요소가 적은 상황이다.

둘째, 전략적 계획 수립과 최상위층 정책 결정자의 결단을 통해서만 현실적인 결단이 가능하다는 점이다. 한미 양국 대통령은 대북 문제에 있어 최고의 전문가들을 등용하고, 보다 야심적인 목표를 제시함과 동시에 이를 달성하기 위한 권한과 명확한 지침을 내려줘야 한다. 정확한 정책 추진의 방향을 제시하지 못하면 중간 및 하급 관리들은 결국 기존 정책을 고수하게 될 것이기 때문이다.

셋째, 한국 정부는 미국과의 관계에 있어 스스로 역할을 확대해야 한다. 트럼프 정부 시절 한국 정부는 일정한 역할 확대를 달성한 상태이지만 보다 큰 주도권과 역할이 필요하다. 바이든 대통령이 한국의 목소리에 더 귀를 기울일 것이라고 공개적으로 공언한

만큼 한국은 앞으로의 권한과 역할을 계속 확장시키는 능력을 보여줘야 하며, 지금이야말로 문재인 대통령이 한반도 문제에 대해 보다 명확한 계획을 제시하고 주도적인 역할을 수행할 수 있는 여건을 조성할 최적의 시기이다.

넷째, 한국과 미국의 정책 엘리트 간 역학관계에 대한 학습효과이다. 전임 대통령들의 재임기간 동안 정책 실패를 경험한 만큼 한미 정상은 경험이 있는 전임 관료 및 전문가들 가운데 최근 몇십 년간 일관된 목소리를 크게 내오면서도 체계적인 논쟁이 가능한 인물을 활용해야 한다.

마지막으로 전 세계 연구기관에서 대북정책이 논의되고 있는 만큼 적절한 조건만 갖춰진다면 국제사회의 지원이 그만큼 커질 수 있다. 브뤼셀의 라몬 파셰오 파도(Ramon Pacheo Pardo)는 국외에서 한반도 문제에 가장 적극적으로 활동하는 인물이다. 현재 한반도 문제에 집중하는 외부 연구기관과의 협업은 앞으로 더욱 중요해질 것이고 일본, 호주, 유럽 연합, 영국, 스웨덴, 노르웨이, 핀란드의 연구기관들은 매우 훌륭한 연구 성과를 내고 있으며, 향후 한국에게 있어 중요한 파트너가 될 것이다.

북한 비핵화 및 관계 정상화 절차

1. 한국의 역할 확대

현재 미국 행정부에서는 북한 비핵화의 진전을 위한 실리적인 로드맵 작성이 논의되고 있다. 2년 전 하노이 정상회담에서 비핵화에 대한 미국과 북한의 입장이 공개되었고, 트럼프 외교정책팀이 하노이에서 최초 합의를 이끌어냈다면 남북한은 지금쯤 경제협력 및 안전보장을 위한 상호 협력의 구체적인 길에 진입했을 것이다. 한반도와 동북아에 걸려 있는 핵심 의제가 산재하기 때문에 미국은 지난번처럼 한반도 비핵화와 재래식 군비통제에 대해 장애물로서의 역할을 해서는 안 된다.

1995년 한반도에너지개발기구(KEDO)가 탄생했고 미국 및 한국

〈그림 6-2〉 2019년 2월 하노이 북·미 정상회담을 준비하기 위해 거리를 국기를 게양하는 근로자들

자료: KCNA TV

정부 관계자들의 노력을 통해 KEDO가 구축한 영향력은 동북아 지역 전반에 걸쳐 기반시설 조성부터 인권 문제까지 다양한 분야에 혜택을 줄 수 있었다. 그러나 40억 달러의 예산이 포함된 본 협약에서 한국 정부가 부담한 노력은 당시 새로운 미국 정부가 들어서면서 순식간에 수포로 돌아갔다. 다시는 이런 일이 반복되지 않도록 북한과의 신규 협상안은 1994년 북·미 핵동결 합의와 비교해야 하고, 한미 양국은 신뢰를 바탕으로 단계별 접근을 통해 북한 핵 및 미사일 개발을 중단시키고 감축시켜 궁극적으로는 완전히 없애야 한다. 북한은 국제법과 관습의 범위 내에서 경제개발과 국제관계 개선의 기회를 잡을 수 있어야 하며, 한국은 북한에 대한 안전보장과 한반도에서 남북협력 강화 및 국제법 집행 등에 있어 북한과 교섭할 수 있는 권한을 온전하게 지니고 있어야 한다.

〈그림 6-3〉 새로운 미 행정부에 도전장을 내민 북한의 김정은 위원장

자료: 『뉴욕타임스』

    오늘날 어떤 협상이 타결되더라도 다음과 같은 이유로 한국의 역할이 확대되어야 한다. 한국은 그동안 강력하고 안정적인 민주사회가 된 만큼 전략적 환경이 크게 개선되었고, 미사일 전력을 포함한 재래식 군사력 또한 강력해졌다. 물론 북한과의 분쟁 발생 시 미국의 지원을 필요로 하지만 한국군이 자체적으로 정보를 수집하고 공격을 억제함과 동시에 반격할 수 있는 능력도 기하급수적으로 증가했다. 한국 정부의 외교 및 경제 능력도 지난 25년간 상당한 진척을 보여왔으며, 북한에 대해 인도적 지원 및 공적 개발 원조를 제공하는 국가들 가운데 최고 선임자의 입장에서 정책을 수행할 수 있는 위치에 있다. 핵동결 합의에 참여했던 각국이 수행할 책임과 의무 면에서 미국은 북한의 핵, 미사일, 대량살상무기를 처리하기 위한 계획을 재수립해야 하고, 이와 동시에 한국 정부는 인도주의적 지원과 경제개발을 위한 남북협력과 국제협력 부문을 주도해야

한다. 한국의 위상을 고려할 때 현시점에서 미국이 굳이 북한과 경제협력을 위해 각국의 연구기관의 능력을 동원하면서 남북한 경제협력의 기초를 다져야 할 필요가 전혀 없어진 것이다. 그동안 대한민국 통일부는 대북제재가 어느 정도 해제되고 큰 규모의 경제협력이 시작되면 북한과의 국제투자 채널을 신속하게 확보할 수 있는 기반을 준비해왔다.

2. UN의 역할 확대

유엔(UN)의 역할 역시 비슷한 방법으로 증대되어야 한다. 지난 20년간 미국의 압력 하에서 북한에 비실용적인 제재를 가했지만 북한은 미국으로부터 선의의 외교라는 보답은 전혀 받지 못했다. UN의 역할이 확대된다면 미국이 단독으로 해온 '특정 지역에 큰 파급을 끼칠 수 있는 결정'에 대해 더 이상 신뢰할 수 없다는 사실을 당사자들이 공유하게 될 것이다. 이번 미국 대선 논란을 통해 다시 한 번 미국의 리더십이 얼마나 취약한지 목격한 만큼 UN으로서는 새로운 헌신과 자원을 통해 국제질서와 관련한 책임을 완수할 필요가 생겼다.

그리고 새롭게 인정된 사항은 모든 새로운 협상 과정에 반영되어야 한다. 북한뿐 아니라 미국 역시 과거 협약을 준수하는 데 신뢰할 수 없는 국가였기 때문에 신규 협약의 단계별 상호 의무의 준수를 통해 협상을 시행하는 것이 매우 중요하며, 이를 통해 양측의 선의를 확인할 수 있다. 일반적으로 북·미 간 최초의 합의는 제한적이라고 인식되기에 이 협상에서는 세 개의 큰 안건 외에 몇 가지를 추가적으로 다룰 수 있다. 우선 하노이 회담을 출발점에서 본다면 북한은 영변 핵시설 내 모든 주요 시설의 해제, 핵분열 물질 생산의 동결에 대한 검증, 그리고 영변 및 다른 시설에 IAEA 사찰을 수용하는 것이 포함될 수 있다. 또한 워싱턴과 평양에 연락사무소를 개설하고 북한 미사일 및 핵실험의 종결을 확인하기 위한 공식 합의와 한미 군사훈련 중지에 대한 사항도 포함될 것이다.

그리고 미국은 2016년 UN의 대북제재를 해제함으로써 북한에게 미국을 신뢰할 수 있도록 배려해야 북한이 앞서 언급한 비핵화의 핵심 조치들을 취할 수 있다. 물론 지난 하노이 정상회담에서 제재 해제와 관련해서 북한도 동의했듯이, 갑작스러운 변동 상황이 발생했을 때 기존 상황으로 회귀하는 메커니즘이 필요하지만 그보다 중요한 것은 미국이 일방적으로 제재를 회귀시킬 수는 없어야 한다. 그래서 기존 대북제재안을 다시 부과할지 여부의 결정권은 유엔이 갖고 있어야 하는 것이다.

05
....

서울 및 경기도 차원 로드맵 제시방안

1. 서울 로드맵 개념

앞서 언급했듯이 한국 정부는 미국과 북한을 위한 비핵화의 로드맵을 제시해야 하며, 다음 두 가지의 상황 변화로 미루어볼 때 현재 문재인 대통령은 한반도의 향후 발전을 위한 포석을 다지는 갈림길에 들어서 있다고 평가할 수 있다.

첫째, 바이든 행정부는 국내 및 외교 문제를 해결함에 있어서 미국 내 보수세력과 공화당의 반대를 받아들이는 듯하는 입장을 취했지만 지속적으로 타협할 수 없다는 사실을 인정했다. 실제로 미국 의회에서 공화당의 지지 없이 대규모 재난지원법이 통과된 전례가 있다.

둘째, 바이든 취임 이후 한미 양국 정상은 향후 북한 관련 문제를 응답하는 데 있어 한국 정부의 의견을 심도 있게 고려하기로 합의했다. 이는 오바마 정부에 비해 훨씬 더 솔직하고 당당해졌다는 점을 의미하며, 바이든이 1992년 조지 H. 부시의 퇴임 이후 외교정책 부문에서 가장 높은 전문성을 가진 대통령이라는 점에서 동북아 외교정책의 개선 가능성이 보이기 시작한다. 따라서 한국에게는 현재 미국 정부야말로 향후 20년간 한반도에서의 기회와 위협을 함께 논하고 해결책을 모색할 수 있는 기회인 셈이다.

이제 중요한 일은 다음 제시할 다섯 가지의 사항처럼 북한, 미국, 중국, 일본, 러시아 등이 모두 받아들일 수 있는 요소들을 포함하고 있어야 한다는 것이다.

첫째, 본 로드맵은 북한이 필요로 하는 핵심 사항들에 대한 현실적 평가가 수반되어야 하고, 북한의 비핵화와 미사일 개발을 중단하기 위해 치러야 할 대가는 바로 UN 제재사항 다섯 가지이다.

둘째, 문재인 대통령은 한국의 주도로 북한의 비핵화와 한반도 평화가 이루어질 수 있도록 밀어붙여야 한다. 한국이야말로 주도적 역할을 수행할 수 있는 역사, 전문성, 경험, 민주주의적 지원과 정통성을 지니고 있기 때문이다.

셋째, 시진핑의 적극적 지지를 바탕으로 문재인 대통령과 함께 대북 협상안을 만들고 이를 바이든 대통령에게 내밀도록 미국을 밀어붙여야 한다. 이렇게 중국에게 역할을 부여함으로써 지난 20년간 러시아와 함께 대북제재에 있어 동참 요청이 묵살되었던 외교적 실패를 만회하고, 비핵화와 관련해 향후 북한이 타결된 협상을 준수할 수 있도록 중국에게 보증을 해달라고 할 명분이 생기기 때문이다.

넷째, 북한 비핵화, 미사일 개발 중단, 전반적인 재래식 무기 감축에 있어서는 미국이 주요 대화 상대가 되어야 하지만, 북한과 경제개발 및 국제협력은 한국이 주도해야 하며 이와 관련한 노력은 최대한 빠른 시일 안에 북한과의 협조 아래 이루어져야 한다.

다섯째, 문재인 대통령의 정책이 강력하게 추진되어야 한다. 새로운 한반도 신경제지도는 한반도를 중심으로 신규 개발계획에 북한이 참여한다는 개념을 지니고 있어야 하며, 이는 남북한 경제성장과 국가 안보력을 크게 증대시킬 것이고 한일 간의 양자 협력뿐만 아니라 중국 및 러시아와의 협조를 갈망하는 미국에 있어 일석이조의 효과를 얻게 될 것이다. 본 계획의 중심에는 현재까지 건설

〈그림 6-4〉 한일 해저 터널 1

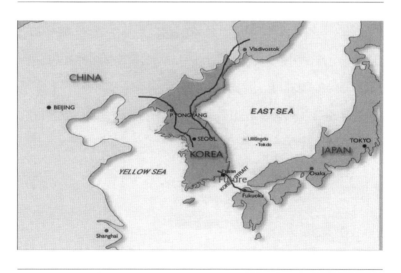

자료: 카스텔로(Costello)

<그림 6-5> 한일 해저 터널 2

자료: 카스텔로(Costello)

공정이 절반가량 진행된 중국과 러시아를 잇는 동서로 철도가 있으며, 한일의 해저 터널(KJBT) 건설이 중요한 연결고리가 될 수 있을 것이다. 현시점에서 한일 해저 터널은 한일 양국의 이해가 부족한 상황이지만 정치계와 외교계에서 조금만 지혜를 낸다면 충분히 계기를 확보할 수 있는 상황이다.

유럽과 아시아의 다양한 건설사업들을 통해 한일 간 해저 터널의 실증성을 보여준 만큼 남북협력 로드맵에 포함되어야 하며, 한·미·일 3국이 갖게 될 정치적 및 전략적 이점에 앞서 본 사업을 통해 취할 경제적 이득을 우선적으로 인정하게 하는 것이 선행되어야 한다.

2. 경기도의 로드맵 개념

DMZ 및 북한과 국경을 맞대고 있는 경기도, 강원도와 같은 지방정부 차원에서도 미국, 유엔 등을 포함한 다른 관심 국가에 협력을 요청할 근거가 있다. 특히 경기도는 그동안 적극적으로 남북한 접경지대를 연구하고 분석해왔는데, 지난 2019년과 2020년 경기연구원에서 개최한 대규모 포럼에 대표 학자인 이종석·문정인 교수, 이재정·김한정 의원 등 정치계 인사와 미국의 대한반도 전문가 지그프리드 해커(Sigfried Hacker) 박사, 조셉 윤 대사, 캐슬린 스티븐스(Kathleen Stephens) 대사 등이 참석해 다양한 북한 논의들에 의견을 제시했다. 그리고 경기도는 다양한 연구기관, 민간단체, 대학교 및 정부 기관에서 훌륭한 성과들을 확보한 상태이며, 한반도 중앙 지역의 생태, 수송, 경제적 인프라 구축에 대한 지역적 잠재성에 대한

〈그림 6-6〉 다양한 문제가 산재된 DMZ

자료: Orangesmile.com

유수의 연구들을 발표해왔다.

경기도가 보유한 전문 지식은 비단 과학 및 사회적 지식뿐만 아니라 정치 및 국제관계에 관한 사항까지도 포함하며 DMZ 관련 산재된 다양한 문제에 대해서는 가장 전문적이라고 할 수 있다.

이처럼 경기도의 DMZ 관련 전문가들은 오랫동안 북한 문제와 관련하여 미국, 일본과 견주어도 될 우수한 전문성을 키워왔고 지속적으로 국제무대에 참여해왔으며, 다양한 이해당사자들과 네트워크를 형성한 만큼 새롭게 출범한 미국 행정부, 미국 의회, 수많은 연구 및 언론 기관에 경기도의 목소리를 들을 필요가 있다는 자신감을 보여주고 유엔, 유럽연합과도 전문 지식을 공유할 수 있어야 한다.

2021년은 대한민국과 미국 모두에게 남북관계와 한반도 문제를 개선할 기회의 해가 될 것이다. 서울의 중앙정부와 경기도의 지방정부가 미국을 포함한 수많은 이해당사자들에게 큰 도움이 되고자 한다면 한반도 평화를 위한 연구를 기반으로 수립된 최고의 계획을 제시할 수 있어야 한다.

제7장

•

동아시아 비전통안보와 다자협력

이성우(경기연구원 연구위원)

01
....

국제질서의 변화와
안보 개념의 변화

    냉전의 종식은 국제정치에서 안보의 개념에 있어 전환점이 되었
다. 냉전 시대의 국가와 군사력 중심의 전통안보에서 탈냉전 시기에
는 개인과 안전 중시의 비전통안보·인간안보로 관점이 전환되었다.

    미국의 상대적 국력 약화와 함께 군사안보에 우선순위가 밀려나
있던 부차적 문제가 국제질서에서 새로운 문제로 부상하게 되었다.
국제질서를 주도하는 패권국이 관리해야 하는 국제 공공재에는 테
러를 포함해서 환경 및 기후변화, 에너지, 식량, 난민, 질병의 확산
과 같은 새로운 문제들이 등장했지만 이러한 문제는 패권국이라고
할지라도 혼자서 처리할 수 없는 문제이다. 국제질서 차원에서 안
전과 안보에 미국이 독자적으로 대응할 수 있을 만큼 재정적 및 전
략적 여유가 없고 여력이 있어도 정책의 필요성이 없는 시대가 되었

다. 21세기로 접어들면서 적어도 경제적으로 미국의 상대적 쇠퇴와 미국에 필적하는 유럽연합(EU)의 부상으로 다극체제가 논의되고 중국의 부상은 G2라는 양극체제를 대안으로 제시하고 있다.

중국은 미국과 국력의 격차를 줄이고 인도, 브라질, 한국 등 중 견국들과 EU라는 국제기구도 등장함으로써 국제정치의 주요 행위 자가 증가하고 있다. 새로 등장한 주요국으로 구성된 G20의 회원 국들은 미국 또는 중국과 같은 소수의 패권국은 물론 기존의 주요 국인 G7이 해결할 수 없는 인간안보의 위협에 효과적인 공동대응 을 수행하는 책임 있는 행위자로 부상하고 있다.

미국이 국제사회가 공동으로 대처해야 할 기후변화나 전염병 확 산과 같은 범지구 차원의 문제를 외면하면서 세계의 지지와 존경을 상실하게 되었다. 지도 국가가 없는 세계는 기후변화나 전염병 확산 과 같은 새로운 문제가 전면에 등장하게 되었다. 국제질서의 변화 에 따른 위협의 전환으로 인류가 처한 위험의 본질을 논의하고 이 에 대응해 우리 외교정책의 역할을 고민할 시점이다.

02
....

새로운 위협의 등장

　탈냉전 이후 강대국의 세계대전이나 지역 강국의 군사적 충돌은 대부분 사라졌지만 문제는 냉전 대결로 억제되었던 유고슬라비아, 르완다의 분리·독립 과정에 내전으로 사상자가 발생했다는 점이다. 냉전 이후 1991년을 정점으로 국가 간 분쟁과 비교해서 내전은 여전히 높은 수준의 빈도를 유지하고 있지만 무력충돌의 기준에서 세계는 상대적으로 평온한 시기를 보냈다(Goldstein, 2011).

　군사적 수단과 관련된 안보와 안전의 위협은 국가안보 차원에서 위협이 사라졌지만 개인의 안전 차원에서 위협이 국가안보로 확대되어 새로운 위협으로 등장했다. 새로운 위협은 군사적 동맹과 무관하고 국경을 초월하며, 그래서 기존의 전통적 방식으로 위협을 통제하거나 관리할 수 없는 새로운 종류의 위협이다. 위협의 원인

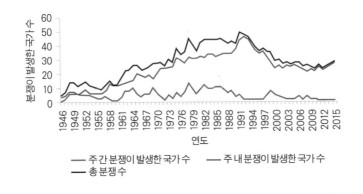

자료: Marshall, G. Monty (2016). "Major Episodes of Political Violence(MEPV) and Conflcict Regions 1946-2015, Center for Systemic Peace.

이 확대되고 양상이 변화되면서 국제정치 행위자도 국가에서 국제기구와 개인으로 다변화되면서 군사안보에서 인간안보로 인식과 접근법의 전환이 일어났다(박홍서, 2012: 72).

국가안보와 인간안보를 비교 차원에서 단순화시켜 인식하면 무엇보다 주체와 개념의 차이를 들 수 있다. 국제관계에서 전통적인 안보는 국가를 중심으로 한 국민이라는 집단의 안보(security)가 핵심 개념이지만 인간안보는 개인을 중심으로 개별 인간의 안전(safety)을 추구한다. 국가안보가 외부의 적으로 침략으로부터 국민의 생명과 안전을 보호한다는 입장에 반해 인간안보는 개인 차원에서 인권, 사회권, 경제권, 환경권, 행복추구권과 같이 포괄적 의미에서 개인의 삶의 질을 기준으로 대비를 이룬다(Human Security Center, 2005: viii).

국가안보는 국경을 기준으로 국가를 구성하는 주권, 영토, 국민

〈표 7-1〉 비전통 인간안보의 위협 요인별 분류

우선순위	비전통안보 위협요인
1	사이버공격: 해킹 등 사이버 범죄, 국가 차원의 사이버전 등
2	테러: 기간시설 및 대인테러, 생물·생화학 테러 등
3	대형재해: 기후변화에 따른 초대형 재난, 환경문제 등
4	전력수급 대란: 송전선로 건설 갈등, 전력망 확충 애로 등
5	국제범죄: 산업스파이, 마약·위폐 등 범죄행위
6	전염병: 에볼라, AIDS 등 인간안보적 요인
7	인구사회위기: 저출산·고령화 및 이주민, 다문화사회 문제 등
8	식량·자원위기: 에너지 자원의 급속한 고갈 등
9	해양안보: 중국 어민 불법조업, 해양범죄, 영토분쟁 등
10	안전 인적 재난: 부실공사, 안전 불감증 등 대규모 인적 재난
11	원자력 안전

자료: 송은희, 「비전통안보 위협요인 분석 및 대응방안」, 255쪽.

의 영속성을 확보하는 것이 목표인 데 반해 인간안보는 국경 내부 자국민의 안전과 함께 주변국 국민의 안전보장이 수반되어야 하는 초국가성 및 초국경성의 특성을 가진다. 대기오염, 기후변화, 전염병 예방은 국가와 국민을 구분해서 안전을 담보할 수 없고 재해에 따른 사고의 결과가 국경을 넘어 세계적으로 확산되는 것은 시간의 문제일 뿐이라는 것을 국제사회가 경험적으로 깨닫게 되었다.

국제정치 환경의 변화는 국제관계에 대한 인식 변화로 연결되었다. 안보에 대한 인식의 변화, 외교정책 수단에 대한 인식의 변화, 안보위협의 원인에 대한 인식의 변화, 안보위협에 대한 대응 방식의 변화, 안보를 고려하는 주체의 변화, 국제정치 행위자의 변화. 궁극

〈표 7-2〉 국가안보와 인간안보의 개념

	국가안보	인간안보
위협의 규정	국가 주권에 대한 외부 도전	인간에 대한 국내외의 위협
위협의 성격	단일의 군사적 위협 물리적 폭력·군사적 위협	복합적·다면적 위협 경제·사회적으로 궁핍과 불안
위협의 주체	국가	국가, 집단, 개인
안보의 주체	국가	인간
국가에 대한 인식	안보의 주체 영토적 영속성과 주권의 불가침성	국가는 개인의 안보에 위협세력 국가 주권에 대한 부인
안보의 목표	국가(주권·영토·국민)의 영속성 확보	위협으로부터 자유로운 개인의 삶
정책 수단	군사동맹과 다자안보협력	다자협력

적으로 국제정치에 관한 인식의 변화는 상호 의존성의 확대와 상호 취약성의 확대를 특징으로 하는 지구화(globalization)와(Baldwin, 1993: 20-22) 비전통안보 영역의 중요성이 결합되면서 새로운 문제를 위한 해법으로 다자주의적 협력이 나타났다. 인간안보에 대한 국제사회의 대응도 가상의 적을 상정하는 군사동맹이나 집단안보 조약은 유효한 대안이 아니다. 복합적이고 다면적인 인류 공동의 위협에 대처하기 위해 관련국이 공동으로 대처하기 위한 다자협력(coordination)의 필요성이 부상하게 되었다.

안보에 대한 인식의 변화는 주권에 대한 인식의 변화와 관련되어 있다. 군사안보는 국가 주권과 관련하여 국가 중심적인 데 반해 인간안보는 개인을 중심으로 생명과 재산을 안전하게 보호하는 인본주의로 인식의 전환을 의미한다. 개인을 기준으로 '군사적 공격으로 부터의 자유'는 물론 '공포로부터의 자유(freedom from fear)'와 '결핍으로부터의 자유 (freedom from want)'라는 포괄적인 안보가 핵심이다(Buzan, 1991).

안보가 주권국가의 전유물로 인식되어 오던 시각에 변화를 준 것은 국제연합의 보조기관인 유엔개발계획의 1994년 연례보고서에서 인간안보 개념을 언급하면서부터이다. 인간안보 개념도 국가안보와 대비되는 차원에서 출발했지만 국제질서와 상황의 변화에 따라서 국가의 역할에 대한 인식도 변화가 있었다.

인간안보의 중요성이 처음 제시되었던 1990년대에는 개인의 안

〈표 7-3〉 UN 기구들의 인간안보 개념에 관한 입장 변화

	1994 UNDP	2003 인간안보위원회	2008 UNESCO	2010·2012 UN 사무총장 보고서
인간안보 행위자	국가행위자 부인	국가행위자, 국제기구, 국제지역기구, NGO, 시민사회	국가행위자, 국제기구, 국제지역기구, NGO, 시민사회	국가행위자 강조
국가 주권 인정 여부	부인	조건부 인정	조건부 인정	절대적 주권 인정
국가 역할	안보위협의 주체	양면적(안보제공자와 위협의 주체)	양면적(안보제공자와 위협의 주체)	안보의 제공자
달성 방법	새로운 국제체제나 기구를 통한 달성(경제안보위원회)	기존 주권국가체제 아래서 달성	주권국가체제 아래서 달성하되 부족 부분은 변화 추진	주권국가체제 아래서만 달성 가능
안보 대상	전 세계 모든 인류	저개발 국가 국민	저개발 국가 취약계층	전 세계 모든 인류
안보 의제 우선순위	경제-식량-보건-환경-개인-사회-정치	정치-사회-환경-제도-경제-보건	사회-경제-정치-제도-문화-환경	중요하지 많음

자료: UNDP. 1994; Commission on Human Rights, 2003; UNESCO, 2008; Ban, 2010; 2012.

전에 대해 국가는 가해자로 취급되면서 국가 주권에 대한 부정적 시각이 확산되었다. 이후 인간안보의 주체에 있어서도 초기에는 국가 행위자를 부인하고 안보위협의 주체로 인식하는 부정적 인식에서 인간안보의 제공자로서 국가 역할의 필요성에 대한 점진적 인식의 변화와 함께 국가 주권을 조건부로 인정하는 단계를 거쳐서 국가의 절대적 주권을 인정하면서 인간안보를 추구해야 한다는 근본적인 변화가 일어났다. 인간안보에 대한 인식의 전환에는 인간의 안전에 대한 새로운 위기에 문제를 제기하는 것은 시민사회와 NGO가 할 수 있지만 구체적인 대안을 마련하고 이를 실행하는 데 필요한 막대한 자원과 정책 조율에 국가를 배제하는 것이 현실성이 없다고 판단했다.

인간안보의 논의에서 국가의 역할에 대한 재평가가 인식의 후퇴를 의미하는 것은 아니다. 인간안보의 대상을 저개발 국가와 저개발 국가의 취약계층에 한정하는 것이 아니라 모든 인류를 대상으로 해야 한다는 인간안보의 보편성에 대한 합의는 인식의 진전으로 판단할 수 있다. 중요한 것은 과거 안보 의제의 위계성에 따라 군사안보의 절대성을 인정하고 상대적으로 하위의제로 다루었던 환경, 문화, 보건과 같은 이른바 하위정치 영역도 개인의 안전한 삶에 군사안보에 못지않게 중요한 문제라는 인식에 합의하게 되었다.

다자협력의 핵심은 국제관계에서 기존의 안보기구는 강대국 주도의 힘의 논리 그리고 경제기구는 부국 중심의 자본의 논리가 아니라 개별참여국의 의사를 최대한 동등하게 존중하는 국제 의회주의와 민주주의 규범을 기본원칙으로 하고 있다.

03
....

동아시아 인간안보 의제와 현실

　비전통안보 또는 인간안보는 무역, 금융 그리고 재정은 물론 기후변화, 환경, 자연재해, 질병, 이주노동자와 난민, 에너지, 식량, 인권, 범죄, 테러, 사이버 안보 등 국가의 군사적 분쟁을 제외한 거의 모든 분야를 포함하기 때문에(이재현, 2010: 2) 지나치게 포괄적이고 이론적 일관성을 유지하면서 정책을 분석하기에 적절하지 않다는 비판이 따른다. 사실 일부 의제는 서로 상충되는 측면이 있다. 원자력 안전을 위한 탈원전 정책은 기후변화에 대한 대응과 상응하는 측면도 있지만 상충하는 측면도 있는 복잡한 문제이다. 유럽의 경우 이주노동자와 난민 문제가 지역사회의 마약이나 범죄로 연결되는 사례가 있고, 사이버 안보에 대한 국가정책이 개인의 인권에 대한 침해로 이어지는 논란은 코로나19의 대처 과정에도 논쟁거리가 되었다.

군사안보는 재래식 군사 분야와 핵무기 등 전략무기 분야에서 핵 억지와 군비경쟁에 관련되어 강대국의 영역이며 참여자의 이익이 제로섬게임(zero-sum game)으로 경쟁적이다. 이에 반해 인간안보는 강대국이 아닌 주요국의 역할이 중요하며 참여국의 이익이 상호 보완적인 비영합(non zero-sum) 게임이다. 전통안보와 비전통안보가 가지는 이런 특성을 고려할 때, 국제사회에서 높아진 위상에 부합하는 외교적 역할을 확대하고 국제사회에서 주변국의 신뢰와 협력을 추구하는 대한민국의 입장에서 인간안보는 최적의 외교정책 분야이다.

국제사회에서 인간의 삶의 질에 대한 요구가 확대되고, 이에 대한 각국 정부의 대응이 필요하다는 점에서 인간안보에 대한 정책적 대응의 필요성에 대한 공감대가 형성되고 있다. 한국의 외교정책 차원에서도 분단 이후 최빈국에서 주요 국가로 부상하는 국가 위상의 부상이라는 업적을 달성했지만 상응하는 역할, 책임, 영향력의 확보는 기대에 미치지 못한다.

문재인 정부에 들어와서는 국가정책 차원에서, 국제사회에서 모범국가를 넘어 선도국가로 도약을 위해서는 전통안보 영역에서 경쟁보다는 인간안보 영역에서 국제사회에 기여와 공헌을 통해 영향력을 확대하는 것이 전략적으로 효과적이다. 동아시아의 인간안보 다자협력에서 시급성과 가능성을 기준으로 미세먼지를 중심으로 한 대기오염 방지, 원자력 안전, 그리고 전염병 확산 방지를 고려할 수 있다.

1. 미세먼지

한반도가 위치한 동아시아에서는 최근 10년간 인간안보의 위협에 상징적인 사건이 연속해서 발생하고 있다. 우리나라에는 중국발 미세먼지로 알려진 동아시아 대기오염 문제는 기존의 봄과 가을에 계절성 편서풍을 타고 중국과 몽골에서 황사가 한반도로 밀려왔는데 최근 중국의 급속한 경제성장과 함께 공해물질인 고농도 미세먼지가 서해를 건너 한반도로 유입되고 있다. 서해를 사이에 두고 중국의 공단지대와 마주하고 있는 국내 최대 인구밀집지역인 수도권이 중국발 미세먼지의 직접적인 피해를 보고 있다.

세계보건기구(WHO)가 2013년 미세먼지를 1군 발암물질로 지정하자 우리 정부는 2014년 수도권 대기환경관리 기본계획, 2015년 대기환경개선 종합계획, 그리고 2016년 6·3 미세먼지 관리 특별대책을 발효하여 국내 대기오염에 적극적으로 대응하고 있다(환경부, 2016.4). 우리 정부의 노력에도 불구하고 중국의 '세계의 공장'이 우리나라의 서해와 맞닿아 있는 현실에서 중국과 협조 없이 국내 산업에 대한 통제만으로 우리 국민의 건강에 직접적인 영향을 미치는 국내 미세먼지와 대기오염의 위협을 온전히 해소할 수 없다.

중국의 대기오염은 사실상 위험 수준에 도달한 이후에도 권위주의적인 중앙정부가 상당 기간 강압적인 수단을 동원해 주민들의 불만을 억제해왔다. 이제는 주민들의 불만이 대중 집회를 통해 분출되는 수준이 되자 중국 정부는 문제 해결에 적극적으로 나서고 있다. 중국은 2013년 대기오염 방지 행동계획을 수립하고 2017년까지 베이징의 초미세먼지를 25% 감축하는 것을 목표로 제시하는 노력

〈그림 7-2〉 미세먼지에 따른 공기오염 실시간 현황

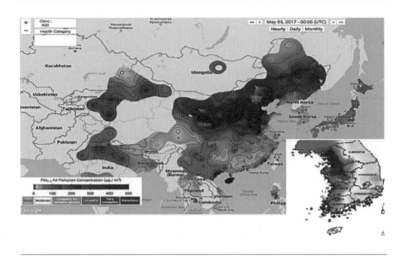

자료: Berkeley Earth. 미국 UC Berkeley 기후·대기 연구소 2017년 5월 5일 기준 http://
berkeleyearth.org/air-pollution-overview-new/
한국환경공단 에어코리아 2019년 3월 4일 기준 전국 초미세먼지 농도 분포

을 기울이고 있다(장현숙, 2016).

동아시아의 대기오염의 위험에 대해서는 우리나라가 선도적 역할
을 수행했다. 2013년 5월에 개최된 15차 한·중·일 3국 환경장관회
의에서 우리 측의 제안으로 '대기오염 정책대화'가 신설되어 대기오
염에 대한 연구개발과 정책협력을 위한 실무급 협력체계를 마련했
다. 한·중·일의 '대기오염 정책대화'는 대기오염 방지와 관리에 대
한 과학적 연구를 담당하는 분야와 대기질의 감시와 예측에 관한
기술 및 정책 연구를 담당하는 2개의 실무그룹이 연구, 정책 교류
그리고 기술 교류를 추진했다.

한국과 중국은 대기오염에 양국의 협력이 필요하다는 공동의 이
해를 바탕으로 2014년 7월 한중 정상회담에서 '한중 환경협력에 관

한 양해각서'를 체결하고 대기오염 예보모델 개선, 미세먼지의 원인 규명을 위한 측정자료의 실시간 공유, 그리고 공동연구단의 설립과 운영을 통한 대기질 개선을 추진하고 있다. 2015년에는 한중 정상 회담의 후속 조치로 한국과 중국의 환경 전문 연구원이 공동연구단을 구성하여 대기의 질에 대한 공동연구를 시작하였고, 이를 바탕으로 2025년까지 새로운 대기질을 연구하는 동북아의 국제공동연구기구를 수립할 계획이다.

2. 원자력 안전

2011년 일본의 도호쿠 지방의 지진과 쓰나미로 후쿠시마 원전이 침수되면서 원자로가 폭발하는 사고로 방사능에 오염된 냉각수가 지금까지 누출되면서 원자력의 안전에 대한 국제사회의 인식에 전환점이 되었다. 이 사고로 독일은 즉각적으로 원자력법을 개정하여 원전 8기의 즉각 폐쇄와 2022년까지 단계적 폐쇄계획을 수립하는 탈원전 정책을 선언했다.

우리나라도 2016년 9월 경주 지진을 통해 지진의 안전지대가 아니라는 위기의식을 가지게 되면서 2017년 고리 원전 1호기 영구정지를 계기로 대통령이 탈원전을 선언했다. 원자력 안전은 사고에 따라 오염의 범위와 시간이 광범위한 특성 때문에 한 나라의 탈원전 정책으로 문제가 해결될 수 없는 인간안보 차원의 문제이다.

탈원전 정책은 단순한 에너지 정책을 넘어서 국내정치적인 산업 간 주도권에 대한 논쟁의 대상이 되기도 한다. 유엔 기후변화 정부

<그림 7-3> 지역별 원자력발전소 분포

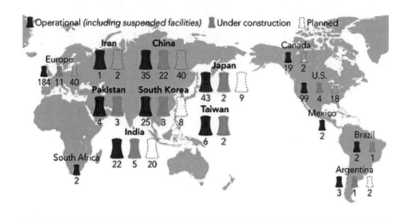

자료: World Nuclear Association, Japan Atomic Industrial Forum 2017년 1월 1일 기준

간 협의체(IPCC)가 발표한 「단계 1.5도 특별보고서」를 보면 2050년까지 이산화탄소 배출량을 0으로 만드는 방안에 대해 원자력 학계는 원전의 확대가 기후위기에 대해 지구온난화를 방지할 수 있는 대안이라고 주장하지만, 탈원전을 주장하는 측에서는 부분적으로 가능하지만 궁극적인 대안은 될 수 없는 불행한 우연의 일치라고 일축한다.

탈원전에 대한 국제사회의 방향 전환은 사고에 대한 위협이 현실이 되어 나타났고, 재앙의 특성상 발생 빈도는 확률적으로 0에 가깝지만 사실 0은 사고 발생 가능성을 고려해야 한다고 주장한다. 역사적으로 미국의 스리마일, 구소련의 체르노빌, 그리고 일본의 후쿠시마에 이르기까지 사고가 발생하면 그 피해는 재앙이 되는 특성을 여러 차례 보여줬기 때문이다.

이러한 우려는 일본이 경험한 핵과 원자력의 피해가 현실이 될 수 있다는 구체적 실례이기 때문이다. 역사책의 사건이지만 일본의 히로시마와 나가사키에서 원폭 사망자가 28만 명에 달하는 것으로 추정되고 이 중에서 재일 한국인 원폭 사망자도 3만 명에 달한다. 제2차 세계대전의 원폭 피해자들이 아직은 생존해 있는 시점인 2011년 후쿠시마 사고가 발생했고, 이 사고로 방사능 난민이 2017년 1월 기준 8만 명에 이르는 만큼 동아시아는 원자력의 피해를 직접 경험한 지역으로 원자력 안전에 대한 공감대가 있다.

2017년을 기준으로 동아시아에는 한국, 중국, 일본 그리고 대만을 포함해서 전체 109기의 원자력발전소가 가동 중이며, 29기는 건설 중, 그리고 57기는 건설계획 단계이다. 중국의 원자력발전소가 우리나라의 수도권에 인접한 중국의 동쪽 해안에 위치해 있고 미세먼지와 황사가 편서풍의 영향으로 중국에서 한반도에 영향을 미치는 만큼 중국의 원자력발전소에 후쿠시마 수준의 사고가 발생하는 경우 방사능의 오염물질은 우리나라 수도권에 직접적인 영향을 미치게 된다. 그러나 원자력 안전에 대한 현실적 협력의 필요성에도 불구하고 동아시아 국가의 제도화는 초보적인 수준에 머물러 있다.

원자력 안전에 대해 사고 후에 대응보다 안전한 운전을 담보하는 예방이 더 효과적이고 경제적이다. 따라서 원자력발전소의 운영에 필요한 원자로 제작, 원료 확보, 운반, 장진, 제거, 냉각과 폐로 관리까지 지식과 경험의 국제적 공유가 필요하지만, 현실적 장애가 있다. 원전은 핵의 평화적 이용이라고 하지만 원자력 발전에 대한 선의의 협력이 핵무기 개발에 악의적으로 이용될 가능성 때문에 비전통안보의 영역에 있지만 전통안보의 성격을 가질 수밖에 없다. 동아시아에서 국제정치적 고려는 원자력 협력에 최대의 장애물이다. 북한의 핵 개발을 통한 비대칭 군사력 균형을 추진하고 있고 이에 대한 중국과 러시아의 미온적 대응, 그리고 미국을 중심으로 한미와 미일의 동맹구도가 중국과 러시아의 군사적 팽창과 미국의 패권에 대한 도전을 봉쇄하는 안전장치로 작동하기 때문에 지역 다자협력으로 발전하기 어렵다.

원자력 안전과 관련해서는 한국과 일본의 양자관계도 복잡하다. 후쿠시마 원자력발전소 사고에 대한 조치로 2013년 8월 3일 당시 정홍원 총리는 일본산 식품에 대한 방사능 괴담을 처벌하겠다고 발표했지만 "우리나라 총리가 일본의 입장을 대변한다"는 여론의 비난에 직면하게 되었다. 결과적으로 한 달 후 한국 정부는 일본 8개 현에서 생산되는 농수산물의 한국으로 수입을 금지하는 조치를 취했다. 일본 정부는 이에 반발하여 한국 정부를 WTO에 제소하여 1차 심판에서 일본의 주장대로 한국 정부의 금수조치가 '위생 및 식물위생(SPS) 협정'에서 금지하는 자의적 차별로 판결하여 일본이 승소했지만 상소기구 심판에서는 질적인 기준을 포함하는 것이 적절하다며 한국의 승소를 결정했다.

후쿠시마 원전사고 이후 동북아 원자력안전협력회의(Trilateral Top Regulators Meeting+: TRM+)와 같은 협력체제는 논의되고 있으나 원전사고에 대한 처리비용에 대한 국제보충기금협력(Convention on Supplementary Compensation for Nuclear Damage: CSC)은 실질적 진전이 어려운 상황이다. CSC는 미국이 주도하여 원자력 사고에 따른 손해배상 부담을 가입국들이 갹출해서 공동기금을 조성하고 이를 통해 원전사고로 인한 손해배상액 가운데 일정액 이상을 초과하는 부분을 충당하는 방식으로 운영된다.* 2019년 기준으로 일본은 가입해 있으나 한국과 중국은 가입하지 않은 상황이다.

중국과 한국은 CSC에 참여하는 경우 손해배상기금 조성에 따른 부담과 사고 시 예상되는 배상금의 형평성을 고려할 때 참여의 실익을 저울질하며 가입을 유보하고 있다. 한국의 입장에서도 원자력 안전과 관련해서 최악의 상황은 황해와 인접한 중국의 원자력발전소의 사고시 CSC에서 보상금을 받는 것보다 중국에 소송을 통해 피해보상을 직접 청구하는 것이 효과적이라고 판단하기 때문이다. 원자력 안전에 대해서도 지역 차원의 안전보다는 개별 국가의 이익을 우선하는 정책 행태가 지배하고 있다.

3. 전염병

전염병의 위험에 대한 국제사회의 대응은 인간안보 영역 중에서 가장 오래된 주제이다. 1851년에 유럽의 12개국이 파리에 모여 국제위생회의를 개최하여 콜레라나 페스트와 같은 급성 전염병에 대한 공중보건체계를 정부 차원에서 논의했다. 뒤이어 남미 국가들도 1809년부터 황열과 같은 풍토병과 유럽에서 전파된 콜레라와 페스트에 대응하기 위한 국제적 협력체계를 마련하면서 1907년 국제보건사무소(OIHP)와 1948년 세계보건기구(WHO)가 출범했다.

---

* 원전사고로 인한 손해 배상액 가운데 국제통화기금 특별인출권(SDR) 기준 3억 SDR(약 5,000억 원)을 넘어서는 부분을 협약 가입국들이 갹출해 조성하는 공동기금으로 충당하는 것이 골자.

전염병의 세계적 확산은 교통과 통신의 발달에 따라서 사람, 정보, 자본, 상품의 이동이 전염병의 확산통로가 되는 점에서 세계화의 결과물이다. 세계적인 문학작품인 『80일간의 세계일주』가 1872년에 출판된 시점에 세계일주에 2~3개월이 걸렸지만 현재는 하루에 세계일주가 가능하다. 단순 산술적인 계산으로 보면 전염병의 확산 속도는 최저 60배에서 최고 90배로 증가했다. 인류가 공동

〈그림 5-3〉 소득이 공정성 인식에 영향을 미치는 경로

Name	Cases-cumulative total ≡↓	Cases-newly reported in last 24 hours	Deaths-cumulative total	Deaths-newly reported in last 24 hours
Global	87,589,206	799,712	1,906,606	15,454
미국	21,447,670	277,195	362,287	4,176
인도	10,413,417	0	150,570	0
브라질	7,961,673	87,843	200,498	1,524
러시아	3,379,103	23,309	61,381	470
영국	2,957,476	68,053	79,833	1,325
프랑스	2,701,658	19,408	67,049	589
이탈리아	2,237,890	17,529	77,911	620
스페인	2,025,560	0	51,690	0
독일	1,891,571	24,694	39,878	1,083
콜롬비아	1,737,347	17,576	45,067	344
아르헨티나	1,690,006	13,835	44,122	146
멕시코	1,493,569	13,734	131,031	1,044

자료: WHO Coronavirus Diseas(COVID-19) Dashboard 2021년 1월 10일 기준 https://covid19.who.int/table

의 위협인 전염병에 대처하기 위한 국제기구가 형성된 지 100년이 지나면서 국제적 보건체계의 형성, 조직, 작동에도 불구하고 국제기구의 제도화와 대응 수준에는 획기적 진전이 없다.

가축과 야생동물을 포함한 인수공통 전염병도 확대되면서 사람의 안전뿐 아니라 목축업과 같은 산업에도 치명적인 타격을 주고 있어 국제적인 협력이 필요하다. 고병원성 조류인플루엔자(AI), 구제역, 아프리카 돼지열병과 같은 가축전염병은 주기적으로 발생하고 관련 국제기구(OIE, GLEWS, WHO)가 인수공통감염병(zoonosis)으로 분류한 질병은 AIDS를 포함해 72종에 이른다. 국제보건협력에 전환점을 가져온 것은 코로나19의 발생과 확산이다. 2019년 12월 말 중국의 우한에서 처음 발생한 이래 1년 만에 세계 모든 지역에 걸쳐서 8,700만의 감염자와 190만의 사망자가 보고될 정도로 충격적인 증가세를 보이고 치사율은 2.15%에 달하고 있어서 위협을 과소평가하기 쉽지만, 확산 속도가 멈추지 않고 있어 백신이 보급되어도 토착병으로 남아 인류의 건강을 계속 위협할 수 있다는 부정적 전망도 있다.

실제로 인류의 안전을 위협하는 새로운 전염병은 지속적으로 발생하고 최근에는 동아시아에서 발생하는 전염병의 위협은 위험 수준에 도달하였다. 2002년 11월 중국에서 발생한 중증급성호흡기증후군(SARS)은 단기간에 29개국으로 확산되면서 8만 4,222명이 감염되고 755명이 사망하면서 세계적 차원의 유행병(pandemic)으로 판정되었다. 비말로 감염되고 발열과 기침 호흡곤란과 비정형의 폐렴 증상을 보이는 증상은 코로나19와 유사하지만 감염된 환자의 80~90%는 완쾌되고 10~20%만 중증으로 발전하고 사망률은

3~4%였다. 이후 2012년 9월 중동 지역에서 확인된 중동호흡기증후군(MERS)은 26개국 1만 2,923명이 감염되고 538명이 사망하였으며, 한국에서는 2015년 8월까지 186명이 감염되고 36명이 사망하였다.

코로나19에 대해서도 미국을 비롯한 유럽의 주요 국가들은 전례에 비추어 심각하게 생각하지 않고 사스와 메르스처럼 아시아의 일부에서 국지적으로 집중해서 발생하다가 일정 기간이 지나면서 통제될 것이라고 판단했지만 심각한 위기로 드러났다.

사스나 메르스를 통해 세계화 시대에 질병퇴치를 위해 국가 간 보건협력의 중요성이 부각되었음에도 불구하고 코로나19는 발생 초기부터 중국과 미국은 서로 책임 전가로 시간을 보냈고 세계적 질병 확산을 차단해야 할 WHO는 특정 국가 편들기 논란에 휩싸였다. 코로나19의 세계적 확산은 인간안보 분야에서 다자협력의 정책적 필요성에 대한 공감대를 확산시켰지만 여전히 백신과 치료제의 개발과 보급 단계에 국익이 우선되고 있다.

인간안보의 핵심은 초국경성과 다자협력을 통한 대응의 효율성이라는 점을 잘 알고 있지만 실제 대응에서는 자국우선주의가 지배한다. 전염병 초기 단계에는 마스크 확보를 위해, 그리고 백신이 개발되자 백신 확보를 위한 경쟁이 도를 넘고 있다. 백신 개발의 선두주자인 미국 기업 모더나와 화이자 백신은 공공재의 성격은 사라지고 미국인 우선의 원칙이 적용되고 있다. 미국 정부는 코로나 대응을 안보 문제로 보고 백신을 자국에 우선 공급하기로 결정함에 따라서 동맹인 프랑스 및 독일과도 백신에 대한 경쟁으로 신뢰의 문제가 생기고 있다.

이 같은 전염병에 대한 대응은 다자기구가 없는 것이 아니라 신뢰가 없는 것이 문제다. 비전통 위협인 인간안보에 대한 대응의 핵심도 제도가 아니라 상호 신뢰가 주요 변수이다. 전염병에 대한 대응을 전담하는 국제기구인 WHO도 백신의 공공재적 성격을 고려하여 자원의 배분에 대한 원칙을 세워야 하지만 이러한 요구는 명분에 불과하고 현실 국제관계는 국가이기주의와 힘의 원리가 지배하고 있다.

04
····

동아시아의 인간안보와
다자주의 협력의 한계

국제관계에서 전통적 안보위협에 대한 대응은 국력의 증대와 군사동맹에 의해 유지되어 왔기 때문에 패권국이 아닌 나라들은 하나의 진영에 참여하도록 선택을 강요받아 왔다. 이에 반해 인간안보의 위협은 패권국과 동맹으로 문제를 해결할 수 없다는 것이 분명해졌다. 인간안보 위협에 대한 대안으로서 다자주의 협력은 위협과 대결이 아니라 협력과 신뢰를 통해 공동이익을 창출하는 것이 적절하다는 자유주의에 기초해 있다.

동아시아의 국제질서는 패권국 미국을 중심으로 동맹국과 중복된 양자관계의 확장으로 구성된 지역질서를 통해 패권질서를 유지하고 있다. 새로 부상하는 중국은 미국 중심의 패권질서에 대한 현상변경의 수단으로 다자협력을 추진하면서 동아시아에서 미국 중심의 질서를 대체하고 미국의 영향력을 배제하기 위해 지리적 정체성을 기준으로 아시아 국가들로 구성되는 폐쇄적 다자주의를 주장한다. 이에 반해 미국은 중국의 도전에 대한 대응전략으로서 미국에게 호의적인 아시아·태평양 지역으로 지리적 범위를 확대하여 개방적 다자주의를 추구해왔다(이성우, 2019: 9). 미국과 중국은 세력경쟁에 다자협력을 활용한다는 의미에서 동아시아의 다자주의는 공동이익을 위한 자유주의적 가치에서 벗어나 힘의 균형인 현실주의가 지배하고 있다.

바이든 행정부는 '미국의 복귀(America is back)'를 주장하고 트럼프의 일방주의에 대한 대안으로 다자협력을 제안하지만, 동아시아에서 다자주의 협력에 대한 미·중의 대결은 당분간 지속되면서 기능주의의 일반적인 확산효과(spill-over)는 사실상 어렵다. 동아시아 다자협력은 다양한 노력에도 불구하고 EU 수준의 지역통합은 현실적으로 어렵고 인간안보 분야의 단일 의제에 대한 협력의 제도화도 기능주의의 설명과 거리가 있다(신윤환, 2009: 125).

동아시아에서 다자협력이 성공적으로 추진되지 못한 이유는 구조적인 특성이 핵심이다. 첫째, 다자협력은 패권경쟁의 양극체제보다 패권경쟁이 희석된 다극체제에서 제도화가 용이하다. 양극체제의 진영외교는 개별국가가 자국의 국익보다는 블록의 이익에 종속되어서 다양한 의제에 협력을 추진하기 어렵기 때문에 다양한 협력의 가능성이 차단된다. 동아시아에서는 미·소 냉전질서에 이어서 미·중의 패권대결이 지배적인 질서로 부상하고 있고 일본과 중국, 한국과 일본, 그리고 남북한의 협력구도는 미·중의 패권경쟁으로부터 독립적이지 않다.

둘째, 다자주의의 활성화는 회원국들이 공동의 이익을 위해 대화와 타협을 통한 신뢰 구축과 협력의 제도화라는 공통의 경험이 축적되어야 한다. 동아시아에서 미국 중심의 중첩된 양자관계에 대해 지역의 패권국으로 부상하는 중국이 미국의 영향력을 배제하기 위한 대외정책의 수단으로 다자주의를 이용했다. 일본과 중국의 영토분쟁에도 미일동맹이 역할을 수행했고, 한일의 역사 갈등과 영토분쟁이 무역분쟁으로 악화되는 과정에도 미국과 중국 그리고 러시아는 공동의 이익보다 주도권 경쟁을 우선 고려했다.

셋째, 군사적 안보가 우선되는 지역질서 아래에서 국가는 외부의 군사적 위협으로부터 생존을 유지하기 위해 동맹이라는 양자 협력에 의존하기 때문에 군사안보 이외에 경제, 문화, 환경과 같은 비군사·비정치 분야에서 협력의 가능성을 차단하게 된다. 동아시아는 미·중의 패권경쟁, 중국과 일본의 지역 패권경쟁, 그리고 남북한의 군사적 대결에 이르기까지 군사적 위협으로 비전통안보에서 다자협력이 활성화될 여지가 적다.

넷째, 다자주의 협력은 상호 신뢰와 복합적 상호 의존에 기초한 새로운 민주적 국제질서를 의미한다. 국제관계에서 발생하는 다양한 문제를 대결과 갈등이 아니라 대화와 협상으로 해결하기 위해서는 국내적으로 민주주의의 경험이 축적된 국가들의 모임이 주를 이루어야 한다. 다자주의를 위해서는 경쟁과 대결을 지양하고 협력을 통한 평화와 번영을 위해 참여국이 민주적인 의사결정의 원칙에 대한 현실적 필요성과 규범적 공감대가 이루어져야 한다. 북한은 전체주의 국가이고 중국은 다원주의를 인정하지 않는 권위주의 국가이므로 민주적 합의에 근거한 다자협력의 추진이 어렵다.

다섯째, 동아시아에서 인간안보 위협에 대해 해결을 위한 공동의 노력보다는 책임 소재에 대한 공방으로 다자협력은 무력화되고 있다. 미세먼지와 대기오염에 대해 중국은 책임을 인정하지 않고, 일본은 후쿠시마 방사능 오염수의 해양 방류가 무해하다고 주장하고, 코로나19의 전염병 확산에 대해서도 중국은 최초 발병지가 아니라고 주장하고 있다.

동아시아에서 다자협력은 현실적 한계를 고려하여 국가통합을 추구하는 느슨한 형태의 협의기구로 유럽 안보협력체인 CSCE를 목표로 협력을 추구했다. CSCE는 포괄안보라는 정책목표 아래 정치군사, 경제환경 그리고 인권을 중심으로 회원국들이 정기적으로 회의를 추진하고 명목상 제도화를 목표로 하는 협의체 수준이었다는 점에서 동아시아에서 인간안보를 위한 다자협력의 틀과 부합한다.

동아시아에서 다자협력의 논의가 가치관, 역사, 문화적 이질감을 극복하고 공동의 이익을 창출하는 통합보다는 냉전에서 시작된 이념적 및 군사적 대결 상태를 해소할 수 있는 다자안보에 관련 정책적 시도가 설득력을 얻게 되었다. 동아시아 다자협력은 초기에는 아세안지역포럼(ARF), 상하이협력기구(SCO), 아태안보협력이사회(CSCAP), 동북아협력대화(NEACD)와 같은 안보협력과 협의체를 추진하면서 유럽의 CSCE와 같은 제도화를 목표로 설정하였다.

동아시아에서 안보다자협력체에 대한 필요성과 현실성에 대한 공감에도 불구하고 구체적인 제도화 수준에 도달하지 못하는 것은 안보 문제와 관련해서 양자 협력의 구조가 지배하는 기존의 동아시아 국제질서에서 패권 경쟁국인 미국과 중국은 현상변경을 원하지 않기 때문이다. 패권국은 현상변경을 통해 국익이 확대될 가능성이 일부 있다고 하더라도 이에 따르는 국인 손실의 위험성을 감수할 필요가 없다고 판단하기 때문에 현상유지에는 미국과 중국이 쉽게 합의할 수 있다. 동아시아 주변국과 다자협력의 대응방안을 제시하는 경우도 미국과 중국은 세력 확장이라는 주도권 경쟁 차원에서 동맹의 결속 강화와 상대방에 대한 견제가 일차적 목표이다.

환경오염, 기후변화, 사이버 범죄, 에너지, 식량 그리고 전염병과 같은 비전통안보의 위기에 대해 패권적 지위가 약화된 미국은 지구 차원의 문제에 대해 혼자서 대안을 제시할 능력도 의지도 없는 상황이 되었다. 2008년 미국발 세계금융위기에 대한 대처 과정에 미국이 제안한 G20은 테스크 포스의 성격으로 위기에 대한 다자적 대응의 필요성을 보여주는 사례이다. 기존 서방의 7개 선진국인 G7의 협력으로 해결할 수 없는 위기를 인정하고 아시아, 중남미, 유럽, 아프리카를 망라하는 다자협의체에 기초하여 국제사회가 처한 위기를 관리하는 체제를 출범시킨 것이다.

이러한 국제질서의 변화와 안보위기의 다변화는 동아시아에서 군사안보가 아닌 인간안보 분야에서 다자협력을 현실적 대안으로 고려하게 하였으며, 이 과정에 다자협력을 추진하는 주체도 패권국이 아니라 패권경쟁과 이해충돌이 상대적으로 적은 한국과 같은 중견국이 중심이 되어 추진하는 것이 가능한 환경을 만들었다.

05
····

한국의 다자협력 외교전략

동아시아 다자협력은 EU 수준의 지역통합은 현실적으로 어렵고 인간안보 특정 의제에 대한 다자협력의 제도화도 기능주의 접근과 거리가 있다(신윤환, 2009: 125). 동아시아에서 인간안보 분야의 다자협력이 어려운 패권경쟁을 하는 미·중의 경쟁구도의 부상, 동아시아 국가의 신뢰 구축과 협력의 제도화의 경험 부족, 양자 간 역사·영토 갈등과 민주적 의사결정 과정에 있어 민주주의 경험의 부족이 장애요인이다.

동아시아 다자협력의 제약요인 속에서 한국은 중견국의 위상에 부합하는 역할과 책임을 수행하는 방안을 모색해왔다. 노무현 정부 시기부터 확대된 국가의 위상을 바탕으로 균형외교를 시도했다. 냉전 시대의 억지 전략을 근간으로 미국 주도의 양자 외교의 틀 속에서 한국은 국격에 부합하는 위상과 역할의 한계라는 외교적 현실을 고려하여 전통적인 군사안보가 아닌 인간안보 영역에서 다자외교를 추진해왔다. '평화와 번영의 동북아 시대' 구상은 유럽의 OSCE를 모범으로 다자안보협력을 제도화하는 과정에 역내 국가사이에 신뢰를 확보하는 데 한국이 주도적 역할을 수행하고 환경, 초국가 범죄, 보건 등 인간안보에 대한 협력을 주도하는 전략적 접근을 시도했다.

이명박 정부 때에는 다자안보에는 소극적이었지만 대한민국이 세계적으로 원조 수원국에서 공여국으로 전환한 유일한 사례라는 점을 내세워 동아시아의 전통적인 4강과의 관계에서 향상된 국격에 부합하는 방향에서 외교정책의 시너지를 발휘하는 정책대안을 고려하기 시작했다. 박근혜 정부가 주창한 '동북아 평화협력 구상'은 노무현 정부의 '평화와 번영의 동북아 시대' 구상과 내용과 형식에 있어서 큰 차이가 없다. 동아시아의 평화와 안보를 위해 다자안보협

〈표 7-4〉 역대 정부의 다자협력 구상

정부	명칭	내용
노무현	동북아균형자론	미국, 중국 등 강대국 사이에서 한국 국익 우선의 균형적 외교
이명박	MB 독트린	신동북아 경제공동체 구축. 한국의 기술력과 북한의 노동력, 러시아의 자원을 합쳐 시너지 효과를 내는 다자협력 구상
박근혜	동북아 평화협력 구상	환경, 재난, 테러 등 비정치적 이슈에 대한 한·중·일 등 동북아 지역 국가 간의 협력체제 구축
문재인	동북아 플러스 책임공동체	동북아 평화협력 구상+아세안·인도와의 협력 강화를 통해 국익 창출의 외연 확대

력체계를 구축한다는 것인데 상대적으로 공감대를 형성하기 쉬운 사이버 보안, 원자력 안전, 기후변화, 대테러협력과 같은 연성안보에서 출발하여 협력을 확대하는 기능주의 접근을 통한 외교전략이었다.

우리 정부는 국제질서의 형성 과정에 우리의 의견을 반영하는 선도국가 외교의 정책 지렛대로 인간안보에서 다자협력을 강조해왔다. 동아시아 국제사회도 인간안보에서 다자협력의 필요성은 인정하지만 신뢰 부족으로 진전이 어렵다. 한국의 외교적 위상은 성장하여 2008년 G20에 참여했고, 2020년에는 트럼프 대통령으로부터 G7에 초대 받았으며, 바이든 행정부의 민주주의 정상회담에서는 D10으로 활약할 것이다. 동아시아의 한국, 일본, 중국이 갈등과 분열을 극복하고 인간안보 분야에서 다자협력을 추진하기 위해서는 상호 신뢰가 필요하다. 한국은 축적된 외교적 자산을 활용하여 인간안보 분야에서 느슨한 협의체라는 낮은 단계의 협력을 목표로 지역공동체 건설을 추진해야 한다.

제8장

•

남북관계와 평화체제

정대진(아주대 아주통일연구소 연구교수)

"통일은 꼭 단일국가로 해야만 하는가?"

"통일의 효과는 남북한만이 누리는 것인가?"

20세기 민족동질성 회복을 기초로 한 통일담론에 대한 근본적인 질문이 제기되고 있다. 분단이 반세기를 넘어 70년 이상 지속 되면서 이제 남북한은 규범상 한 민족이지만 사실상 두 국가인 상태에 접어 들었다. 남한의 민족공동체통일방안(1994년)과 북한의 고려민주연방공화국통일방안(1980년)은 20세기의 화석처럼 여겨지고 있다.

남북은 2000년 '6·15 남북공동선언' 제2항에서 "남과 북은 나라의 통일을 위한 남측의 연합제 안과 북측의 낮은 단계의 연방제 안이 서로 공통성이 있다고 인정하고 앞으로 이 방향에서 통일을 지향시켜 나가기로 하였다"고 합의한 바 있다. 하지만 6·15 남북공동선언 20년이 넘도록 남북한은 통일은커녕 비핵화와 평화체제 구축도 완성하지 못하고 대화와 대결을 거듭하고 있다.

남한에서는 분단을 선천적 조건으로 받아 안고 출생한 세대가 인구 구성의 절대다수를 점해가고 있고, 이들은 전쟁과 파멸의 공포가 현실화하지 않는 이상 분단 자체를 크게 불편해하지 않는다. 통일이 필요하다는 당위성을 글로는 배웠지만 그 당위성을 현실에서의 절절한 필요성으로 느끼는 경우는 많지 않다.

북한에서는 김정은 위원장이 금강산에서 선대의 남북협력사업을 공개적으로 부정하고 비판할 정도로 새로운 인식을 가진 새로운 세대의 지도자가 이미 전면에 등장한 상태이다. 김정은 시대에는 '우리 민족끼리'의 정신보다는 '우리 국가제일주의'를 강조하며 남북한 관계를 사실상 국가 대 국가의 관계로 보는 통치담론이 전면에 등장했고 지난 8차 당대회에서 이런 기조는 더욱 강조됐다.

사실상 두 국가, 규범상 한민족인 남북이 이제 민족동질성을 회복하자는 명분만으로 다시 화해협력의 시동을 걸고 통일로 나아가기에는 너무 먼 길을 서로 가버린 상태이다. 하지만 평화와 통일, 번영의 미래는 포기할 수 없는 목표이자 과제이다. 새로운 접근법으로 숨을 고르고 다시 시작해야 하는 때이다. 이번 장에서는 남북한이 걸어온 길을 뒤돌아보고 새롭게 나아갈 길을 찾아보기로 한다.

21세기 통일환경의 변화

분단이 70년 이상 장기화되고 세기가 바뀌면서 남북관계의 주변 환경도 20세기에는 상상할 수 없던 수준으로 변화하고 있다. 대외적인 차원에서는 냉전질서의 해체와 미·중 경쟁의 격화, 북한 핵 문제와 같은 변수가 등장했고, 대내적인 차원에서는 6·25 전후 세대가 인구 대다수를 점하는 상황에서 민족동질성 회복이라는 명제가 과거지향적인 성격으로 변화한 환경 등을 들 수 있다.

첫째, 대외적 환경 변화이다. 20세기 중반 전개된 남북한의 분단은 세계적인 냉전체제의 한반도 지역화로도 이해할 수 있다. 그런데 냉전질서는 20세기 말엽에 이미 해체되었음에도 불구하고 한반도만이 냉전의 섬으로 남아 있다. 이 가운데 21세기 들어 신냉전 수준으로 격화되고 있는 미·중 경쟁의 한복판에서 남북한은 언제

든지 고전적인 한·미·일 해양세력 대 북·중·러 대륙세력 충돌의
최전선으로 비화될 가능성이 높다. 여기에 북한 핵 문제를 기화로
해서 동북아와 한반도의 평화와 안정은커녕 주변국 모두가 자국의
안위를 위해 군비경쟁에 몰두할 수밖에 없는 상황이 전개되고 있다.

둘째, 대내적 환경 변화이다. 21세기 들어 모든 세대에서 통일에
대한 지지도가 확연히 줄어들고 있는 경향을 보이고 있다. 특히 젊
은 세대 20대의 인식 변화는 주목할 만하다. 민족공동체통일방안
이 발표되던 1994년에 88.8%가 통일의 필요성을 지지하던 20대들
은 2020년 현재 40대 중반~50대 초반에 접어들었는데 이들의 통
일 지지도는 60% 안팎으로 줄어들었다. 현재의 20대는 50.9%만이
통일을 지지하고 있다. 아직도 50% 이상이 통일을 지지한다고 해
석할 수도 있으나 전체적인 경향성을 보았을 때 젊은 세대를 중심
으로 통일에 대한 지지도가 줄어들고 있는 현상은 부인할 수 없다.

6·25 전후세대가 점차 인구 구성의 대다수를 점해가고 있는 시

〈그림 8-1〉 세대별 통일에 대한 지지 변화

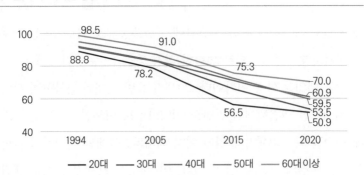

자료: 박주화(2020.9). 「2030과 통일인식: 비판 아닌 롤모델이 필요하다」, 『통일시대』, 5쪽.

점에서 민족동질성을 회복하고 민족공동체를 건설하여 단일국가를 형성하는 통일에 대한 전 국민적인 공감과 지지는 점차 줄어들고 있는 것이다.

　이런 상황에서는 통일에 대한 대대적인 개념 전환과 재설계가 필요하다. 남북한이 꼭 단일국가로 통일해야만 하는지, 그리고 그 통일 과정이 북한 비핵화 해결 및 평화체제 구축 과정과 연동되어야 한다면 관련 주변국과 동북아 차원에서도 종합적인 검토가 필수적인 것이다.

통일은 꼭 단일국가로 해야만 하는가?

남북한이 사실상 두 국가의 길로 접어들고 있는데 남북한을 다시 하나의 단일국가로 만든다는 것이 미래지향적인지 신중한 검토가 필요하다. 남한의 연합제 통일방안과 북한의 연방제 통일방안을 개방적으로 점검하여 다양한 통일 과정과 통일국가의 미래상이 존재할 수 있음을 열어두어야 한다. 연합 및 연방제를 기초로 한 통일 과정과 통일국가의 형태를 정리하면 〈표 8-1〉과 같이 다섯 가지의 기본 유형이 도출된다.

국제법상 자결권(self-determination rights) 행사 측면에서 보아도 남북한 주민들의 의사에 따라 단일국가 외에도 연합국가나 연방국가를 완성된 통일국가의 형태로 결정지을 수도 있다. 남북한 관계를 사실상 이웃국가의 평화지향관계로, 규범상 한 민족 출신의 특

〈표 8-1〉 다양한 남북한 통일 과정 및 통일국가 형태안

통일과정	내용	통일국가형태
3단계 과정 (연합→연방→단일국가)	남북연합·연방 구성 후 단일국가로 통합	3단계 통합 과정 단일국가
2단계 과정 ①: 연합 후 통합 (연합→단일국가)	남북연합 구성 후 단일국가로 통합	2단계 통합 과정 단일국가
2단계 과정 ②: 연방 후 통합 (연방→단일국가)	남북연방 구성 후 단일정부로 통합	2단계 통합 과정 단일국가
1단계 과정 ①: 국가연합	남북연합 형식의 통합	1단계 통합 과정 연합국가
1단계 과정 ②: 연방국가	남북연방 형식의 통합	1단계 통합과정 연방국가

자료: 정대진(2018). 「남북한 통합형태의 법적 쟁점: 자결권을 중심으로」, 『통일과 법률』 제35호, 113쪽.

수관계로 규정하여 장기간 남북 교류와 협력을 확대하다가 미래 일정 시점에서 남북한 주민의 결정에 따라 단일국가, 연합국가, 연방국가의 형태로 통일을 선언할 수 있는 것이다. 이를 위해서는 20세기 민족공동체통일방안의 재편과 전환이 필요하며, 북한 핵 문제로 인해 남북한 당사자주의로만 해결할 수 없는 한반도 문제의 국제주의적 측면을 고려하여 통일 과정도 남북관계 특수성에만 입각한 것이 아닌 국제관계 보편성에도 기반한 새로운 동북아 질서 창출 과정이 되어야 할 것이다.

03
....

통일의 효과는
남북한만이 누리는 것인가?

　　20세기 민족공동체통일방안은 '화해협력 → 남북연합 → 통일국가'의 3단계를 상정하고 있다. 21세기 새로운 통일방안은 통일국가 형태의 다양성 인정, 북한 비핵화, 한반도 평화체제 구축을 전제로 '화해협력 → 평화체제 → 통일평화공동체와 동북아협력체'로 가는 새로운 단계와 개념으로 설정해볼 수 있다.

　　'화해협력'은 지금과 같은 남북한 평화 정착과 교류·협력을 위한 노력을 지속하는 상태로 설정할 수 있다. 단, 이 화해협력은 현 남북한 주민들의 인구 구성과 통일 인식상 과거지향적인 민족공동체 건설과 민족동질성 회복을 위한 것이 아닌 미래지향적인 항구적 평화 정착의 노력으로 재설정해야 한다.

　　'평화체제'는 북한 비핵화 문제 해결과 평화협정 체결을 통한 한반도의 새로운 평화질서 구축을 의미한다. 한반도 평화체제는 관련 당사자들이 '정전'을 '종전'으로 선언하면서 시작된다고 할 수 있다. 보통 평화협정의 서문이나 제1조에 종전에 관한 내용이 나오는데 한반도에서는 정전이 70년 가까이 지속되는 상황에서 특수한 국제정치적 환경이 펼쳐지고 있다. 바로 종전선언(평화선언)과 평화협정의 분리 추진이다.

한반도에서 북·미 간의 적대관계가 상당 기간 지속되고 상호 신뢰가 단기간에 축적되기 어려운 정치적 환경에서 평화협정을 바로 논의하기에는 무리가 있는 것이 사실이다. 또한 미·중 간의 경쟁구도가 21세기 들어 본격화하면서 남·북·미·중이 당사자가 되는 평화협정을 당장 체결하는 일은 쉬운 과제가 아니다. 따라서 평화협정은 본격 논의하기 이전에 관련 당사자들의 종전 내지 평화선언을 통해 신뢰와 대화 환경을 보다 공고히 조성하고 평화협정에 대한 구체적인 논의로 들어가자는 구상이 등장하는 것이다.

평화협정 전 단계의 종전선언 내지 평화선언은 그 주체가 남북한을 기본으로 하고 여기에 미국 내지는 중국이 참여하는 바에 따라 3자 혹은 4자로 논의되고 있다. 중국은 이러한 구상에 대해 신축적인 반응을 보이고 있으며, 이는 미중관계의 전개에 따라서도 그 향배가 결정될 것으로 보인다.

2018년 4·27 판문점선언을 통해 남북 정상은 2018년 연내 종전선언 추진을 합의한 바 있으며, 이어진 9·19 평양공동선언과 남북군사합의서 체결을 통해 사실상의 종전선언을 이루었다는 일부 평가도 존재한다. 여기에 미국과 중국의 확실한 보증과 북미관계 진전 및 비핵화를 통해 3자 또는 4자의 종전선언이 이루어진다면 한반도 평화체제 구축은 가속화될 것이다.

한반도의 종전선언은 북한 비핵화라는 당면 과제에 있어 북·미 간의 신뢰 조성과 북한을 포함한 관련 당사자 상호 간 안전보장 측면에서 중요한 기점이 될 것이다. 이 종전선언은 내용적으로 1950년 6월 25일 발발해서 1953년 7월 27일 정전 상대를 맞이한 한반도의 전쟁 상태를 완전히 종결하고, 향후 이러한 참상과 군사적·정치적 긴장 상태를 반복하지 않기 위해 평화협정을 체결하고 한반도에서의 항구적인 평화 정착을 위한 관련 당사자들의 의지를 확인하는 문구가 포함되어야 할 것이다. 그리고 종전선언을 바탕으로 한반도 평화협정을 체결하고 한반도 평화체제 구축을 이루어야 할 것이다.

'통일평화공동체와 동북아협력체'는 한반도 종전선언과 평화협정 체결 과정에서 논의에 참여할 동북아 주변국들이 남북-북미 간의 양자안보는 물론이고 중국과 러시아 등을 포함한 지역 내 다자안보도 교차 보장하는 과정에서 그 기초가 형성될 수 있다. 북한 핵 문제 해결과 함께 동북아 국가들의 다자안보체계 구성 및 새로운 수준의 동북아 협력체가 만들어진다면 남북한 통일도 이 과정에서 시너지를 발휘해 달성해나가는 방안도 구상 가능하다. 북한과 1:1로 통일만 논의하는 것이 아닌 동북아 전체 차원에서의 평화협력과 통합 심화 과정을 전개하고 여기에 남북한 통일이 함께 가는 방향 설정도 열린 구상에 포함해야 한다.

그 열린 구상에는 남북한~중국 동북 3성~산둥반도~일본 열도~러시아 연해주를 연결해서 인구 4억 5,000만 명 이상의 단일 경제권을 조성하는 방안도 포함해볼 수 있다. 이 과정에서 동북아는 거시적 협력뿐만 아니라 생활공동체를 형성해가며 경제산업, 거버넌스, 가치의 통합을 심화하여 통일이 꼭 남북한에서 멈추는 것이 아니라 동북아까지 사실상 한 생활권처럼 살아가는 미래를 상상해 볼 수 있다.

동북아 역내 시민들의 단일여권과 자유이동, 단일 자동차 번호판 사용, 동북아 대학 간 공동학점제 운영 등 생활공동체를 형성해가면서 동북아 각국이 아시아 패러독스를 극복하고 경제교역 이상의 더욱 긴밀한 협력을 실현할 수 있다면 지금과는 완전히 새로운 질서를 창출할 수 있다.

동북아 각국이 주권을 유지하면서 경제, 사회, 문화적 연관성을 중심으로 연결되어 있는 해외의 국가협력이나 복합국가 사례를 적극 차용해서 새로운 미래 구상을 펼쳐보아야 한다.

04
····

한반도와 동북아 미래 구상의
참고 사례

1. 영연방

　우리 민족공동체통일방안의 3단계 통일과정 '화해협력 → 남북연합 → 통일국가'에서 남북연합의 영문 명칭은 The Korean Commonwealth이다. 일반적으로 직역해서 쓰는 confederation(연합)을 사용하지 않고, 영연방(the Commonwealth)의 commonwealth를 빌려왔다.

　영연방은 영국과 함께 캐나다, 호주, 뉴질랜드 등 과거 영국의 식민지였던 국가들이 주축이 되어 결성한 정치적인 국제조직이다. 초기의 영연방은 영국과 자치령들이 함께 이룬 대영제국의 공동체로서 출발했다. 그러나 제2차 세계대전 이후 자치령들과 식민지들은 영국으로부터 점차 완전한 독립을 이뤄나갔다. 이에 따라 대영제국은 제국으로서의 실질적인 지위를 잃게 되었지만 영연방의 틀은 계속해서 유지되었다. 실제로 인도의 경우 1947년에 독립을 했지만 영국의 왕에게 충성하지는 않는 조건으로 영연방 일원으로 남고 싶어 했다.

이후 1949년 영연방 총리급 회의에서 인도를 포함해 새롭게 독립한 공화국들도 영연방의 일원이 될 수 있다는 런던선언이 채택되었다. 그리고 아프리카, 아메리카, 아시아, 유럽 그리고 태평양의 새로운 독립국들이 차례로 영연방에 가입하면서 현대적 개념의 영연방이 탄생하게 된다.

영연방은 각 회원국들의 가입과 탈퇴를 거쳐 현재는 52개의 회원국으로 구성된 국제기구로 자리를 잡았다. 회원국이 점차 늘어나는 과정에서 영연방은 영연방기구사무국, 영연방기술협력기금 등을 설립하면서 효율적이고 효과적인 조직운영을 도모하고 있다.

또한 영연방헌장이나 하라레선언(the Harare Commonwealth Declaration), 쿨룸선언(Coolum declaration) 등을 통해 민주주의 정착을 연방의 핵심 과제로 천명하는 등 가치의 통합에도 방점을 두고 있다. 그런데 모든 회원국들이 헌장이 요구하는 수준의 민주주의 정착시키지 못한 경우도 있고 영국, 캐나다, 호주에 치중된 분담금 문제, 여전히 남아 있는 백인 중심의 사고체계 등은 해결해야 할 과제이다. 동북아 통합과 한반도 통일의 과정에서도 서로 다른 정치체제와 경제력 분배 등은 유념해야 할 과제일 것이다.

2. 베네룩스

베네룩스(Benelux Union)는 벨기에와 네덜란드 그리고 룩셈부르크를 함께 이르는 말로, 1944년 세 국가가 참여하는 관세동맹 계획이 마련되면서부터 본격적으로 쓰이기 시작했다. 이 세 국가는 서로 국경을 마주한 상태로 프랑스와 독일 사이에 위치하고 있는데, 이러한 지리적 요건 때문에 항상 주변 강대국들의 간섭과 침략에 시달릴 수밖에 없었다. 따라서 일찍이 서로 간의 긴밀한 협력의 필요성을 느꼈고, 1921년 벨기에와 룩셈부르크가 먼저 양자적 경제연합 설립을 합의했다. 제2차 세계대전 당시 벨기에와 네덜란드 그리고 룩셈부르크는 나치독일에 점령되었는데, 이때 함께 영국에 망명정부를 구성하기도 했다. 이후 벨기에와 룩셈부르크의 연합 논의에 네덜란드가 참여하면서 세 국가는 1944년에 런던관세협약(London Customs Convention)을 체결했다.

1944년에 체결된 런던관세협약은 1948년부터 실행되었다. 이후 1956년에 이르러 베네룩스(Benelux) 내 무역 관세가 철폐되었고, 1958년 2월 베네룩스경제연합(Benelux Economic Union)조약이 체결됨에 따라 한 차원 더 높은 수준의 연합구성이 구체화되었다. 베네룩스경제연합조약은 1960년부터 효력을 발휘했고 인력, 물자, 자본, 서비스의 자유로운 이동, 금융 및 사회 분야에서의 정책통합, 대외무역 공동정책 추구를 통해 경제적 통합을 추진했다. 베네룩스는 우편과 수송 규격까지 표준화했고, 1970년에는 상호 간의 국경검문소도 폐쇄했다.

베네룩스는 유럽석탄철강공동체의 표본이 되었고 유럽통합의 시발점이 된 것으로 평가받고 있다. 베네룩스는 지금도 상호 간의 긴밀한 협의를 바탕으로 좀 더 높은 수준의 통합을 추구하고 있으며 베네룩스 위원회와 의회, 사법재판소 등을 운영하며 정치·행정적 협력도 심화하고 있다. 상호 무역의존도가 높은 동북아 각국들도 관세와 무역, 경제협력을 기초로 해서 통합력을 높여나갈 수 있다는 점에서 시사점이 충분하다.

3. 포르투갈어사용국공동체

포르투갈어사용국공동체(Community of Portuguese Language Countries: CPLP)는 포르투갈어를 공용어로 사용하는 국가들의 연합체로서, 회원국들 사이의 역사적 유대감을 증진시키고 공통의 유산을 공유하기 위해 설립되었다. 1983년 포르투갈의 외무장관이 포르투갈어를 사용하고 있는 국가들에게 정기적인 정상회담과 더불어 고위급 회담을 제안함에 따라 포르투갈어사용국공동체 설립 논의가 시작되었다.

1989년 포르투갈어사용국공동체 대사를 맡은 호세 아파레시도 드 올리베이라의 발의로 브라질 상루이스에서 본회의가 소집되었다. 이 회의에서 앙골라, 브라질, 카보베르데, 기니비시우, 모잠비크, 포르투갈, 상투메프린시페의 정상들은 국제포르투갈어기관(International Portuguese Language Institute: IILP) 설립을 결정했다. 이후 포르투갈어사용국공동체는 꾸준히 외형을 넓혀나갔고, 2002년 5월 20일 정상회의 이후 동티모르와 적도기니가 가입하면서 총

9개의 정회원국이 확정되었다.

포르투갈어사용국공동체는 포르투갈어를 사용하는 국가들의 정치적 연합체로서 정치외교협력(Political and Diplomatic Coordination), 다양한 분야에서의 협력(Cooperation in a number of areas), 포르투갈어 장려 및 보급(Promotion and dissemination of the Portuguese Language)의 세 분야에서 협력을 강화하고 있다. 회원국 내 위험 상황 관련 후속조치, 헌법재판소, 옴부즈맨, 중앙은행, 군당국, 경찰당국, 무역기구, 대학들 사이의 정기적인 협력 채널 가동, 국제포르투갈어기관 활동 강화가 주요 내용이다.

포르투갈어사용국공동체는 9개의 정회원국과 기타 참관국으로 구성되어 있다. 참관국은 세네갈, 모리셔스, 일본, 나미비아, 터키, 그루지아, 우루과이, 체코, 슬로바키아, 헝가리 등이며 침관국의 수는 정회원국의 수를 넘어선 상황이다. 2016년 브라질리아에서 열린 11번째 정상회의에서 포르투갈어사용국공동체의 새로운 전략적 비전을 채택했고, 회원국 대부분이 남대서양에 위치하고 있어서 에너지와 안보 문제를 중심으로 협력하고 있다.

테러와 인권 문제로 지적을 받는 회원국들이 존재하여 조직의 결속력과 위상에 흠결이 있기도 하지만 언어적·문화적 유사성을 공통으로 국가 간 협력과 통합을 추진하는 유의미한 사례로서 앞으로도 지속적인 관심이 필요하다.

4. 러시아-벨라루스 연합

벨라루스는 1990년대 초반부터 자국 내에 있던 구소련의 핵무기를 폐기하는 조치를 적극적으로 취하며 서방자본 유치에 대단한 열의를 보였다. 이후 벨라루스의 루카셴코 대통령은 브뤼셀을 직접 방문하여 유럽연합 가입 절차를 밟고 국제 시장경제로의 편입을 준비했다. 그러나 1994년 후반부터 시작된 초인플레이션 등의 경제위기는 산업기반이 전무하던 벨라루스의 경제적 자립을 심각하게 위협했고, 야당이 루카셴코 대통령과 측근들의 부패 혐의를 강력히 제기하면서 정치적 혼란도 가중되었다.

이러한 국내외의 혼란을 타개하기 위해 루카셴코 대통령은 본격적으로 러시아와의 협력을 확대하기 시작했고, 1995년 2월 러시아와 관세동맹협정과 우호조약을 체결하면서 러시아로부터 천연자원을 공급받고 러시아 시장으로의 접근권을 보장받았다. 이때 러시아와 벨라루스 사이의 우호조약 협정에서 두 나라의 통합이 처음 언급되었다. 벨라루스 루카셴코 대통령은 우호조약 체결 이후 러시아와의 통합을 묻는 대국민투표를 실시했는데, 투표 결과 과반수 이상의 국민들이 러시아와의 통합에 찬성했다. 이는 당시 벨라루스 사회에 친소(pro-Soviet) 성향이 강하게 남아 있었기 때문이었다.

러시아와 벨라루스는 1999년 연합 형성에 관한 조약(Treaty on the Creation of a Union State of Russia and Belarus)을 체결한 이후 공동헌법, 통합의회, 공동국방, 공동외교, 공통화폐, 관세철폐, 국가 상징물 통합 등을 합의하며 긴밀한 협력을 이어나갔다. 러시아는 벨라루스에게 통합에 대한 대가로 보조금(integration subsidies)을 지급했고,

벨라루스는 일부 구소련 국가들과 다르게 서방 주도의 세계질서로의 편입을 거부하면서 러시아의 안보 우려를 경감해주었다.

하지만 벨라루스는 여전히 힘의 불균형으로 인한 러시아로의 일방적인 흡수를 경계하고 있는 반면, 러시아는 연합 설립에 박차를 가하기 위해 압도적인 힘의 불균형을 이용하고 있는 상태다. 그 때문에 일찍이 연합(Union State) 설립에 필요한 제반 조건들이 합의되었음에도 불구하고 정치적으로 최종 합의에 이르지 못하고 있다. 힘의 불균형으로 인한 통합의 시각 차이는 정치·군사·역사 문제에 있어서 인식의 간극이 큰 동북아 관련국들과도 유사한 면이 있어 주의 깊게 시사점을 검토할 대상이다.

5. 한반도 통일국가상(像)의 재구성과 평화번영의 미래

제2차 세계대전 이후 미국과 구소련이 전 세계의 패권을 양분하는 과정에서 연방과 연합 혹은 기타 여러 가지 형태로 국가들 사이의 통합 시도가 꾸준히 이어졌다. 각 사례들은 통합의 정도와 진행 시기, 그리고 방식과 목적 등에서 비교적 큰 차이를 보였지만, 공통적으로 통합의 필요성을 논의함에 있어 대개 민족적 동질성과 역사적 유대감 등을 비롯한 특수성에 입각한 명분을 앞세우는 모습을 보였다. 이러한 명분은 당사자들을 통합 협상에 나서도록 했다는 점에서 그 의의가 있다.

하지만 통합의 과정에서 발생한 문제는 명분을 넘어선 당사자들의 현실적인 이해관계와 밀접하게 연관되어 있었으며, 이 이해관계와 얽힌 문제점의 극복 여부가 곧 향후 통합의 성공을 판가름했음을 확인할 수 있었다.

실제로 비교적 성공적인 통합의 사례로 평가받고 있는 영연방의 경우 역내무역 강화를 통한 상호 간 이익 확보라는 확실한 경제적 유인을 통해 내부적 결속을 강화할 수 있었으며, 베네룩스와 독일을 위시한 유럽통합의 경우 당사자들은 물론 주변국들과의 이해관계를 확실히 정리함으로써 통합효과를 높이고 향후의 발생할 수 있는 문제점들을 최소화했다. 반면 포르투갈어사용국공동체, 러시아-벨라루스 연합처럼 일정한 정도의 통합을 이루었으나 지나친 힘의 불균형으로 인해 초기의 통합 명분마저 퇴색될 우려가 있는 경우도 있었다. 단순한 민족적 동질성이나 정서적 요구만이 아닌 실질적 이해관계 구축과 실용적 접근을 통한 결속이 협력과 통합을 유지·발전시킬 수 있는 원동력임을 알 수 있다.

지금까지 우리는 민족공동체라는 특수성, 즉 명분을 강조한 통일담론을 지속적으로 추구해왔다. 그러나 선천적 조건으로서의 분단을 전제로 해서 태어나고 자라온 세대가 인구구성의 절대다수를 점해가고 있는 현시점에서 통일과 민족에 대한 인식은 상당 부분 전환되었다.

하지만 아직 이러한 인식 전환과 여론의 변화를 담아내는 담론의 재정립과 정책 수립은 이루어지지 않고 있다. 이제는 남북한 관계를 이상론적이고 당위론적인 차원이 아닌 현실론적이고 실용적인 차원에서 재점검해보고 통일의 의미도 새롭게 정립할 필요가 있다.

또한 김정은 위원장대에 들어 북한은 '우리 민족제일주의' 외에 '우리 국가제일주의', '김일성-김정일 민족' 등의 담론을 등장시키며 우리가 생각하는 민족주의적 가치와 정서와는 다른 행보를 보이고 있다. 이러한 점에서 우리도 민족공동체통일방안 외에 새로운 시대에 새로운 통일평화담론의 구체적 검토와 연구들을 진행해야 할 것이다.

그동안 우리에게는 명분을 강조한 나머지 다른 시각에서 통일담론 자체를 재해석하고 재해부하는 연구와 건설적인 토론도 금기시되다시피 한 현상과 문화가 있었다. 하지만 실패한 통합의 사례를 답습하지 않고 성공 사례를 본받기 위해서는 현재 우리나라가 처한 상황을 냉정히 바라보아야 하며, 이를 바탕으로 북한과 서로 공감할 수 있는 상호 이익의 새로운 통일담론을 구성해야만 한다.

명분은 현실적인 이해관계가 어긋나기 시작하면 언제든지 퇴색될 수 있다는 점을 명심하면서, 민족공동체에 입각한 통일담론을 넘어서는 현실적이고 미래지향적인 새로운 통일담론으로의 전환이 필요하다. 그리고 그 방향은 남북한만의 구상에 그치는 것이 아닌 새로운 한반도 통일평화공동체가 중심이 된 동북아 전체 차원에서의 상상력이 기초가 되어야 할 것이다.

제9장
●

신한반도 경제공동체와 남북한 협력방안

최용환(국가안보전략연구원 책임연구위원)

01
....

문제 제기: 왜 경제공동체인가?

한반도와 그 주변에는 남북 문제 해결을 어렵게 하는 중첩된 갈등구조가 존재한다. 우선, '한·미·일 vs. 북·중·러'라는 냉전적 갈등이 존재한다. 1990년대 탈냉전 질서가 도래하고 한러, 한중 수교가 이루어지면서 냉전적 갈등구조는 일시 해결될 것처럼 보이기도 하였다. 하지만 미·중 갈등이 전면적으로 확대되면서 냉전적 갈등구조의 부활이 우려되는 것이 현실이다. 둘째, 남북한 사이의 분단과 정전체제이다. 전쟁이 끝난 지 수십 년이 지났지만 여전히 법적으로는 전쟁이 끝나지 않은 남북한 사이의 갈등이 존재한다. 셋째, 한국 사회 내부에 존재하는 이념적 갈등구조이다. 이른바 남남갈등으로 불리는 한국 사회 내부의 갈등은 남북한 균열의 틈새에서 태어났지만, 이제는 한국 사회의 진보와 보수를 가르는 독자적 실체로 작용하고 있다. 문제는 이 같은 중첩된 갈등구조가 서로 영향을 미친다는 사실이다. 예컨대 남북한 사이에 화해·협력 분위기가 조성되더라도 미·중 경쟁과 같은 냉전적 갈등구조가 강화되면 진정한 관계 진전에 한계로 작용하기도 한다. 2021년 현재 미국과 중국 간의 전략적 경쟁이 심화·확대되면서 한반도를 둘러싼 냉전적 갈등구조를 강화시키고 있다. 하노이 북·미 정상회담 결렬 이후 북한은 미·중 갈등 구조에 편승하여 북중관계 강화를 통해 미국의 대북압력을 상쇄시키려 시도하고 있다. 만약 동아시아에서 한·미·일 vs. 북·중·러의 냉전적 갈등구조가 심화되면 남북관계 개선은 물론이고 북핵 문제 해결도 더욱 어려워질 것이다.

2021년 1월 북한은 8차 당대회를 개최하고 자력갱생을 통한 제재 정면돌파전이라는 기존의 전략노선 고수를 선언히였다. 하지만 2021년 새롭게 출범한 미국의 바이든 행정부에서 북핵 문제의 정책 우선순위는 높지 않을 것이라는 전망이 우세하다. 이러한 북·미의 입장과 과거의 역사적 경험, 그리고 북핵 능력의 현실 등을 고려할 때 북핵 문제 해결에는 앞으로도 상당한 시간과 노력이 필요할 것이라는 점은 분명하다. 그런 의미에서 한국이 직면한 단기 과제는 한반도 상황의 평화적 관리가 될 수밖에 없다. 한반도와 그 주변에 집중된 군사력의 현실을 고려할 때, 평화 없이 한반도의 안정과 번영은 불가능할 것이기 때문이다. 한국의 단기 과제가 전쟁이 없는 소극적 평화를 의미한다면, 중장기 과제는 구조적 갈등의 원인이 제거된 적극적 평화로의 전환이 될 것이다.

한반도에서의 적극적 평화를 달성하기 위해서는 남북한 '공동의 이익'을 창출하고 이를 확대할 수 있는 전략이 필수적이다. 물론 이

것이 한반도의 적극적 평화를 달성하는 필요충분조건이 되지는 못할 것이다. 남북 갈등의 근본적 원인을 제거하는 일, 그럼에도 발생할 수밖에 없는 갈등을 평화적으로 해결할 수 있는 기제를 발전시키는 일 등이 수반되어야 할 것이다. 하지만 공동의 이익을 확보하지 못한 상태에서의 적극적 평화를 기대할 수는 없다. 그렇기에 한반도의 적극적 평화 창출을 위한 필요조건으로서 경제협력 혹은 경제공동체 구상을 구체화시킬 필요가 있다. 현 한국 정부의 평화경제 구상 역시 이러한 배경에서 제안된 것이라고 할 수 있다.

경제협력은 근본적으로 경제적 이익에 기초하는 것으로 참여자 모두에게 이익이 되는 방식의 협력이 가능하다. 경제협력은 일방의 이익이 다른 이에게 손해가 되는 제로섬게임이 아닐 수 있기 때문이다. 또한 경제협력은 중장기적이고 단계적 접근이 가능하며 심지어 더 바람직하다. 따라서 참여자들은 초기에 많은 부담을 가질 필요가 없다. 나아가 경제협력 성과의 지속적 창출을 위해서는 시스템 변화가 필수적이다. 경제적 이익 창출을 위해서는 국제적 표준에 부합하는 제도의 도입이 불가피하기 때문이다. 물론 2021년의 현실에서 남북 간 경제협력을 위해서는 국제사회의 대북제재라는 현실적 장벽에 대한 고려는 필수적이다. 여기에 더해 남북한 모두의 수요를 반영해야 할 것이다. 이와 같은 문제의식에서 이 글은 기존의 경제협력 혹은 경제공동체 구상의 한계를 점검해보고, 변화한 남북한 관계의 현실을 고려한 새로운 경제공동체 구상을 제시하는 것을 목적으로 한다.

기존 남북 경제협력 및
경제공동체 구상의 한계

2000년대 남북경협은 양적으로 크게 확대되었고 몇몇 상징적인 사업들이 성과를 보이기도 하였지만, 그 제도적 기반은 매우 허약하였고 정치군사적 변수로부터 자유로울 수 없었다. 하지만 경색 국면에서도 남북협력 가능성을 논의하게 된 것은 과거와 비교할 때 커다란 인식의 변화라고 할 수 있다. 여기서는 남북경협을 제도, 운영, 파급효과 등의 차원에서 간략히 평가해본다.

1. 남북경협 제도

남북한은 2000년 12월 '남북 사이의 투자보장에 관한 합의서'(이하 남북투자보장합의서)를 체결하였다. 이 합의서는 2003년 7월과 8월에 각각 남한 국회 동의와 북한 최고인민회의 상임위원회 비준을 거쳐 발효되었다. 남북투자보장합의서 4조에는 상대방 투자자산 국유화 및 재산권 제한 금지, 수용 조치를 취할 경우 보상금 지급 등을 규정하고 있다. 하지만 북한은 2010년 금강산 관광지구 내 남한 정부 소유 부동산을, 2016년에는 개성공단의 남측 자산을 몰수하였다. 2019년 10월 김정은 위원장은 금강산을 방문하여 남측에 의존하는 기존 사업 방식을 비판하고 남측 시설의 철거를 직접 지시하기도 하였다. 금강산 지구의 시설 철거는 코로나19 방역 등을 이유로 2021년 현재까지 지연되고 있지만, 북측이 시설 철거에 나선다면 이를 막을 수 있는 유효한 수단은 없는 것이 현실이다. 실제로 2020년 6월 북한이 개성의 남북공동연락사무소를 폭파했을 때, 이를 제어할 수 있는 별다른 방안이 없었다. 남북 합의에도 불구하고 상대방의 재산을 일방적으로 몰수하거나 훼손하는 경우에도 이를 방지할 수 있는 근본적 해결책이 없는 것이다.

남한의 남북경협 관련 법제는 남북교류협력법, 남북협력기금법, 개성공업지구지원에 관한 법률 등으로 구성되어 있다. 남북교류협력법은 남북한 주민 접촉 및 방문, 물품 반출입, 교역 이외 문화, 관광, 체육, 의료, 학술, 경제 등 다양한 협력사업 등에 대해 규정하고 있다. 1990년 제정된 남북협력기금법은 교역 및 경협 촉진을 위한 보증, 자금융자, 손실보상을 위한 보험, 금융기관에 대한 자금 지원 등을 담고 있다. 하지만 금강산 및 개성공단 중단 조치 이후 발생한 기업들의 손실보전을 위한 경협보험제도 등은 많은 한계를 보였다. 남북 합의를 통한 투자보장 조치가 근본적 한계를 가질 수밖에 없는 현실을 고려할 때, 남북경협 재개 및 활성화를 위해서는 투자보장을 위한 남한 차원의 정책들이 보완될 필요가 있다. 남북관계의 특성상 남북경협 초기 단계 혹은 정치군사적 변수로 인한 위기 상황에 대한 정부 차원의 보장과 안전 조치가 필요한 것이 사실이다.

하지만 경협의 주체가 기업인 이상 어느 단계를 넘어서면 기업과 국가의 책임을 구분할 필요도 있을 것이다. 정치군사적 변수에 따른 것이 아닌 한 기업의 투자에 대해 국가가 무한 책임을 질 수는 없을 것이기 때문이다. 경협은 어떤 경우에도 기업의 장기적 이윤을 해쳐서는 지속가능하지 않다는 점에서 기업의 자율성과 책임성이 보다 강화될 필요성이 있다. 물론 경협 초기 단계에는 기업의 책임에 대한 논의보다는 기업의 투자에 대한 북한의 보장이 더 중요한 문제가 될 것이다. 즉 남한 기업이 북한에 투자한 재산권 보장을 위한 제도적 보완이 필요하다. 북한은 경협 관련 남북 합의 이외에 황금평-위화도, 나선 등 경제특구와 경제개발구 관련법 및 외국인 투자 관련 법규 등을 잇달아 제정하고 있다. 하지만 외국인 투자보장, 기업 경영에 대한 통제와 간섭, 분쟁해결제도 등에서 여전히 미흡한 부분이 발견된다.[1] 남북 합의를 통한 제도적 보장에 더하여 북한 국내법에서도 외국인 투자 보장을 위한 국제법적 일반 원칙들이 수용되어야 할 것이다.

2. 남북경협 추진체계 & 거버넌스

남북관계의 특성상 남북경협에는 기업 이외에 다양한 행위자들이 개입하게 된다. 특히 정부 정책의 영향이 크기 때문에 정부 정

〈그림 9-1〉 남북경협 거버넌스 및 정책 추진 구조

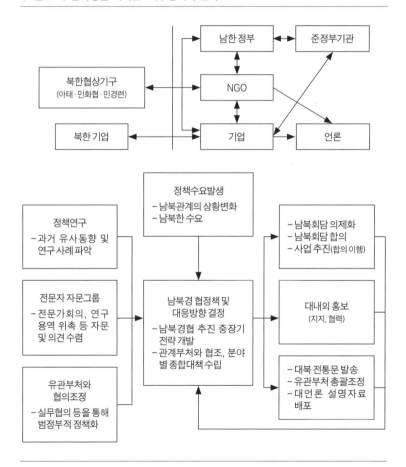

자료: 양현모·이준호(2008). 「남북 교류협력 효율화를 위한 거버넌스 모형 구축」, 서울: 통일연구원, 39-40쪽.

책 추진체계의 영향이 크다. 〈그림 9-1〉에서 볼 수 있는 것처럼 남북경협은 통일부 및 준정부기관과의 다양한 연계 속에서 이루어져 왔다. 그뿐만 아니라 남북경협 기업들은 대북 지원사업을 추진하고 있는 NGO 등과 연계되기도 한다. 특히 대북 접촉 초기 과정에서 대북사업 경험이 있는 개인이나 대북 NGO의 도움을 받아왔다. 상황이 이렇다 보니 남북경협은 기업의 자율성보다는 정부의 역할이 컸다. 또한 선발 기업이 독점적 권한을 행사하여 후발 기업의 진입장벽으로 작용하는 경우도 있었다. 또한 인도 지원에 집중하는 NGO와 기업이 연계되면서 기업활동과 무관한 북측의 지원 요청을 수용해야 하는 등의 문제도 있었다.[2]

남북관계의 특성상 향후에도 한동안 기업의 자율성보다는 정부의 역할이 더 클 것으로 예상된다. 그렇지만 남북경협 역시 순수 경협보다는 사회문화 교류 등과 병행하여 전개될 가능성이 높다는 점에서 기업 간 정보 교류와 연계, 기업과 민간 NGO 간 연계를 통한 시너지 확보 등도 보완되어야 할 것이다. 정부부문에서는 이 분야의 주무부처인 통일부가 전체적인 정책의 기획·조정 역할을 담당해왔다. 하지만 경협이 다양화·전문화되면서 각종 협의회 및 협의체들의 역할 중복과 상호 충돌이 문제로 지적되어 왔다. 남북경협에서는 정부부문의 역할이 중요할 수밖에 없기 때문에 정부 정책 네트워크 내부의 소통과 효율성 제고를 위한 노력이 요구된다.

예컨대 기존의 남북 간 경제협력 논의기구인 남북경제협력공동위원회의 양측 위원장은 부총리급이다. 이에 따라 남측 위원장은 경제부총리가 담당하였다. 하지만 남북관계 발전과 관련된 중요 사항을 심의하고 관련 기본계획을 수립하는 임무는 현행법상 통일부 장관이 위원장인 남북관계발전위원회의 권한이다. 그렇다면 남북관계 발전과 관련된 전반을 다루는 위원회의 위원장(통일부장관)과 남북관계의 일부라고 할 수 있는 경제협력을 협의하는 남북 간 위원회 위원장(경제부총리) 간 위계의 부조화가 발생할 수 있다. 물론 이 사례는 사소한 것일 수도 있으나 2018년 판문점 정상회담 개최 이후 결성된 판문점선언이행추진위원회의 경우 위원장이 대통령비서실장, 간사가 통일부 장관이었던 점 등을 고려하면 사안에 따라 정부 내 조직의 직급이 혼란스러웠다는 점은 분명해 보인다. 향후 남북 협의 기구와 남측 이행기구 간의 협력과 조화를 위해서는 사안에 따라 대응하기 보다는 사전 기획을 통해 보다 정교하게 조율·조정된 시스템이 마련되어야 할 것이다.

3. 남북경협의 운용과 파급효과

지금까지 다양한 경협사업이 추진되었지만 개성공단과 금강산 관광사업을 제외하고는 뚜렷한 상업적 성공모델을 만들어내지 못했다. 더구나 금강산 관광은 물론이고 개성공단 역시 정치·군사적 변수의 영향으로부터 자유롭지 못한 한계를 보여준 점은 대북정책의 지속가능성, 남북경협을 위한 투자환경의 안정성 등 측면에서 한계라고 할 수 있다.

개성공단 사업은 그 경제적 파급효과는 물론이고 정치적 상징성이 가미된 사업으로서 남북 간의 정치·군사적 긴장 국면에서도 남북협력의 상징으로 기능하기도 하였다. 하지만 개성공단은 최초의 취지와 다르게 폐쇄형 경제특구로 운영되면서 북한 내부 경제와의 연계성 확보에 한계를 보여주었다. 개성공단에서 생산되는 제품의 원부자재는 남측에서 공급되었으며, 개성에서 생산된 제품의 판매 역시 북한 이외의 지역에서 이루어졌다. 개성공단 제품 생산을 위한 원부자재가 북한 내부 지역에서 조달되고, 개성공단 생산품의 일부는 북한 시장에 판매되는 등 개성공단과 북한 내부 경제의 연계성이 높았었다면 하는 아쉬움이 남지 않을 수 없다.

개성공단은 한반도 경제공동체 추진 구상 실현을 위한 대표적인 사업이었음에도 불구하고, 최초 계획만큼 확대되지 못하고 1단계 수준에서 정체되었다. 최초 2,000만 평 면적에 40만 명 인구의 중소도시 규모 특구를 지향하였으나, 100만 평(3.3km²) 규모의 1단계 사업도 마무리되지 못하였으며, 입주기업은 2015년 말 현재 125개 수준을 넘지 못하였다. 2015년 12월 말 개성공단에 근무하는 북측 근로자는 약 5만 5,000여 명 수준이었는데, 북한은 이 규모의 노동력을 동원하는 데에도 어려움을 호소했다. 남북 접경 지역인 개성과 그 인근 지역 인구 규모를 고려하였을 때, 당초 규모의 특구를 건설하기 위해서는 인구 재배치 수준의 조정이 필요했으며 이는 남북관계의 획기적 발전 없이는 어려운 일이었다.

2013년 기준 개성공단 입주 기업의 58.5%(72개)가 섬유 업종이었으며, 기계금속(18.7%, 23개), 전기전자(10.6%, 13개) 순이었다. 2014년 개성공단 입주기업 대상 조사에서 개성공단 진출 배경과 동기에 대해 응답 기업인들의 약 88.9%가 양질의 저렴한 노동력 활용이라고 대답하였다.[3] 요약하면 개성공단 입주 기업의 다수는 노동집약적 산업이었으며, 개성공단에서 이들이 획득한 이윤은 대부분 저렴한 노동력에 기초한 것이었다. 남북 간의 경제력 격차와 산업발전 차이 등을 고려할 때, 이와 같은 수직적 분업은 어느 정도 불가피한 측면이 있다. 하지만 남북경협이 지향하는 경제공동체 건설이라는 측면에서는 이러한 방식이 최선인지 고민이 필요하다. 바꾸어 이야기하면 남한의 최저임금에도 미치지 못하는 낮은 임금을 지불하는 방식의 경제협력을 앞으로도 계속 추진해야 하는지에 대한 진지한 검토가 있어야 할 것이다.

금강산 관광 역시 폐쇄형 경제특구라는 점에서 개성공단과 크게 다르지 않았다. 관광은 특정 지역을 벗어나지 못하였고, 남북한 주민들 간의 교류는 제대로 이루어지지 못하였다. 내금강으로의 대상 지역 확대, 개별 관광 등 프로그램 다변화가 시도되었지만, 폐쇄형 경제특구라는 속성은 변화하지 않았다.

금강산 관광은 북측 군인에 의한 남측 관광객 피격 사망 사건으로 중단되었다. 군사분계선 이북 지역에서 발생한 사건을 조사·해결하는 과정에서 남북의 이견이 해소되지 않았다. 하지만 향후에도 남측 인력이 북측 지역에 근무하는 상황에서의 사건·사고는 언제든지 발생할 수 있다는 점에서, 군사분계선 상대편 지역에서 발생하는 사건·사고 해결을 위한 제도적 보완도 시급하다.

03

····

남북관계의 변화와
신한반도 경제공동체

1. 북핵 문제의 심화와 강화된 대북제재

1990년대 초반 제1차 북핵위기가 대두된 이래, 핵 문제 해결을 위한 다양한 시도가 있었다. 양자회담과 다자회담, 포용정책과 강압정책 등이 번갈아 사용되었지만, 북한의 핵능력은 지속적으로 확대되었으며 급기야 2017년 11월 북한은 국가 핵능력 완성을 선언하기에 이르렀다. 지금까지 북한은 6번의 핵실험과 수백 차례의 발사체 시험을 강행하였다. 이 과정에서 UN 등 국제사회는 대북제재 결의안을 채택하였으며, 미국·일본 등 일부 국가들은 양자 간 대북제재를 실시하기도 하였다. 특히 북한의 핵능력이 지속적으로 심화되고, 미사일 능력 역시 미국 본토를 직접 타격할 수 있는 대륙간

〈표 9-1〉 UN 대북제재 결의안 주요 내용

구분		주요 제재 내용
계기	결의안	
4차 핵실험 (2016. 1. 6)	2270호 (2016. 3. 2)	- 석탄·철·철광 수출 제한, 금·희토류 등 광물수출 금지 - 항공유 판매·공급 금지 - 북한행·북한발 화물 전수조사 - 금지품목 적재 의심 항공기 이착륙, 제재 대상 선박 입항금지 - 원양해운관리회사(OMM) 소속 선박 자산 동결 - 북한은행의 해외지점 개설 금지
5차 핵실험 (2016. 9. 9)	2321호 (2016. 11. 30)	- 석탄수출 상한제 - 북한인 수화물, 철도 및 도로 화물 검색 의무화 - 아연·은·동·니켈 조형물 금수 - UN 회원국 금융기관의 북한 내 활동 금지 및 기존 사무소 계좌 폐쇄 - 대북무역과 관련된 금융 지원 금지
장거리 미사일 시험 (2017. 7. 4 & 7. 28)	2371호 (2017. 8. 5)	- 북한 철·철광석·석탄·납·납광석·해산물 전면 금수 - 북한 해외노동자 수 동결 - 신규 북한과의 합영·합작 금지 - 제재 선박을 대북제재위원회가 지정하고 회원국은 대상선박 입항 불허 - 일반회사 금융서비스의 제공 불가, 대금정산 금지 - 제재대상자와 관련하여 인터폴에 특별공지 발부 요청
6차 핵실험 (2017. 9. 3)	2375호 (2017. 9. 11)	- 북한산 섬유 금수 - 북한 해외 노동자의 신규 노동허가 금지, 계약 만료시 연장 금지 - 신규 기존 북한과의 합영·합작 금지 - 대북 유류 공급 제한: 원유 공급 현 수준 동결, 정제유 공급 연 200만 배럴 상한, 액화천연가스 및 콘덴세이트 공급 금지 - 공해상에서의 선박 검색을 거부할 경우 대북제재위원회가 등록 취소 지정
장거리 미사일 시험 (2017. 11. 29)	2397호 (2017. 12. 22)	- 대북 유류 공급 제한 강화: 연간 원유 공급 400만 배럴, 정제유 공급 40만 배럴 제한 - 북한산 농산품, 기계류, 식료품, 전기기기, 선박, 목재류, 토석류 수출 금지 - 조업권 거래 금지를 북한산 수산물 수출 금지에 포함 - 산업용 기계류, 철강 및 여타 금속류, 운송수단 대북 수출 금지 - 북한의 해외 노동자 24개월 이내 송환 - 해상차단 강화: 금지행위에 연루된 선박이 회원국에 입항할 경우 나포·검색·동결 의무화, 회원국 영해 내에서 금지행위에 연루된 선박에 대한 나포·검색·동결 권한 부여, 모든 선박의 대북 이전 금지 - 개인 16명, 단체 1곳 등 제대 대상 추가

자료: 남북교류협력지원협회·전략물자관리원(2018). 「대북제재 참고자료집 4.0: 유엔 안보리 결의 2397호 및 미국 독자제재 등」, 12-13쪽 내용을 기초로 재정리.

탄도탄급에 이르면서 국제사회의 대북제재 수위도 극적으로 높아졌다. 2016년 이전의 대북제재는 핵미사일 개발과 관련이 있는 개인이나 단체에 대한 표적 제재였지만 2016년 이후의 대북제재는 북한 일반 국민들에게까지 영향을 미칠 수 있는 포괄적 제재로 변화되었다. 북한의 주요 수출품인 광물, 수산물, 해외파견 노동자 등에 대한 제한을 비롯하여 연간 원유 수입량을 제한하는 것 등이 대표적이다.

문제는 강화된 국제제재로 인해 남북 간에 실질적인 경제협력이 사실상 불가능하다는 점이다. 2018년 이후 한반도 평화 프로세스 진전에 맞추어 남북 간 다양한 분야에서의 협력에 대한 합의가 이루어졌다. 이 같은 합의에도 불구하고 실질적인 남북경협이 이루어지지 못한 것은 결국 대북제재의 틀을 벗어날 수 없었기 때문이다. 남북 정상들 간에 맺은 4·27 판문점선언과 9·19 평양공동선언은 남북경협과 관련하여 많은 내용을 담고 있지만, 그 대부분은 북핵 문제의 진전을 전제한 조건부 합의였다. 즉 대북제재가 현재와 같은 수위를 유지한다면 의미 있는 남북경협은 사실상 불가능한 것이 현실이다.

2. 2018년 이후 한반도 평화 프로세스의 진전과 한계

2018 평창 동계올림픽을 계기로 한반도 주변 정세는 빠르게 변화하였다. 2018년에만 남북 간 3번의 정상회담이 개최되었고, 최초의 북·미 정상회담이 개최되었다. 이외에도 북·중 정상회담을 비

롯하여 다양한 연쇄 정상회담이 이루어지면서 북핵 문제 및 한반도 평화와 관련된 획기적 진전이 기대되었다. 2019년 신년사에서 김정은은 남북관계가 새로운 단계에 들어섰다면서 개성공단과 금강산 관광의 조건 없는 재개를 제안하기도 하였다. 하지만 2019년 2월 말 개최된 하노이 북·미 정상회담이 결렬되면서 북핵 문제의 진전은 이루어지지 못했고, 남북관계 역시 경색 국면을 벗어나지 못하고 있다. 하노이에서 북한은 영변 핵시설을 폐기하는 대신, 2016년 이후 북한에 가해진 주요 경제제재의 해제를 요구하였다. 하지만 미국은 이 요구를 거절하였으며, 핵무기는 물론이고 대량살상무기 전반의 폐기를 제안한 것으로 알려지고 있다. 하노이 노딜 이후 북한의 김정은 위원장은 더 이상 제재 해제 따위에 매달리지 않겠다며, 이른바 안보–안보 교환으로 협상 프레임을 전환하였다.

결국 북핵 협상이 별다른 진전을 보이지 못하면서 대북제재는 일부 예외를 제외하고는 기존의 수위를 유지하고 있다. 그사이 한미 간에는 워킹그룹이 설치되어 남북관계 발전과 관련된 내용을 협의하였는데, 이 과정에서 한미 간 이견이 표출되기도 하였다. 예컨대 타미플루와 같은 의약품 지원 문제에 있어서까지 미국 측이 운송수단을 문제 삼은 점이 논란이 되기도 하였다. 2020년 이후 코로나19가 전 세계를 위협하면서 한국은 대북제재의 틀을 벗어날 수 있는 보건의료 분야 남북협력 등을 지속적으로 제안해왔다. 하지만 북한은 이를 '비본질적 문제'로 치부하고, 전략자산 반입 및 한미연합군사훈련 중단을 요구하고 있다.

3. 새로운 경제공동체 구상의 필요성

향후 한동안 남북경협을 좌우하는 핵심 변수는 대북제재가 될 수밖에 없다. 유엔 등 국제사회의 제재는 물론이고 북한과 거래하는 제3자에 대한 이른바 세컨더리 보이콧이 가능한 미국의 제재도 존재한다. 대북제재의 완화·해제는 결국 북핵 문제의 진전 및 북·미 협상의 결과에 달려 있다. 문제는 북핵 문제의 진전에 상당한 시간이 필요할 것이며, 대북제재의 완화나 해제 역시 이에 연동될 것이라는 점이다. 우선 미국은 북한의 의미 있는 비핵화 조치가 이루어지기 전에 제재를 완화하는 것에 매우 소극적이다. 또한 미국은 한 번 내려진 제재 조치에 대해 영구적 종료나 폐기보다는 일시적 면제나 잠정 중단을 선호해왔다는 점에도 주목할 필요가 있다. 즉 북핵 문제의 진전을 위해 일시적으로 제재를 완화할 수 있지만, 약속한 진전이 이루어지지 않는다면 다시 제재를 복구하거나, 심지어 더 강화된 제재가 부과될 수도 있다. 북핵 문제의 진전에 대북제재 수위가 연동된다는 점은 남북 경제협력 여건 역시 호전과 악화를 반복할 수 있다는 것을 의미하며, 과거 남북관계의 변화 역사를 고려할 때 이는 얼마든지 예상 가능한 문제이다.

이처럼 남북경협 추진을 위한 여건은 과거에 비해 크게 악화되었으며, 향후에도 한동안 개선을 기대하기 어려운 측면이 있는 것이 사실이다. 따라서 새로운 남북 경제공동체 구상은 현재의 여건을 반영할 필요가 있다. 다만 현재의 여건이 좋지 않다고 해서 한반도 경제공동체의 비전이 위축되어서는 안 될 것이다. 한편으로는 변화된 여건을 반영한 현실적 방안을 제시하되, 다른 한편으로는 한반도의 미래 비전을 포함한 것이 되어야 한다. 즉 경제공동체 구상 실현의 현실성과 지속가능성, 그리고 한반도 평화 증진과의 연관성 등을 고려한 것이 되어야 할 것이다.

04
....

다층 복합적 남북 경제협력 구상

기존 남북관계의 핵심 주체는 중앙정부였다. 물론 경제협력에 있어서 기업의 참여가 이루어졌지만, 그 과정에서 정부의 역할이 두드러졌던 것이 현실이다. 하지만 남북관계의 특성상 정부는 정치군사적 이슈에 민감하게 반응할 수밖에 없었고, 그 결과 남북 경제협력 자체가 정치군사적 변수의 영향에서 벗어날 수 없었다. 물론 한반도의 현실을 고려할 때 이러한 상황이 단기간에 극복되지는 못할 것이다. 하지만 정치군사적 변수의 영향을 최소화할 수 있는 방안의 마련이 필요하다.

따라서 신한반도 경제공동체는 첫째, 협력 이슈의 다변화 및 이슈 간 연계를 지향한다. 향후 남북 경제협력은 남북관계 전반의 개선과 병행하여 재개될 수밖에 없다. 따라서 다양한 사회문화 교류와 함께 경협의 진전이 병행될 가능성이 높다. 따라서 이슈 간 연계를 통해 사업의 성사가능성은 물론이고 지속가능성을 제고할 필요가 있다. 둘째, 남북협력 주체의 다양화를 지향한다. 물론 정부의 역할은 앞으로도 중요하겠지만, 중앙정부 이외에 기업, 지자체, NGO 등 다양한 비정부 주체의 참여를 적극 수용한다. 비정부 주체는 중앙정부와 달리 정치군사적 변수로부터 상대적으로 자유로우며, 정책의 수립 및 집행에 있어 융통성이 크다. 셋째, 남북협력과 국제협력의 연계를 지향한다. 신한반도 경제공동체는 그 범위를 한반도라는 지리적 공간에 한정해서는 안 될 것이다. 남북협력이 본격화되는 상황에서의 경제협력은 남북 간 교류에 그치는 것이 아니라 주변국은 물론 세계와의 소통 속에서 이루어져야 하기 때문이다.

1. 남북협력 이슈의 다변화 & 이슈 간 연계

한반도 경제공동체를 위한 남북협력의 범위를 경제협력으로 국한하기보다는 다양한 협력 이슈로 확대할 필요가 있다. 물론 경제공동체 실현을 위해서는 경제협력이 핵심 사업이 될 수밖에 없지만, 대북제재의 현실을 고려할 때 남북경협의 범주를 보다 확대하여 인식할 필요가 있다. 예컨대 코로나19와 같은 감염병 위기 상황에서의 보건의료 분야 협력사업을 생각해볼 수 있다. 아마도 초기단계의 협력 사업은 진단키트나 개인 위생용품 등의 지원에서 시작하여 백신과 치료제 제공 등 인도적 협력사업이 될 것이다. 하지만 코로나19는 남북이 함께 직면하고 있는 다양한 초국경 질병 및 감염병 가운데 하나의 사례에 불과하다. 따라서 코로나19를 계기로 남북 간 협력이 이루어진다면 초기 물품지원사업에서 감염병 대응 전반의 협력사업으로 다시 보건의료 관련 경제협력사업으로 확대될 수 있는 여지가 충분하다.

지금까지의 남북 교류는 실질적으로는 인도지원사업의 성격이 강했다. 하지만 북한은 이제 인도 지원이 아니라 유무상통에 기초한 협력사업으로의 전환을 요구하고 있다. 2019년 10월 금강산지구를 방문한 김정은 위원장이 남측에 의존하는 과거의 사업 행태를 비판한 것도 이러한 맥락으로 해석이 가능하다. 남북협력사업에 대한 북한의 입장이 이렇게 변화하였다면, 인도지원사업은 필요한 곳에 필요한 만큼 지원하는 등 최소한으로 규모를 축소하고 진정한 남북협력사업에 초점을 맞출 필요가 있다.

다만 대북제재로 인해 본격적인 경제협력사업 추진이 어렵다는 점에서 초기에는 개별 관광 등 제재 대상이 아닌 부문에서의 협력에 관심을 가질 필요가 있다. 또한 남북이 이미 추진하기로 합의한 분야의 협력사업에 우선순위를 둘 필요가 있다. 이는 남북 합의에 대한 존중이자 약속이 지켜지는 남북관계 수립을 위한 기본이기 때문이다. 남북이 하나의 경제공동체를 만들기 위해서는 약속이 지켜지는 관계를 필수적으로 구축해야 한다.

나아가 대북제재의 완화·해제 단계에 맞추어 남북이 재개하기로 합의한 개성공단·금강산관광은 물론이고, 서해경제공동특구와 동해관광공동특구 조성 등에도 적극적으로 나설 필요가 있다. 그런데 남북이 개성과 금강산은 물론이고 서해와 동해에서 특구사업을 추진할 수 있는 상황이라면, 이외의 다양한 협력사업 추진이 충분히 가능할 것이라는 점에도 주목해야 한다. 즉 남북 간의 기존 합의 이행도 중요하지만, 그 합의가 이행될 수 있는 상황에 더 주목하여 남북경제협력의 범위를 접경을 벗어나 북한 내부로 확대시켜 나가야 한다. 또한 특구 중심의 폐쇄된 협력사업을 벗어나 남북 간의 산업적 연계, 지역 간 협력 등으로 확대·심화시킬 필요가 있다. 따라서 초기 단계에서는 경협 이외 사업과의 연계를 통해 경제협력 가능성을 끊임없이 타진하면서, 남북 합의 이행을 병행하여 상호신뢰를 구축할 필요가 있다. 이 과정에서 북핵과 남북관계의 진전이 이루어진다면, 기존 합의의 틀을 넘어서는 담대한 구상을 추진해야 할 것이다.

2. 남북협력 주체의 다양화

앞에서 이슈의 다변화 및 이슈 간 연계를 신한반도 경제공동체 구상의 첫 과제로 제시하였다. 이를 위해서는 남북협력의 주체를 중앙정부나 기업 등으로 제한하기보다는 지자체와 NGO, 국제기구, 개인 등으로 확대할 필요가 있다. 비정부 주체의 경우 정치군사적 변수로부터 상대적으로 자유롭기 때문에 정책 융통성이 높은 특징을 가진다. 따라서 국제사회의 대북제재 등 다양한 장애요인이 존재하는 상황에서는 대북 접근이 더 용이할 수 있다. 특히 남북협력의 이슈를 다양화하기 위해서는 다양한 주체의 참여가 더욱 필요할 것이다. '다층 복합적 남북 교류'는 정부가 주도하고 비정부 주체가 보조적인 역할을 수행하던 기존 방식을 뒤집는 남북협력·남북

경협을 지향한다. 즉 기업이 남북경제협력을 주도하고, 정부는 기업활동이 원활하게 이루어질 수 있도록 제도적 뒷받침을 제공하는 것이다.

나아가 경협과 사회문화 교류 등이 연계되는 이슈 다변화가 시도된다면, 경협 관련 주체의 범위는 기업 이외에도 NGO, 종교단체, 사회문화단체 및 국제기구나 국제 NGO 등으로 확대될 수 있다. 그럼에도 경제협력의 핵심 주체는 결국 기업이 될 수밖에 없으며, 기업의 장기 이윤을 해치는 방식의 경협은 성공할 수 없을 것이다. 다만 다양한 주체가 참여한다면, 남북협력 주체들 간의 정보 교환이나 상황 공유 등이 원활하지 않을 가능성이 높다. 특히 경협 초기 단계에서 비정부 주체들은 북측 파트너의 선정이나 대북 정보 획득 등에서 많은 어려움을 겪게 될 것이다. 따라서 공공은 대북 정보는 물론이고 큰 그림에서의 남북경협 활성화를 위한 정책적 지원을 제공할 필요가 있다.

3. 남북협력과 국제협력의 연계

신한반도 경제공동체는 협력 이슈나 공간에 있어서도 남북의 범위를 넘어 세계를 지향한다. 또한 참여의 범위에 있어서도 제3자에 개방을 원칙으로 한다. 과거 개성공단 국제화 구상에서 볼 수 있었던 것처럼, 지금까지의 남북경협과 관련된 구상에서 이른바 '국제화'는 남북이 주도하는 경제협력사업에 제3국 기업을 참여시키는 것을 의미했다. 이를 통해 북한이 일방적으로 사업을 철회하거나,

기업들의 재산권을 침해하지 못하게 하려는 것이었다. 아마도 향후 한동안 이러한 차원의 경협 국제화 구상의 유용성은 유지될 것이다. 하지만 동시에 전혀 다른 상황이 발생할 수 있음에도 유념할 필요가 있다. 예컨대 본격적인 남북경협이 가능하다는 것은 대북제재의 상당 부문이 제거된 상태를 의미한다. 이러한 상황에서 다양한 경협이 이루어진다면 북한이 남한과만 교류를 하려고 하지는 않을 것이다. 즉 서방 자본은 물론이고 중국이나 일본 등 주변국과의 경협사업도 본격화될 것이라고 보는 것이 정확할 것이다.

 남북 간 인프라 연결사업의 경우도 마찬가지다. 남북 경제공동체 실현을 위해서는 남북 간의 인프라 연결이 매우 중요하다. 실제로 남북은 도로·철도 연결을 비롯한 남북 간 인프라 연결에 대해 합의한 바 있다. 이 역시 대북제재 등으로 진전을 보이지 못하고 있지만, 남북경협 재개 시 사업 추진이 반드시 필요한 분야이다. 다만 과거의 인프라 연결 구상이 남북 간의 인프라 연결에 더 초점을 두었다면, 향후 남북경협 재개 국면에서의 인프라 연결은 남북을 넘어 대륙과의 육상 인프라 연계에 초점을 둘 필요가 있다. 예컨대 중국과의 철도·도로망 연계가 이루어지고, 러시아와의 에너지망 연계가 이루어진다면 이는 북한은 물론 우리에게도 큰 이익이 될 것이다. 또한 중국과 러시아의 참여를 통해 남북경협의 안정성과 지속가능성을 크게 제고시킬 수 있을 것이다. 그뿐만 아니라 중국, 러시아 등 제3국 자본과의 협력을 통해 우리의 부담을 경감시킬 수도 있을 것이다. 다만 자칫 남북경협에 있어 한국의 주도권을 상실할 위험이 존재한다는 점을 기억해야 할 것이다.

4. 신한반도 경제공동체 구상의 핵심 공간: 메가리전(Mega Region)

신한반도 경제공동체의 공간은 특정 지역에 한정되지 않는다. 이는 남북 간 협력은 물론이고 국제적 협력을 지향하기 때문이다. 향후 남북경협은 한반도라는 지역적 범위에 한정되기보다는 대륙과의 육상 연계에 기반한 글로벌 협력 차원에서 전개될 가능성이 높다. 그럼에도 통일 시대 신한반도 경제공동체 구상이 구현되는 핵심적 공간은 남북한의 수도인 서울과 평양 사이의 지역이 될 것이다.

4·27 판문점선언과 9·19 평양공동선언 등에서 남북한 정상은 다양한 남북협력사업에 합의한 바 있다. 이 가운데 경협 관련 핵심 합의는 개성공단 및 금강산 관광 재개, 그리고 서해와 동해 공동특구 추진 등이었다. 남북이 합의한 특구사업이 추진될 수 있는 상황이라면 특구 이외의 다양한 경협도 가능할 것이다. 왜냐하면 남북경협을 제한하는 대북제재의 대부분이 해제되거나 예외를 인정받은 상황일 것이기 때문이다. 그런 상황에서의 경협은 기존의 남북합의를 넘어서는 단계로의 발전을 시도해야 한다. 이 가운데 최우선 과제는 아시아 대륙과의 물류 및 에너지 인프라 연계가 될 것이다. 이는 분단 이후 수십 년 동안 섬나라 아닌 섬나라로 지내온 고립을 벗어나, 대륙과의 육상 연계가 이루어진다는 것을 의미한다. 대륙과 물류 및 에너지 망이 연계되면 대륙 연계의 시발점이자 종착역은 서울과 수도권이 될 가능성이 높다. 현재는 물론 향후에도 한동안 한반도의 경제·사회·문화 중심지는 서울과 수도권일 것이

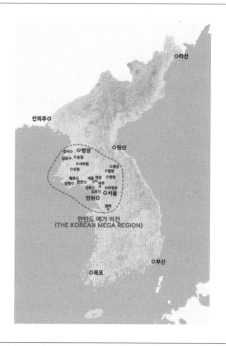

자료: 이정훈 외(2020).「한반도 메가리전 발전구상」, 수원: 경기연구원, 97쪽.

기 때문이다.

하지만 물류나 에너지 인프라를 건설할 배후지가 부족한 서울의 현실을 고려한다면, 현재의 경기북부 지역이 대륙과 서울을 연결하는 관문이 될 가능성이 높다. 또한 지금까지 남북 분단으로 인해 개발과 발전이 유보된 접경지역은 새로운 성장의 기반이자, 냉전적 갈등이 평화적 협력으로 전환되는 역사의 현장으로 변모할 것이다. 나아가 남북 접경에 경제특구가 개설되고, 진정한 남북 교류가 확대·심화된다면 현재 북한의 핵심 지역인 평양에서부터 접경지역까지의 공간 역시 변화의 중심에 서게 될 것이다. 이렇게 된다면 평양 이남, 서울 이북의 한반도 서쪽 평양 지대가 통일 시대 한반도의 핵심 경제권으로 변화하게 될 것이다. 이 지역에서의 남북협력이 본격화되고, 이 지역에서의 경제협력이 국제적 협력으로 확대된다면 신한반도 경제공동체를 통해 남북한은 되돌릴 수 없는 협력의 단계를 넘어설 수 있을 것이다. 분단 이후 현재까지 현대사에서 가장 치열한 군사적 대립의 공간이었던 지역이, 도쿄·베이징·상하이 등 동아시아 주요 대도시권은 물론이고 뉴욕·런던·파리 등 세계적 대도시권과 어깨를 나란히 하는 새로운 성장의 중심으로 변모하게 될 것이다.

현재의 한반도 현실을 고려했을 때, 이 같은 비전은 다소 많이 나간 듯이 느껴지기도 하지만 새로운 한반도 경제공동체의 지평을 군사분계선 이남에 가두어둘 수는 없다. 오히려 이와 같은 미래 비전을 적극적으로 제시하여 북한의 변화를 추동할 필요가 있다. 신한반도 경제공동체는 과거와 같은 일방적 지원이나 남북만의 닫힌 협력을 지양한다. 남북을 넘어 세계와 연결된 열린 체제로의 전환을 지원하고 기대한다. 즉 세계와 연결된 남북경협을 통해 북한이 글로벌 스탠더드를 수용할 수 있도록 지원해야 할 것이다. 이러한 방식의 협력을 통해 남북경협이 주변국은 물론 세계 평화와 번영에 긍정적으로 기여할 것이라는 기대를 만들어나가야 한다. 주변국들과 함께하는 남북경협은 주변국들이 기꺼이 남북협력과 통일에 찬성할 수 있는 분위기 조성에 기여할 것이다.

05
····

맺음말: 한반도 평화 프로세스와
경제공동체 구상

하노이 노딜 이후 북한의 강경해진 대남 입장을 고려할 때, 남북 경제공동체 구상의 실현이 요원해 보이는 것이 사실이다. 여기에 더해 북핵 문제 심화에 따른 대북제재의 현실을 생각한다면, 남북 경제공동체 실현을 위한 경제협력의 추진 자체가 불가능한 것이 현실이다. 하지만 조금 긴 안목에서 바라본다면 남북 간의 부침은 전혀 새로운 일이 아니다. 오히려 남북 간의 현실이 어렵기 때문에 역설적으로 남북 경제공동체 구상 실현이 더 절실해 보인다.

남북 경제협력의 확대를 위해서는 한반도 평화 프로세스의 진전이 이루어져야 한다. 반면 한반도 평화 프로세스의 진전을 위해서는 남북 경제협력을 통한 경제공동체 건설이 병행될 필요가 있다. 남북 공동의 이익 창출 경험을 축적함으로써 남북이 서로의 필요성을 인식할 때 진정한 평화 구축으로의 진전이 용이해질 것이기 때문이다.

신한반도 경제공동체는 기본적으로 우리 정부의 공식 통일방안인 '민족공동체통일방안'의 논리를 수용한다는 점에서 과거 경제협력 방식과 공통점을 가진다. 하지만 경제협력 이슈의 다변화 및 이슈 간 연계 지향성, 경제협력 주체의 다양화, 남북협력과 국제협력의 연계 등에서 차별성을 가진다. 이러한 변화는 남북경협 환경의 변화를 수용한 결과이다. 즉 초기 단계에서 본격적 경협이 이루어지기 어려운 현실을 반영하여 사업의 성사 가능성에 초점을 둘 필요가 있다. 경제협력과 사회문화 교류의 연계는 물론이고 다양한 이슈에서의 협력사업 추진 병행을 통해 성사 가능성을 제고할 필요가 있을 것이다. 이를 위해서는 사업 추진 주체를 다양한 비정부 주체로 확대하여야 한다. 또한 협력의 범위를 남북 간에 한정하기보다는 대외적으로 크게 확대할 필요가 있다.

결국 신한반도 경제공동체의 핵심 내용은 주체와 이슈, 협력 범위의 다양화, 다변화에 기초한 '다층 복합적 경제공동체'이다. 기존의 중앙정부 중심적 논의에서 벗어난 다원적·분권적 접근 방식이다. 새로운 경제공동체 접근 방법은 한반도 평화 프로세스와의 연관성 속에서 더 큰 의미를 가질 것이다. 경제공동체는 그 자체도 중요하지만 통일 지향성, 평화 기여도, 상호 이익 등 다양한 측면에서 남북관계 개선과 통합에 기여할 것이기 때문이다.

제10장

남북한 사회통합과 통합비용

황재준(세종연구소 객원연구위원)

01
....

사회통합이란 무엇인가?

1. '통일'과 '통합'의 차이

분단된 한반도의 통일은 다가올 미래이지만 그 실현은 매우 어려운 과정의 연속일 수밖에 없다. 남북 앞에는 분단된 시간의 깊이만큼 서로 맞춰나가야 할 무수히 많은 퍼즐이 놓여 있다.

흔히 국가와 민족 단위의 '통일' 내지 '통합'은 유사한 의미로 혼용되기도 하지만, 엄밀한 의미에서 '통일'과 '통합'은 현상적으로는 물론 내용적인 측면에서도 일정한 차이가 있다. 예컨대 제도적 '통일'이 이뤄졌다고 하더라도 궁극적으로 통일은 사람과 사람의 '통합'이라는 점에서 통일이 곧바로 남북 주민 모두의 '통합'으로 이어진다는 보장은 없기 때문이다. 그런 점에서 '통일'과 '통합'을 구분하여 이해하는 것이 중요하다.

우리에게 '통일'은 하나의 민족이 하나의 주권을 가지는 민주적 실체가 되는 것을 의미하지만, 이를 좀 더 이해하기 쉽게 설명하자면 정치, 경제 등 제도의 통합은 물론 문화와 의식의 통합을 통해 삶을 영위하는 생활공간에서 서로 어우러져 융합될 수 있는 상태가 되어야 진정한 '통일'이 이뤄졌다고 할 수 있다. 이렇게 본다면 통합은 '과정'이며, 통일은 '결과'라고 단순화시켜 이해할 수도 있을 것이다.

그러나 반드시 '통합=과정', '통일=결과'를 의미하는 것이 아닐 수도 있다. 예멘의 통일 사례만 보더라도 그렇다. 예멘은 남북으로 분리되었다가 독일 통일보다 4개월 앞서 1990년 5월에 통일을 이뤘지만, 다시 내전으로 통일된 지 4년 만인 1994년에 공식적으로 분리 성명을 발표하고 현재까지도 잦은 내전이 이어지고 있다. 예멘 통일과 비슷한 시기에 전격적으로 이루어진 독일의 통일도 마찬가지다. 예멘과 달리 제2차 세계대전 후 동독과 서독으로 분리된 독일이 1990년 10월 3일에 통일을 달성하고 정치적·경제적 통합을 성공적으로 이루어냈지만 동·서독민들의 화합과 통합은 2021년 현재에도 여전히 진행형이라는 점은 우리에게 시사하는 바가 매우 크다.

2. 다시 '통일'에서 '통합'으로

남북으로 분단된 한반도의 현실도 이와 다르지 않다. 남북 양측은 분단 이후 상대방에 통일방안을 제시하면서 통일을 모색해왔다

(남북한의 통일방안에 대해서는 제8장을 참조). 남북이 통일방안 사이의 접점을 찾은 것은 2000년 남북 정상회담이었다. 남북 정상은 이 회담을 통해 '6·15 공동선언'을 이끌어냈다. 이 선언 제2항을 통해 남북 정상이 합의한 '연합제 안과 낮은 단계의 연방제 안'의 공통성 인정은 통일의 단계적 접근의 필요성에 대해 상호 인식을 공유했다는 점에서 의의가 있다. 요컨대 '통일' 방안에서 '통합'의 접점을 찾는데 인식을 같이한다는 점을 명확히 한 것이다.

남북 정상 간의 이러한 인식의 공유는 이른바 냉전체제의 종식과 맞물려 진행된 독일 통일과 통일 이후 동·서독 주민들이 하나로 통합되는 길고 긴 과정을 통해 얻은 교훈도 적지 않게 작용한 것이라고 할 수 있다. 동·서독 주민들이 분단 이전까지 공유한 역사, 문화, 언어의 동질성에도 불구하고 통일 이후 동독 주민들의 적응과 서독 주민과의 화합은 상당한 진통과 시행착오가 뒤따랐다는 점은 다가올 미래의 통일을 그리는 우리가 반드시 놓치지 말아야 중요한 교훈이다.

한반도에서 통일의 후유증과 이로 인해 촉발될 사회 혼란을 최소화하기 위해서는 통일에 대한 구체적 대비가 필요하다. 분단된 한반도를 다시 하나로 통일하는 것도 중요하지만 정작 이 과정에서 진정으로 하나가 되는 것은 '사람'이라는 것을 올바로 인식하고, 이에 대한 진지한 고민과 구체적 해법에 관한 사회적 합의를 이끌어내는 것이 요구되는 것이다. 이렇게 볼 때 '통합'은 '통일'에 선행하는 동시에 통일 이후에도 지속되어야 하는 과정의 성격을 지닌다(윤인진, 2001: 204-205).

3. '통합'의 다양한 시각과 '사회통합'의 방향

통합을 경제통합, 사회통합 및 정치통합으로 분류하고, 이 중 정치통합이 가장 달성하기 어렵고 또 그 결과에 따른 영향이 가장 크고 중요하다고 주장하는 견해도 있다(Nye, 1971). 이런 견해는 유럽 중심주의적 사고와도 밀접한 연관이 있다. 왜냐하면 유럽의 국가 간의 통합을 모색하는 과정에서 단위 국가 간의 갈등 해소와 융합을 통해 통합을 이끌어내는 것은 제도적 통합을 통해 공동체를 구성하는 권위를 형성하는 것이 무엇보다도 중요한 요소였기 때문이었다. 이와 같은 관점이 하스(Hass, 1958)의 신기능주의적 통합이론, 에치오니(Etzioni, 1965)의 연방주의적 관점 등과도 그 맥을 같이하는 이유도 이 때문이다.

그러나 다른 체제의 국가 간 통일을 이루는 데 정치통합의 중요성은 두말할 나위 없지만, 문제는 통일을 어떻게 달성하느냐 못지않게 통일 후에 얼마나 그 후유증을 최소화할 것인지도 결코 가볍거나 쉬운 문제는 아니다. 우리가 통합을 문화 및 사회적으로 분리된 집단을 하나의 영토적 단위로 결합하고 국민적 정체성을 확립시키는 과정으로 본다면,(Weiner, 1966) 사회통합을 이해하는 데 훨씬 수월할 것이다. 이에 기초해보면 사회통합은 결국 통일 이전에 사회적으로 분리된 집단들을 결합하는 과정이고, 이는 통일 이후는 물론이고 통일 이전에도 진행되어야 할 필수적 과정이라는 인식을 공유할 수 있을 것이다.

그렇다면 다시 분단된 우리의 현실에 눈을 돌려보자. 우리 사회에서 남북 통합의 문제가 먼 미래의 문제가 아니라 당면한 현실이

〈그림 10-1〉 북한이탈주민 입국 현황(2006~2018년)

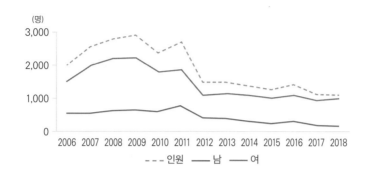

자료: 통일부

라는 점을 가장 확실히 알 수 있는 것은 북한이탈주민들의 급격한 증가와 이들의 사회 정착과 적응의 문제를 들 수 있다.

북한이탈주민의 국내 입국자 수는 1998년 이전까지 총 947명에 불과했지만, 2000년대를 넘어서면서 꾸준히 증가하여 2016년 11월을 기점으로 총 3만 명을 넘어섰다. 북한의 인구를 대략 2,500만 명이라고 추산할 때, 약 0.12%의 북한 주민이 분단된 상태에서 이미 우리와 함께 생활을 영위하고 있다(《그림 10-1》 참조). 또한 북한이탈주민을 국내 입국 당시 연령대별로 살펴보면 영유아가 50세 이상의 장년층보다 많고, 주로 20~30대가 차지하는 비중이 높으며, 여성이 남성보다 거의 2.5배 이상 많음을 알 수 있다(《그림 10-2》 참조).

이와 같은 객관적 자료를 통해 알 수 있는 것은 사회통합의 관점에서 북한이탈주민들의 사회 정착과 적응을 각 연령대 및 성별 맞춤형 프로그램으로 접근해야 하며, 정착과 적응을 상호 별개의 문제가 아니라 종합적으로 고려해야 한다는 점이다. 아울러 남북의

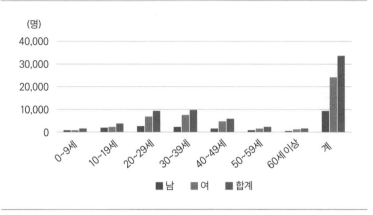

〈그림 10-2〉 북한이탈주민 연령대별 입국 현황(2020년 3월 기준)

자료: 통일부

사회통합은 통일 이후의 과제가 아니라 바로 지금 우리가 풀어야
할 당면한 과제라는 점이다.

　남북의 사회통합은 통일 이후 단일 국가 내에서의 사회통합의 문
제에만 국한된 것이 아니라 오랜 기간 분단된 채 살아온 남북 주민
간의 가치와 의식구조의 극복은 물론 북한이탈주민들이 우리 사회
에서 경제 및 사회적 차원에서의 적응력을 확보하는 데에도 초점을
맞춰야 하는 다차원적인 접근이 요구된다.

남북 사회통합은
어떻게 이루어갈 것인가?

1. 북한이탈주민 '끌어안기'

우리가 국내 입국한 북한이탈주민들을 안정적인 삶을 영위하도록 조력하는 것은 통일 이후 본격적인 사회통합의 엄청난 자산이 될 것이 분명하지만, 이것이 곧 통일 이후 본격적인 사회통합의 성공적인 완수를 담보하는 것은 아니다. 엄밀한 의미에서 국내 입국한 북한이탈주민들의 사회 적응과 통일 후 본격적인 남북 주민 간의 사회통합은 그 규모는 물론이고 일련의 여러 핵심적인 통합 노력과 맞물리면서 매우 긴박하고 복잡하게 진행될 것이 분명하기 때문이다.

통일독일의 경험을 봐도 그러하다. 동서독의 통일 이전까지 동독

이탈주민들의 서독 이주는 동독 정부로부터 합법적인 승인을 받아 이주하는 예도 있었지만 많은 경우에는 정치적 억압과 비판적 세력에 대한 탄압, 계획경제에 따른 반감 등 주로 정치·경제적인 배경이 주된 탈출 동기였다. 이에 따른 당시 서독 정부의 동독 이주민 통합정책은 아데나워, 브란트, 콜 정부 시기를 거치면서도 기본적인 구상과 정책수단들이 유지되었다. 특히 독일 중앙정부의 이러한 정책적 일관성 못지않게 중요한 정책 수행자로 동서독 주민들의 통합의 한 축을 담당했던 것이 지방정부와 시민사회였다는 점, 그리고 통합정책의 내용 면에서 동독 이탈주민들의 경제적 자립을 중시했다는 점을 꼽을 수 있다(프리드리히 에버트 재단, 2011: 3–11).

우리 사회의 북한이탈주민에 대한 정착과 적응 정책도 북한이탈주민이 대거 입국하기 전까지는 정착과 적응 우선의 정책을 추진했다. 이는 1990년대 중반 이후 급격히 증가한 북한이탈주민들의 입국과 이들의 사회 적응이 시급한 과제였기 때문이었다. 그러나 2000년대 이후 북한이탈주민의 국내 정착 규모가 3만 명이 넘어서고 정착이 장기화하면서 개인의 적응력을 높이는 수준의 접근으로는 문제 해결이 어렵다는 인식과 함께 이들의 성공적 정착을 위해서는 북한이탈주민들의 노력만이 아니라 우리 사회의 수용성이 관건이라는 인식을 하게 되면서 사회통합의 관점에서의 접근이 이뤄지고 있다(윤인진, 2019: 62–63).

사회통합의 관점에서 북한이탈주민의 국내 정착과 적응, 더 나아가 사회구성원으로서 소외감을 느끼지 않고 공동체를 영위할 수 있게 하려면 가장 시급한 것은 남북 주민 간의 상호 이해와 소통이 원활하게 이루어져야 한다는 것이다. 그런 점에서 먼저 우리 사회가 친화성 및 수용성을 강화하는 차원으로 변화해야 한다. 그동안 우리 사회는 남북 주민이 단일민족이며 같은 언어와 문화를 공유하고 있다는 동질성을 가장 큰 강점이라고 여기며, 이에 기반하여 남북한 사회통합 문제를 이해하고 접근하려 한 것도 부인할 수 없는 사실이다.

그렇지만 북한이탈주민들의 국내 정착 규모가 확대되고 장기화하면서 이런 동질성보다는 분단 이후 이질화된 문화와 사고의 차이, 북한이탈주민들에 대한 각종 지원정책이 기회의 균등이 아니라 오히려 우리 국민이 역차별받는다는 의식도 심화하고, 비록 극히 일부이기는 하지만 북한 정권과 북한이탈주민들을 동일시하며 적대감을 노골적으로 드러내는 경우도 있다.

통일독일도 예외는 아니었다. 이는 역설적으로 사회통합이 정치·경제적 통합 못지않게 중요한 과제라는 점을 인식시켜 주는 계기가 되었다. 우리와 마찬가지도 동서독 주민들은 통일이 이루어지자 '우리는 한 민족'이라는 인식을 자연스럽게 공유하면서 사회통합만큼은 여타 부문의 통합과 달리 큰 진통 없이 원활하게 이루어질 것으로 여기는 이들이 대부분이었다.

하지만 제도와 영토의 통합을 시작으로 경제통합 등 제반 부문의 통합이 진행되면서 동서독 주민 간 편견과 차별의식, 갈등은 점차 심화하였다. 서독인들은 동독인들은 '게으른 동쪽 것(Ossi)'이라고 비하했고, 동독인들은 이런 서독인들을 '거만한 서쪽 것(Wessi)'이라고 비하함으로써 동서독 출신 주민 간 편견과 갈등을 여실히 보여줬다(권세영, 2018: 8).

앞서 통일 전 서독의 통합정책을 간략히 살펴보면서 장기간 일관된 정책을 중앙·지방정부는 물론 시민사회의 적극적인 동참으로 추진한 것을 상기해본다면 다른 체제가 물리적 통일로 인해 초래되는 다양한 사회적 갈등과 치유가 얼마나 어렵고 매우 어려운 것인지를 잘 알 수 있다. 그런 점에서 우리 사회가 통일이라는 미래상을 그려나갈 때 결코 간과해서는 안 될 것이 현재 우리와 함께 삶을 영위하는 북한이탈주민들과 통일 이후 북한 주민들을 분리하여 생각하기보다는 미리 경험하고 우리 자신을 교정하며 먼저 이들을 적극적으로 끌어안을 수 있는 포용력 또는 수용력을 길러야 한다는 점이다. 이것은 머리가 아닌 마음이 움직여야 가능한 일이다.

2. 분단을 넘어 통일을 향한 '마음의 통합'

북한이탈주민의 국내 정착 과정에서 드러나는 삶과 갈등 문제에 관해 실증적으로 접근한 한 연구를 살펴보자(이우영·구갑우, 2016: 285-286). 이 연구에서는 인천 남동구 지역에 집단 거주하고 있는 북한이탈주민들을 관찰하고 있다. 이들은 이곳에서 '임금노동자'로 생계를 유지하고 있으며, 과거 북한에서의 삶과 달리 노동 강도는 높고, 임금수준은 한국 노동자들보다 상대적으로 저임금 상태를 벗어나지 못해 상대적 박탈감을 느낄 수밖에 없다. 1990년대 이후 지속된 만성적 경제침체 속에서 낮은 공장 가동률을 고려한다면 북한에서 잔업, 특근, 야근 같은 것들을 경험하지 못했던 이들이 이제는 생계를 위해 기꺼이 이를 받아들여야 한다. 그런데도 이들은 한국의 노동시장에 필요로 하는 기술과 교육 수준을 갖고 있지 못하기 때문에 저임금 노동력이라는 굴레를 벗어날 수도 없다.

이뿐만이 아니다. 우리가 흔히 감정노동이라고 일컫는 서비스 분야에 고용된 북한이탈주민의 경우에는 일에 대한 피로도가 훨씬 높으며, 언어가 같다고 하지만 영어와 신조어 등이 섞여 있는 손님들의 주문이나 요구사항을 제대로 이해하기도 쉽지 않다. 결국 "말귀를 못 알아듣는다"는 손님의 핀잔이나 다른 동료들의 지적을 받을 수밖에 없고, 설령 그렇지 않더라도 스스로 그런 마음을 갖고 있어 위축될 수밖에 없다.

남북한 사회통합에서 우리와 북한이탈주민 모두의 '마음'이 무엇보다도 중요한 것은 바로 위와 같은 사례에서 문제 해결을 위해 무엇이 필요한지를 직접적으로 일깨워주기 때문이다. '마음'은 같은 민족과 언어를 공유한다는 동질성에 기댄 것도 아니며, 열악한 경제적 여건에서 탈출하여 새로이 정착하는 북한이탈주민들에 대한 동정심은 더더욱 아니다. 남북한 사회통합에서 필요한 '마음'은 북한이탈주민들의 '마음' 체계에 대한 우리의 이해, 우리의 '마음' 체계를 북한이탈주민들이 이해하는 상호작용에서 공유되는 것으로 "나는 또 우리는 누구인가"를 결정하는 정체성을 생산하는 것이다 (이우영·구갑우, 2016: 294).

이런 관점에서 남북한 주민들의 '마음'의 통합은 진정한 남북한 사회통합을 이룰 수 있는 필요충분조건이라고 할 수 있다. 요컨대 남북한 주민들이 상호 공유할 수 있는 인식과 감정이 총체적으로 어우러진 '마음'이 형성될 때 사회통합이라는 멀고도 험한 길을 함께 헤쳐나갈 수 있는 것이다.

03

····

통합비용을 어떻게 이해할 것인가?

1. 독일 통일 30년 톺아보기

독일이 통일된 지 30년이 지났다. 우리는 이들의 통일 경험을 통해 다가올 우리의 미래를 능동적으로 대처하길 원한다. 하지만 우리는 독일의 통일과 관련하여 잘못된 신화를 30년 동안 간직한 채 지내왔다는 불편한 진실도 공유하고 바로잡아야 한다(김누리, 2020: 121-137).

우선 독일 통일이 '흡수통일'이라는 인식이다. '흡수통일'이라는 용어에는 서독의 주도로 통일이 이뤄졌다는 편견이 깊숙이 자리하고 있다. 제도적으로 동독의 다섯 개 주가 서독에 편입됨으로써 통일이 이뤄졌다는 점은 분명한 사실이지만, 이른바 '동독 혁명' 내지 '가을 혁명'으로 명명되는 동독 시민들의 민주화 시위가 없었다면 독일 통일도 어떤 귀결로 끝났을지 누구도 쉽게 장담할 수 없을 것이다. 그런 점에서 동독 시민의 민주화에 대한 거센 요구는 30년 전 독일 통일이라는 방아쇠를 당긴 결정적 요인이었음을 우리는 간과해서는 안 된다.

다음으로 독일 통일 후 천문학적인 비용이 소요되었다는 점이다. 흔히 이를 '통일비용'이라고 일컫지만 통일비용이 규모가 얼마였다는 식으로 알고 있을 뿐 이 비용이 어떻게 사용되었는지는 별다른 관심을 두지 않았다. 독일이 1991년부터 2003년까지 12년 동안 지출한 통일비용은 사회보장성 지출에 50%, 임의 기부금 지출에 23%, 그리고 인프라 구축에 12% 등을 사용했다. 다시 말해 복지비용이 곧 통일비용의 70~80% 정도를 차지했다는 것이다. 이는 통일 전 동독 주민들의 삶을 통일 이후 서독의 복지 수준에 맞춰야 했기 때문이다. 물론 그런데도 통일 이후 서독 주민들의 통일세 징수에 적지 않은 불만과 반발이 있었던 것도 사실이다. 당시 이러한 서독인들의 반발에 대해 『양철북』의 저자이자 노벨문학상 수상자이기도 한 독일 지식인 귄터 그라스가 지난 2002년 내한하여 한 방송사가 개최한 대담에서 "구동독에 대한 재정적 지원은 서독인들의 자선 행위가 아니라 역사적으로 정당한 부채 탕감"이라고 일갈하기도 했다(KBS 통일방송연구, 2002. 6. 16).

마지막으로 독일 통일 당시의 국제적 환경이 과연 통일의 유리한 여건으로 조성되었는가 하는 점이다. 독일이 통일 당시에 처한 국내외적 환경은 순탄하기는커녕 곳곳에 통일독일의 등장에 대한 우려와 회의적 시각이 존재했다. 이는 주요 유럽 국가들의 우려와 여기에서 비롯된 '유럽이라는 하나의 집(ein Haus Europa)'이라는 독일의 유럽화, 유럽통합과 관련된 논쟁이 당시의 상황을 잘 대변해준다. 또한 동서독 상당수 주요 지식인들도 당시 급속한 통일에 반대했다는 것도 놓쳐서는 안 될 사실이다. 따라서 이러한 대내외적 장애를 극복하고 독일이 통일을 이룬 내면을 들여다봐야지 단순히 당시 유리한 환경이 독일 통일을 가능하게 했다고 오판해서 안 된다.

2. 한국에서 '통일비용' 논의, 어디까지 왔나?

독일 통일 30년을 되돌아보면서 우리가 가장 유심히 살펴볼 대목은 내적 통일의 과정이 얼마나 멀고 험난한 과정인지와 이를 위해 치러야 할 대가 또는 비용은 무엇인가 하는 점이다. 그런 점에서 '왜 통일이 필요한가?', '누구를 위한 통일인가?'라는 물음에서부터 '통일되면 우리는 세금을 얼마나 내야 하나?'라는 현실적인 물음이 켜켜이 쌓여 있는 통일비용 문제를 차분히 되짚어볼 필요가 있다.

한국에서 통일비용 재원 마련과 관련하여 통일세에 대한 필요성이 처음 제기된 것은 독일 통일 직후인 1991년 국책 연구기관인 한국개발연구원(KDI)이 통일세 징수의 필요성을 거론하면서부터였다. 하지만 이 당시는 노태우 정부 시기로 정부 차원의 내부 논의는 진행되었으나 흡수통일 추진 의혹과 조세부담 증가 우려 탓에 실제로 추진되지는 못했다. 이후 통일비용 문제가 재점화되었던 때는 이명박 정부 시기인 2011년이었다. 이명박 대통령이 2011년 8·15 경축사에서 "통일세도 준비할 때"라고 제안했지만, 당시 이명박 대통령의 이 제안은 사회적 합의에 기반한 것이 아니었을 뿐 아니라 북한과 '강 대(對) 강' 대결 일변도로 치달을 때 제기되었다는 점에서 부적절한 논의였다. 그 결과 생산적인 논의로까지 발전하기 어려웠다.

다만 이와 관련하여 많은 전문가들이 제기한 방안은 크게 다음과 같은 세 가지 측면으로 대별해볼 수 있다.

첫째, 간접세인 부가가치세를 인상하는 방안이었는데, 이는 한국의 부가세율이 10%로 다른 경제협력개발기구(OECD) 가입국들의 평균치인 17%에 비해 낮아서 대국민 설득도 쉽다는 점을 고려한 것이었으며, 특히 간접세이기 때문에 국민의 조세 저항감을 줄일 수 있다는 점도 고려한 것이었다. 그러나 이처럼 부가가치세의 인상은 물가 상승을 피할 수 없으며, 또한 소득이 낮을수록 상대적 부담률이 높아진다는 측면에서 문제가 있었던 방안이었다.

둘째, 1990년 12월 시한 만료로 폐지된 바 있는 방위세를 부활하는 방안도 제기되었다. 방위세는 1977년에 국방에 드는 재원을 마련하기 위해 한시적으로 도입된 목적세로 본세인 소득세와 법인세에 부과되어 징수된 바 있었다.

셋째, 통일기금의 신설 방안이었다. 독일 통일 사례에서도 알 수 있듯이 통일 이후 내적 통일을 위해 적지 않은 비용이 소요되는 만큼 이를 국민의 세금으로만 충당하기에는 현실적으로 한계가 분명하므로 통일기금을 신설하는 것이 적극적으로 고려되어야 한다는 주장도 제기되었다. 그렇지만 이미 한국 정부는 남북협력기금을 운용하고 있다는 점에서 결국 통일세 징수 문제를 이유로 통일기금을 신설하는 것은 현실적으로 국민을 설득하기에 미흡한 방안이었다.

넷째, 남북협력기금을 활용하는 방안이다. 이는 정부 예산상 '사업성 계정'인 남북협력기금을 '적립성 계정'으로 전환한 다음 집행하고 남은 기금을 적립한 뒤 통일 이후 본격적인 통일비용으로 활용하자는 것이다. 이러한 방안이 제기되었던 배경에는 이명박 정부 들어 급격히 낮아진 남북협력기금의 집행률도 있었다. 이명박 정부 들어 남북관계가 장기간 경색 국면으로 치달으면서 남북협력기금 집행률이 2000년에는 81%였던 것이 2009년에는 8.6%로 급격히 낮아졌다.

그렇다면 독일의 경우는 어땠을까? 독일은 통일 이듬해인 1991년부터 통일기금을 비롯해 연대세 등을 통해 모은 자금을 앞서 살펴봤듯이 동독 재건을 위해 사용했다. 연대세의 경우 소득세나 법인세의 7.5%를 옛 동독 지역 지원을 위해 1991년부터 부과했으나 1년 만에 폐지했고, 이를 다시 1995년에 재도입했고, 세율도 1997년부터는 5.5%로 낮춰 징수해오다 2021년부터는 사실상 폐지하고 고소득자 상위 10%만 이 세금을 부과하고 있다. 이는 독일은 이 연대세 징수로 연간 20조 원을 웃도는 세수를 확보해왔고, 2012년경부터는 동독 재건을 위한 지원금보다 연대세 징수분이 많아지면서 잉여자금이 발생하면서 폐지 문제가 본격적으로 검토된 데 따른 것이었다.

독일에서 '졸리(Soli)'라 불리면서 통일세의 역할을 했던 연대세가 폐지된 것은 징수 초기부터 서독 주민들의 적지 않은 조세저항이 뒤따랐을 뿐 아니라 2006년에는 독일 시민단체인 독일납세자연맹에 의해 연방헌법재판소에 위헌소송이 제기되는 등 독일 내 여론의 반발에 부딪혔던 것도 중요한 요인으로 작용했다고 볼 수 있다. 독일은 통일 당시 통일 이후 소요되는 비용, 즉 통일비용을 약 590억 유로로 예상했지만 2011년 당시 기준으로 보더라도 이보다 30배가 넘는 1조 5,000억 유로(약 2조 달러)가 소요된 것으로 알려졌다.

한편 통일한국의 통일비용은 앞서 언급한 대로 2011년 통일세 징수 논의가 제기될 당시까지를 기준으로 하더라도 북한이 급격한 붕괴시 우리 국민 1인당 부담액을 5,180만 원, 점진적 개방 후 통일 시에는 이보다 6.6배 낮은 국민 1인당 779만 원을 부담해야 하는 것으로 추산된 바 있다. 하지만 당시 국내외 전문기관 및 전문가들이 추정한 규모는 통일기간과 추계 방법에 따라 적게는 500억 달러(2005년 미국 랜드연구소), 많게는 5조 달러(2010년 피터 벡 미국 스탠퍼드대학 아태센터 연구원) 등 다양한 추정치가 제시된 바 있다(〈표 10-1〉 참조).

이처럼 통일한국의 통일비용에 관한 다양한 추정치는 어떤 조건과 기준으로 추정하느냐에 따라 천차만별이고, 이를 어떻게 해석하고 받아들이냐도 결국은 개개인의 취사선택일 뿐, 어떤 수치도 사회적 합의를 이끌어낼 만큼의 합리적 기준과 근거를 제시하지는 못하고 있음을 잘 알 수 있다.

통일비용 추산에서 가장 먼저 고려해야 하는 것은 추정 규모의 정도가 아니다. 이보다 앞서 통일 과정에 대한 인식이 정립되어야 한다. 요컨대 분단의 지속으로 드는 비용, 즉 분단비용을 축소하고 통일로 인한 편익을 확대할 수 있다면 결과적으로 순통일비용은 줄어들 수 있기 때문이다. 이와 관련하여 우리가 고민해야 할 부분은 통일비용을 화해협력, 평화정착과 경제협력을 통한 통일의 완성이라는 일련의 과정에 드는 총비용이라는 관점에서 볼 필요가 있다는 점이다.

〈표 10-1〉 한국 통일비용에 대한 학계 및 기관별 추청치

연구기관 및 연구자(연도)	통일비용	비고
미 하버드대학 인구개발 연구소(1991)	2,500억~5,000억 달러 (200조~400조 원)	독일 통일비용 기준
영국 『이코노미스트 (Economist)』지 부설 정보분석 자문기관(1992)	1조 897억 달러(872조 원)	남북 GDP 격차 해소
일본 장기신용은행 종합연구소(1992)	2,000억 달러(160조 원)	독일 통일비용의 1/4
신창민(1992)	1조 8,000억 달러 (1,440조 원)	남북 소득격차 조정비용
이영선(1992)	8,418억 달러(673조 원)	남북 GDP 격차 해소 투자 비용
배진영(1992)	4,480억 달러(358조 원)	남북 소득 격차 해소 투자 비용
KDI(1993)	6,607억 달러(529조 원)	독일식 통일 방법
민족통일연구원(1994)	7,104억 달러(569조 원)	북한 소득, 남한의 60%까지 확대
산업은행(1994)	8,050억 달러(644조 원)	북한 소득, 남한의 60%까지 접근
마커스 놀랜드(1996)	2조0억 달러(1,600조 원), 2000년 기준	북한의 가계소득, 남한의 60% 수준까지 인상
맨프레드 베그너(1996)	6,100억 달러(488조 원)	독일과 유사한 경제통합 (통일 후 5년간)
황의각(1996)	1조 2,040억 달러 (986조 원)	남북 동일 생활수준 달성
미국 랜드연구소(2005)	500억~6,700억 달러 (60조~795조 원)	북한 경제, 남한 수준으로 성장
삼성경제연구소(2005)	545조 8,000억 원	남한의 최저생계비 수준 으로 북한 지원
한국은행(2007)	3,000억~9,000억 달러	독일과 같은 방식
조세연구원(2009)	GDP의 7~12% (최대 1,270조 원)	2011년까지 급속한 통일 진행

통일비용을 이런 관점에서 본다면 결국 통일을 단시간에 완성하지 못한다면 어떻게 분단을 관리하고 통일을 모색하느냐에 따라 통일비용의 규모도 이에 따라 결정될 것이기 때문이다. 그러므로 현재 우리가 처한 상황을 고려할 때 통일에 대한 대비는 필요하지만 '희망적 사고'에 갇혀 맹목적인 통일의 조속한 달성만을 목표로 추정한 통일비용보다는 분단의 평화적 관리를 통해 분단비용을 줄이고, 통일을 대비한다는 차원에서 '통합비용'이라는 관점에서 이 문제를 이해하고 접근하는 절실히 요구된다.

3. '통일비용'과 '통합비용'의 올바른 이해

독일의 통일이 우리에게도 통일은 이루어질 수 있다는 희망을 줬다면, 독일 통일 이후 현실적인 문제로 대두된 통일비용은 우리에게 통일로 인해 우리 자신에게도 일정한 부담이 부과된다는 점을 인식하게 된 계기가 되었다(조동호, 2010: 3).

하지만 다른 한편으로는 통일비용에 대해 편견과 왜곡된 시선이 뒤따르며 통일에 대한 부정적 인식이 심화된 것도 부인할 수 없는 사실이다. 통일비용 논의가 주로 이 비용을 어떻게 마련할 것인가 하는 점이 주로 부각되었고, 그 결과 통일비용을 부담하는 주체(국민)와 상대(북한)라는 이분법적 문제로만 편향되게 인식하였다.

통일비용이라는 것이 과연 천문학적인 비용이 소요되며, 국민의 혈세로만 부담하는 것이 사실일까? 이러한 예상은 다음과 같은 몇 가지 전제를 기초로 한 것이라는 점을 간과해서는 안 된다.

첫째, 남북의 통일을 급작스러운 흡수통일로 상정하고 통일비용을 추정하고 있다는 점이다. 우리에게 통일이 언제, 어떤 형태로 다가올지 쉽게 예단하기는 어렵다. 하지만 역설적으로 통일은 그저 우리에게 주어지는 것이 아니라 만들어가는 것이라는 점을 고려한다면, 통일은 우리의 노력 여하와 준비에 따라 얼마든지 그 여건을 조성해나갈 수 있기도 하다. 통일비용은 통일 후 무작정 북한 지역에 막대한 비용을 투입하기 위한 것이 아니라 통일 후 북한 지역의 경제를 재건하고, 북한 주민들의 소득을 일정 수준에 도달하도록 지원함으로써 궁극적으로 남북 사이의 경제적 격차를 최소화하는 차원에서 접근할 필요가 있다.

그런 점에서 점진적 통일의 가능성도 배제해서는 안 된다. 특히 남북 간의 통일이 점진적으로 이뤄질 수 있다면 현재의 남북 간 경제력 격차는 북한 개혁·개방의 노력과 경제발전에 따라 그 차이가 일정 정도 좁혀질 수 있을 것이며, 이것은 곧 북한 스스로 통일에 따르는 부담 능력이 지금보다는 높아질 수 있다는 합리적 기대도 할 수 있을 것이다. 북한 역시 자기주도적이고 일정한 경제 재건을 이뤄나가면서 남북 간의 점진적인 경제통합을 이뤄나간다면 통일 후 북한 지역을 재건하는 데 드는 비용, 즉 통일비용의 추정도 달라질 수밖에 없다.

둘째, 통일비용을 북한 지역을 재건하는 데 드는 비용으로만 간주하는 것이 과연 타당한 것인가 하는 문제이다. 통일 후 북한 지역을 재건하는 데 소요되는 각종 사회간접자본 투자는 단순히 소모되는 것이 아니라 경제적 투자비용도 일정 부분 포함된다는 점도 함께 고려해야 한다.

따라서 통일비용의 문제는 '통일편익'과 '통합비용'이라는 측면에서 고려하는 것이 바람직하다.

우리가 통일비용을 통일 한국의 경제통합 및 체제 전환비용, 사회적 혼란 및 남북 민간 갈등 비용 등을 망라한 광의적 개념을 이해하든, 통일 후 북한 지역 지원에 따른 비용(위기관리비용, 제도통합비용, 경제적 투자비용 등)으로 보는 협의의 개념으로 이해하든(유승민·김지연, 2018: 109), 통일비용을 산정하고 추정하는 데 있어 통일에 따른 편익을 배제해서는 안 된다.

통일편익은 "통일된 남북, 즉 통일 한국이 통일이 이뤄지지 않았을 때 비하여 통일로 인하여 얻게 되는 이익"이라고 정의할 수 있다(조동호, 2010: 9-10). 이러한 정의에 기초해볼 때, 통일편익은 곧 통일로 얻게 되는 경제적·비경제적 보상과 혜택이라고 이해할 수 있을 것이다. 이 경우 가장 단적으로 고려할 수 있는 것이 분단 상태에서 드는 비용, 즉 방위비, 외교비, 체제유지비 등이 통일로 감소 또는 축소됨으로써 발생하는 '경제적 편익'과, 통일에 따라 이산가족의 문제가 해결되며, 남북 사이의 전쟁 가능성이 소실되어 국제적 지위와 국가 경쟁력이 높아지고, 이 바탕 위에서 남북 주민들이 풍요로운 삶을 영위할 수 있게 되는 등 이른바 '비경제적 편익'의 총합이 바로 '통일편익'이라고 할 수 있는 것이다(〈표 10-2〉 참조). 통일로 발생하는 이러한 경제적·비경제적 편익의 총합이 통일편익이라고 할 때, 결국 통일비용은 분단으로 인해 발생하는 비용이 줄어들고 통일 편익이 발생하는 상황을 종합적으로 고려해야 한다. 요컨대 통일비용은 통일총비용에서 통일총편익(분단비용 포함)을 제외한 통일순비용으로 이해하는 것이 필요하다.

〈표 10-2〉 통일편익의 분류

통일편익

I. 남한 지역의 경제적 통일편익

분단비용의 해소

① 방위비
  • 국방비 지출의 감소
  • 국방인력의 축소
② 외교비
  • 공관의 중복 유지비용 축소
  • 외교적 경쟁비용의 소멸
③ 이념 및 체제유지비
  • 이념교육·홍보비용의 소멸
  • 대북 관련 기관 유지비용의 소멸
④ 행정부문의 고정비용 절감

경제통합의 편익

① 규모의 경제
  • 시장의 확대
② 남북한 지역 경제의 유기적 결합
  • 산업 및 생산요소의 보완성 증대
  • 국토이용·환경보전의 효율성 증대
  • 중국·러시아 등과의 교역 증대 및 물류비용 절감

II. 북한 지역의 경제적 통일편익

분단비용의 해소

① 방위비
  • 남한 지역 경우와 동일
  • 군사용 비축미의 민간이용
② 외교비
  • 남한 지역 경우와 동일
③ 이념 및 체제유지비
  • 남한 지역 경우와 동일
  • 대남 관련 기관 유지비용의 소멸
④ 행정부문의 고정비용 절감
⑤ 왜곡된 산업구조조정
  • 군수산업 비중 축소

경제통합의 편익

① 경제체제 전환
  • 사유제에 의한 근로·투자 유인 증대
  • 생산요소의 효율적 배분
  • 해외투자유치 증대 및 국제신용도 향상
② 규모의 경제
  • 남한 지역 경우와 동일
③ 남북한 지역 경제의 유기적 결합
  • 남한 지역 경우와 동일
  • 기술혁신, 생산성 제고

III. 비경제적 통일편익

① 인도적 편익
  • 이산가족문제의 해결
  • 남북한지역의 민주화 촉진
  • 북한지역주민의 인권·자유신장
② 정치적 편익
  • 국제적 위상 제고고
  • 전쟁위험의 해소
③ 문화적 편익
  • 학술·문화발전
  • 관광·여가·문화서비스 기회향상

자료: 조동호, 위의 글, 9쪽. 〈표 3〉 재인용.

다음으로 통일비용을 통합비용의 관점에서 이해하고 접근하는 것도 중요하다. 통일비용을 화해협력, 평화정착과 경제협력 통한 통일의 완성이라는 일련의 과정에 드는 총비용이라는 관점에서 보면, 결국 통일을 단시간에 완성하지 못한다면 어떻게 분단을 관리하고 통일을 모색하느냐에 따라 통일비용의 규모도 이에 따라 결정될 것이기 때문에 이를 '통합비용'이라는 관점에서 접근하는 것이 타당하다.

〈표 10-3〉은 독일 통일 후 통일비용 소요 내역(추정치)과 한국의 현재 상황을 간략히 비교해놓은 것이다. 독일은 통일비용 중 투입된 비중이 '사회보장성 지출 > 임의 기부금 지출 > 인프라 재건 지출 > 기타 지출 > 경제 활성화 지출' 순으로 크게 나뉘며, 이 중 사회보장성 지출, 임의 기부금 지출, 인프라 재건 지출 등이 전체 비중의 약 80%를 상회하는 것을 확인할 수 있다. 이러한 지출 항목은 결국 '위기관리비용', '제도통합비용', '경제적 투자비용'을 의미하는 것이며, 우리가 통일을 어떻게 관리하고 준비하느냐에 따라 비

〈표 10-3〉 과거 독일 통일비용 내역(1991~2003년, 추정치)과 한국 현재(2018년 기준) 비교

구분	금액(10억 유로)	비중(%)	남북 경제통합을 추구할 경우 소요 여부
인프라 재건 지출	160	12.5	△ (일부 협력)
경제(기업) 활성화 지출	90	7.0	×
사회보장성 지출	630	49.2	×
임의 기부금 지출	295	23.0	×
기타 지출(인건비, 국방비 등)	105	8.2	×
총지출	1,280	100.0	

자료: 독일 연방건설교통부, 독일 연방 경제자문위원회; 유승민·김지연, 위의 글, 110쪽.

용은 축소될 수 있고, 편익은 유지될 수 있어서 전체적인 총통일비용의 규모를 줄여나갈 수 있을 것이다.

또한 이 과정에서 우리가 주목해야 할 것은 통일 후 요구되는 제반 비용을 줄이기 위해서라도 사회통합의 노력을 적극적으로 기울여야 한다는 점이다. 통일독일의 경험에서도 알 수 있듯이 아무리 통일 전 사회통합의 노력을 적극적으로 기울였다 할지라도 통일 후 일정 기간 동안 독일 사회는 극도의 불안정한 과도기를 거칠 수밖에 없었다. 통일독일의 경우 통일 직후 구동독 지역에서의 범죄가 4~5배 증가했고, 이러한 범죄의 상당수는 자본주의화 과정에서 생활수준의 격차가 크게 벌어지면서 상대적 박탈감에 빠진 구동독인들에 의한 것이었다(홍기준, 1999: 381-382). 이러한 사회적 갈등은 제도적 통합을 지연시킬 수밖에 없으며, 그 결과 통일 후 후유증 내지 갈등 비용의 추가적 증가를 초래할 수밖에 없다. 한국의 역대 정부는 통일 이전에 화해협력의 단계를 설정하고, 평화정착과 경제협력을 병행적으로 연결한 '화해협력—국가연합—통일국가'라는 3단계 방안을 공식 통일방안으로 유지해온 것도(김연철, 2010: 20) 바로 이런 통일 후 벌어질 부작용을 최소화하고 진정한 사람과의 통합을 이루기 위한 것임은 두말할 나위 없다.

이렇게 볼 때 '통합비용'은 단지 통일 이후 소요되는 통일비용(총통일비용)뿐 아니라 통일 이전 분단 상태 아래에서 남북 상호 간 대립과 불신으로 인해 남북 양측이 각각 부담해야 하는 분단비용과 매우 밀접한 상호 연관성을 갖고 있다고 할 수 있다. 통합비용은 통일을 위해 우리가 치러야 할 비용이지만, 다른 한편으로는 그 총합은 통일 이전과 이후 우리가 어떤 노력을 기울이냐에 따라 현저히 줄일 수도 있다는 점에 주목할 필요가 있다. 통합비용이라는 것은 결국 통일비용을 최소화하고, 통일편익을 극대화하는 데에도 효율적인 시각과 방향성을 모색할 기회를 제공한다고 할 수 있다. 통일에 대한 준비가 빠르면 빠를수록 비용보다는 혜택이 더 클 수밖에 없다.

04
....

통일을 준비하는 노력으로서의
사회통합

독일의 통일 사례에서 우리에게 두 가지 중요한 사실을 재확인할 수 있었다. 하나는 분단과 통일 사이에 결코 건널 수 없는 강이 존재하는 것은 아니라는 점이며, 다른 하나는 통일이 단순히 영토적 통일로 완결되는 것이 아니라 사람과의 통합이 성공적으로 이뤄질 때 비로소 완성되는 것이라는 점이다.

그러나 다른 한편으로는 통일독일과 마찬가지로 남북이 통일되었을 때 우리 앞에 놓인 적지 않은 과제로 우리 스스로 통일에 대한 편향된 인식 또는 막연한 두려움을 떨쳐내지 못하고 있는 것도 분명한 사실이다. 전문기관이나 학자들이 제시하는 막대한 규모의 통일비용 추정치, 통일 이후 예상되는 남북 주민이 화합되기까지의 겪어야 할 인내와 갈등 등이 그 대표적인 예이다.

그러나 우리가 통일로 인해 부딪힐 장애나 막연한 두려움이 통일의 당위성을 압도할 수 없다. 또한 주어진 현실 속에서 안주하려는 소극적인 사고로는 통일에 능동적으로 대처하기 어렵다. 그런 점에서 통일을 준비하는 자세, 즉 통일 역량을 기르는 것이 필요한 것이다.

이 장에서는 통일과 통합의 문제에서부터 이러한 문제들을 짚어 봤다. 특히 이와 관련하여 사회통합의 문제에 대한 우리 자신의 인식 재고가 필요하다는 점을 강조했다. 통일 후 사회통합의 중요성은 아무리 강조해도 지나치지 않다. 통일 후 사회통합의 성공 여부를 생활에 대한 기본적인 욕구가 충족되느냐에 달려 있다고 보는 견해도 있고(박영호, 1994), 더 나아가 통일 후 사회적 약자를 보호하고 분배적 정의를 실현할 수 있는 평등 지향적 가치관과 공동체 의식의 확대를 위해 형평성을 여하히 달성할 수 있느냐에 달려 있다고 보는 견해도 있다(윤인진, 2001: 215). 사회통합과 관련하여 이러한 주장들이 공유하고 있는 공통된 가치는 바로 '공정'과 '평등'이라는 점이다.

통일된 한국에서 남북 주민 모두가 '공정'하다는 인식을 갖고 사람과 사람이 서로 '평등'하다고 느낄 때, 진정한 사회통합은 이뤄질 수 있는 것이다. 이는 남북 주민들이 문화와 정서적으로 동질성을 공유하고 있다는 것만으로는 진정한 사회통합이 이뤄지기 어렵다는 것을 역설적으로 시사하는 것이기도 하다. 특히 이러한 화합은 법과 같은 제도적 장치만으로 이뤄지는 것이 아니라는 점에서 더욱 그러하다. 흔히 통합 역량을 강화해야 한다고 하는 것도 바로 이 때문이다. 그런 점에서 우리는 분단된 현실 속에서 이미 통합의 역량을 증진할 기회를 맞이하고 있다. 국내 입국한 북한이탈주민이 3만 명을 넘어선 지 이미 오래이고, 이들과 함께 우리는 통일을 준비하고 있다.

통일 후 소요될 비용을 통합이라는 관점에서 접근해야 하는 이유가 여기에 있다. 아무런 준비 없이 통일을 맞는 상황은 혼돈과 좌절이라는 긴 터널에 우리 스스로 빠져드는 것일 수밖에 없다. 그러므로 지금부터라도 우리 사회구성원인 북한이탈주민이 통합 과정에서 소외되거나 배제되지 않고 자발적이고 능동적으로 잠재력을 개발할 수 있는 여건을 마련하는 것이 곧 통합의 역량을 기르는 것이며, 이는 통일 후 사회통합을 이루는 데에도 긍정적 영향을 미칠 것이다.

제11장

·

한국인의 통일의식

최규빈(통일연구원 부연구위원)[*]

* 본문의 내용은 필자가 서울대학교 통일평화연구원 재직 시 조사 결과를
   바탕으로 작성된 것이며 필자의 현 소속기관과는 무관하다.

한국인의 통일에 대한 태도와 의식은 시대와 환경의 변화에 따라 달라진다. 바람직한 통일의 상(像)은 개인의 경험과 판단에 의해 형성되지만 사회적 인식과 대중의 지향은 외부의 환경, 정부 정책의 영향, 국제관계의 변화에 따라 고착화되기도 하며 변화하게 된다. 한국 정부의 공식 통일방안은 '민족공동체통일방안'으로 화해협력과 남북연합 단계를 거쳐 1민족 1국가의 통일국가를 완성하는 것이다. 하지만 1990년대 초의 남북한 및 국제 상황을 고려한 통일방안은 시대와 환경의 변화, 세대에 따라 통일의 개념과 방식은 다르게 인식될 수 있다.

한국인의 통일에 대한 의식과 태도를 이해한다는 것은 국민들의 통일과 통합에 대한 정서와 가치 지향을 파악하는 데 있어 중요한 역할을 한다. 또한 현재의 남북관계와 대북정책에 대한 대중의 판단을 제공함으로써 향후 북한과의 화해와 공존, 협력을 어떻게 모색해나가야 할지에 대한 중요한 이정표가 될 수 있다. 이런 배경에서 이번 장은 통일의식에 대한 주요 기관의 설문조사 결과를 바탕으로 최근 한국인의 통일에 대한 태도와 특징을 살펴보고 대북정책 및 통합 방향에 대한 시사점을 도출해보고자 한다.[1]

01
....

통일, 필요한가?
그렇다면 그 이유는?

한반도에서의 통일은 분단 이후 상이한 모습으로 고착화된 두 체제가 하나의 국가이자 새로운 공동체가 되는 것을 의미한다. 하지만 통일을 이룬 독일과 예멘의 사례는 분단국의 통일이 단순히 제도의 통일을 넘어 장기간의 통합의 노력이 뒤따라야 함을 보여준다 (양문수 외, 2019). 통일에 있어 많은 것들이 중요하지만 가장 기본적인 것 중에 하나는 국민들이 통일과 통합에 대해 갖는 태도와 의지일 것이다. 통일의 필요성, 즉 '왜 통일이 필요한가?'에 대한 질문은 한국인들이 통일에 대해 갖는 이미지와 연관성을 갖는다. 개인 혹은 집단 차원이든 통일이나 북한에 대한 태도와 이미지는 개인의 판단과 경험, 외부 환경에 의해 복합적으로 형성된다. 특히 통일에 대한 의식은 정부 정책과 이를 평가하고 수용하는 과정과도 연관성이 있다. 이러한 점에서 통일 필요성에 대한 견해를 확인하는 것은 한반도 통일과 북한과의 공존에 대한 상(像)을 확인할 수 있다는 점에서 유의미하다.

2020년 서울대학교 통일평화연구원의 통일의식조사(이하 IPUS 조사)*에 따르면 응답자의 52.3%가 '통일이 필요하다'고 답하였다. 남북한 간 3번의 정상회담이 개최되었던 2018년의 경우 통일 필요성 응답은 약 60%까지 증가했으나 이후 2년간 하락하고 있음을 알 수 있다(김학재 외, 2020: 36). 그리고 '필요하지 않다'고 보는 견해는 2018년 16.1%, 2019년 20.5%, 2020년 25%로 최근 3년간 상승하고 있다. 2000년대 이후 남북관계를 둘러싼 많은 사건과 변화가 있었던 것을 고려할 때 응답률 변화의 폭이 그렇게 크지 않음을 알 수 있다. 〈그림 11-1〉에서 나타난 것과 같이 통일이 필요하다고 보는 긍정적 응답률은 지난 10여 년간 50~60%대를 유지하고 있다. 즉 응답자의 약 절반 이상은 통일 필요성에 공감하지만 통일 필요성에 유보적이거나 부정적 견해를 가진 응답자도 상당수가 됨을 알 수 있다.

통일 필요성에 대해 모든 세대가 동일한 인식을 공유하는 것은 아니다. 앞으로 살펴보겠지만 20대, 30대의 경우 당위적이고 보편

---

* 서울대학교 통일평화연구원의 「2020 통일의식조사」는 전국 16개 시도, 만 19세 이상, 74세 이하 성인 남녀를 대상으로 2020년 7월 22일부터 8월 17일까지 실시한 설문조사로 모집단으로 유효표본 수는 1,200명, 표본오차는 95%, 신뢰수준에서 ±2.8%이다. 설문조사는 한국갤럽에서 실시하였으며 전문 면접원을 통해 1대1 개별 면접조사 방법을 이용하였다. 북한이탈주민을 대상으로 하는 서울대학교 통일평화연구원의 「2020 북한이탈주민조사」는 2019년에 북한을 떠난 주민 109명을 대상으로 면대면 설문조사를 실시한다.

〈그림 11-1〉 통일의 필요성

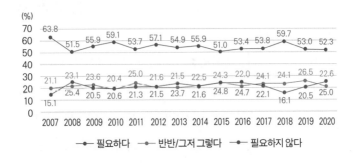

자료: 김범수 외(2021). 「2020 통일의식조사」, 35쪽.

적 통일보다 평화적 공존을 보다 중시하고 점진적 방식의 통일을
선호하는 등 인식의 차이를 보여주고 있다. 통일 필요성에 적극 공
감한다고 볼 수 있는 '매우 필요하다'는 응답에서 20대와 30대의
부정적인 인식은 뚜렷하게 나타난다. 〈그림 11-2〉에서 보여주듯

〈그림 11-2〉 연령대별 통일의 필요성

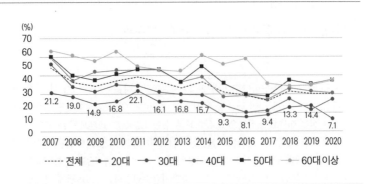

자료: 김범수 외(2021). 「2020 통일의식조사」를 바탕으로 재구성.

이 20대의 경우 2007년 이후 통일이 '매우 필요하다'는 응답률은 2019년을 제외하고 모든 연령대에서 가장 낮았고, 30대는 20대 다음으로 낮게 나타났다. 한국의 50대, 60대가 통일이 반드시 이루어져야 할 민족적 당위적 입장에 있다면 20대는 통일의 필요성에 대해 그만큼 공감을 하고 있지 않음을 보여준다. 1980년대 말 1990년대 초 세계사적 탈냉전과 남북관계 진전을 경험한 세대의 경우 정부의 통일방안에 대한 이해도가 높고 통일 필요성에 대한 긍정적 인식이 형성되어 있을 수 있다. 이에 반해 1990년대 이후 출생한 20대, 30대의 경우 정부의 통일방안을 학습으로 이해하고 2000년대 이후 핵 능력이 강화된 북한을 인지하게 된다. 이들은 기성세대만큼 통일의 필요성에 적극 공감하지 못하고 있다.

통일의 이유에 있어서는 민족동질성보다 평화공존을 중시하는 인식이 분명히 드러났다. IPUS 조사에서 통일이 되어야 하는 가장 큰 이유를 묻는 질문에 '같은 민족'을 선택한 응답은 대체로 하락

〈그림 11-3〉 통일 이유, IPUS

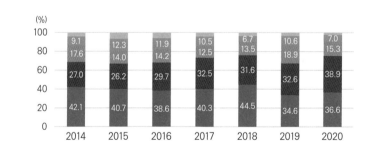

자료: 김범수 외(2021). 「2020 통일의식조사」, 37쪽.

〈그림 11-4〉 통일 이유, KINU

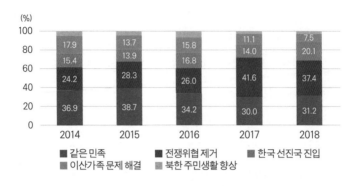

자료: 이상신 외(2018). 『KINU 통일의식조사 2018』, 통일연구원, 45쪽.

하는 반면 '전쟁위협 제거'는 증가하고 있음을 알 수 있다(〈그림 11-3〉 참조). 2020년 IPUS 조사에서 '전쟁위협 제거'는 38.9%로 '같은 민족' 36.6%를 넘어서 가장 중요한 이유로 나타났다. 최근 통일연구원의 KINU 조사는 이러한 지향성을 더욱 명징하게 보여준다. 〈그림 11-4〉에서 보여주듯이 '전쟁위협 제거'는 2017년 41.6%, 2018년 37.4%로 가장 우선하는 이유였고, '같은 민족'은 2017년 30%, 2018년 31.2%로 두 번째 순위였다(이상신 외, 2018: 45). '같은 민족' 응

〈표 11-1〉 연령대별 통일 이유(2020)

(단위: %, 명)

	20대	30대	40대	50대	60대 이상
같은 민족	28.0	34.1	42.4	36.4	41.1
전쟁위협 제거	48.6	34.0	35.7	38.5	37.8
합계(N)	225	216	248	258	252

자료: 김범수 외(2021). 「2020 통일의식조사」를 바탕으로 재구성.

답의 비중은 점차적으로 하락하는 추세이다. 이러한 결과들은 민족주의 담론에 근거한 통일이 국민들의 인식 저변에 중요하게 자리하고 있지만 통일의 이유가 민족동질성 이유에서 현실적인 생존과 안전의 이유로 바뀌어가고 있음을 보여준다.

20대는 평화적 공존을 더욱 중시하고 있었다. 〈표 11-1〉에서 나타나듯이 2020년 IPUS 조사에서 20대의 경우 통일의 이유로 '같은 민족' 응답률은 28%로 모든 연령대에서 가장 낮았고, '전쟁위협 제거'는 48.6%로 가장 높게 나타났다. 민족이나 이념 지향성에서 유연성을 보이는 20대, 30대는 물리적 위협의 제거와 안정을 통일의 우선적 이유로 생각하고 있는 것이다. 전체적으로 볼 때 이산가족 문제에 대한 인도적 고려나 한반도 발전에 대한 이유는 그리 높지 않았다.

통일의 필요성에 대해 절반 이상이 공감하지만 모두가 통일을 희망하는 것은 아니다. 2020 IPUS 조사는 '통일이, 되지 않아야 하는 이유가 있다면 무엇이라고 생각하십니까?'라고 질문하였다. 이에 대해 '통일에 따른 경제적 부담' 35% > '통일 이후 생겨날 사회적 문제' 27% > '남북 간 정치체제의 차이' 21.3% > '통일로 인한 주변국 정세의 불안정' 2.7% 순으로 선택하였다. 가장 높은 응답률을 보인 경제적 부담은 연령, 교육수준, 정치적 성향, 소득에서 큰 차이를 보이지 않았다. 유사한 측면에서 '통일 과정에서 가장 우려되는 점은 무엇이라고 생각하십니까?'라는 2020년 KBS 조사에서 '남한 주민의 막대한 통일비용 부담'이 50.8%로 가장 높았다. 그 외 '정치군사적 혼란' 21.9%, '실업, 범죄 등 사회적 혼란' 19.1%, '북한 주민의 대량 남한 이주' 4.9%, '국제관계의 혼선' 3.3%로 나타났다(KBS 남북

교류협력단, 2020: 36). 통일은 상호 이질적인 체제와 사회의 결합이라고도 할 수 있다. 이 과정에서 예상되는 경제적 충격과 부담, 통일 이후 사회통합의 과제가 국민들로 하여금 통일을 부정적으로 생각하게 하는 주요한 이유가 되고 있음을 보여준다.

02
....

통일, 어떻게 추진하면 좋을까?
그리고 가능한 시기는?

통일에 대한 이미지나 필요성에 대한 인식은 개인의 판단에 따라 다양하게 형성되겠지만 통일이 실질적으로 어떻게 이루어질 것인가는 또 다른 차원의 문제이다. 남북한이 평화적으로 공존하면서 더 많은 접촉과 교류를 통해 상호 간의 신뢰를 구축하고 정치 및 경제 공동체를 형성하는 과도기적 혹은 사실상의 통일 과정을 거쳐 법과 제도적인 통일을 이루어내는 것이 정부의 통일 추진방안이다. 하지만 통일은 북한이라는 상대를 염두하고 있는 것이며 북한의 행위와 선호 그리고 국제질서 및 남북한 간의 관계의 변화에 따라 그 양상은 달라질 수 있다. 이런 점에서 통일은 남북한 사회집단의 선호와 의지뿐 아니라 다양한 차원과 행위자의 상호작용으로 인해 복합적으로 진행될 가능성이 있다.

통일의 추진 방식에 대해 질문했을 때 응답자들은 성급한 통일보다는 평화적 방식에 의한 점진적인 통일을 선호하는 것으로 나타났다. 〈표 11-2〉에서 보여주듯이 IPUS 조사에서 통일을 서두르기보다 '여건이 성숙되기를 기다려서 점진적으로 해야 한다'는 응답이 2020년 55.9%로 가장 높게 나타났다. '현재대로가 좋다'는 응답은 21.6%로 두 번째로 높은 수치를 기록했으며, '가능한 빨리 통일'은 12.1%, '관심 없다'는 응답은 6.6%, '어떠한 대가를 치르더라도 통일해야 한다'는 3.9%로 나타났다. 최근 추세를 볼 때도 소위 여건 성숙형 통일을 지지하는 응답은 50% 이상을 유지해왔다. 남북한 정상 간의 대화와 합의가 활발히 이루어졌던 2018년에 점진적 통일을 선호하는 응답이 68%로 증가한 것도 주목할 만하다.

이와 유사한 맥락에서 '점진적 통일'과 '급진적 통일' 두 가지로 묻

〈표 11-2〉 **통일 추진 방식**

(단위: %)

	IPUS					KINU	
	어떠한 대가를 치르더라도 통일	가능한 빨리 통일¹⁾	여건이 성숙되었을 때 점진적 통일	현재 대로가 좋다	통일에 관심 없다	점진적 통일	급진적 통일
2017	12.1	–	54.7	24.7	8.4	84.5	15.5
2018	9.7	–	68.0	16.8	5.5	92.3	7.4
2019	4.3	16.7	53.5	19.7	5.8	–	–
2020	3.9	12.1	55.9	21.6	6.6	–	–

주: 2007~2018년 IPUS 조사의 경우 '어떠한 대가를 치르더라도 가능한 빨리 통일되는 것이 좋다'로 질문하였으나 2019년부터는 '어떠한 대가를 치르더라도 통일되는 것이 좋다'와 '가능한 빨리 통일되는 것이 좋다'를 구분하였음.
자료: 김범수 외(2021), 「2020 통일의식조사」, 45쪽; 이상신 외(2018), 「KINU 통일의식조사 2018」, 52쪽.

는 2018년 KINU 조사에 의하면 '협상에 의한 점진적 통일'을 선호하는 응답은 92.3%, '돌발적 상황에 의한 급진적 통일'은 7.4%로 점진적 통일 방식이 압도적으로 높게 나타났다(이상신 외, 2018: 52). 한국 사회에서 분단이 주는 불안정한 평화에도 불구하고 평화적 방법과 수단을 통해 단계적이고 점진적 통일을 해야 한다는 견해가 우세함을 알 수 있다. 통일을 결과로서 인식하는 것이 아닌 과정으로서의 통일이 되어야 하고 남북한의 이질성을 극복하는 노력이 점진적인 통합 과정에서 이루어져야 한다는 공감대가 형성되어 있는 것이다.

앞선 결과에서 한 가지 주목되는 것은 현상유지, 즉 현재의 분단 상황을 선호하는 응답이 점차적으로 상승하고 있다는 점이다. 〈그림 11-5〉는 '현재대로가 좋다'는 응답을 연령대로 살펴본 것인데 현상유지 선호는 20대에서 분명히 나타났다. IPUS 조사에 의하면 2020년 '현재대로가 좋다'의 응답은 20대 30.6% > 30대 25.5% > 50대 18.4% > 60대 18.2% > 40대 17.1% 순으로 높았다. 지난 10여 년의 추세를 볼 때에도 20대와 30대의 남북공존 선호는 다른 연령대에 비해 높았음을 알 수 있다. 이러한 배경에는 통일 가능성에 대한 회의감, 북한 체제에 대한 부정적 인식, 통일이 가져올 변화에 대한 부담 등 다양할 수 있다. 구체적인 요인에 대해서는 보다 면밀한 분석이 뒤따라야 하므로 20대와 30대의 남북공존 선호를 분단체제 지향성으로 단정한다거나 통일에 대한 부정적 인식과 결부시키는 것은 무리가 있다. 젊은 세대의 경우 통일에 대한 민족적이고 당위적 입장에 공감하기보다 현실적이고 실용적인 문제로 인식하는 경향이 있다. 또한 먼 미래의 불확실한 통일보다는 현재

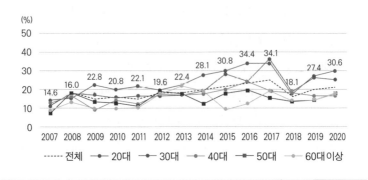

자료: 김범수 외(2021). 「2020 통일의식조사」를 바탕으로 재구성.

의 평화와 안전을 보다 중시하는 태도를 보인다. 젊은 세대의 경우 핵 보유국에 한층 더 다가간 북한을 보면서 한반도의 지속적인 불안정성을 주는 요인이 먼저 해결되어야 한다고 생각할 수 있다. 이런 점에서 남과 북의 적대감 해소, 차이의 인정, 남북한 합의 이행, 동반자적 관계 형성 노력이 우선적으로 이루어질 때 젊은 세대의 인식 또한 변화할 수 있을 것이다.

그렇다면 우리 국민들은 통일이 언제쯤 가능 할 것으로 생각할까? 통일 필요성에 공감하면서도 점진적인 방식을 선호한다는 것은 통일이 되기까지 일정 시간과 준비가 요구됨을 의미한다. 하지만 이러한 의식은 남북한 관계 및 국제환경 변화에 따른 판단과 상호작용의 결과이기도 하다. 남북한 관계가 발전되거나 북핵 문제에 있어 중대한 진전이 있을 경우 통일 가능 시기를 앞당겨 생각할 수도 있다.

남한 주민들은 통일을 가까운 미래가 아닌 다소 먼 미래로 보

고 있었다. 2020년 IPUS 조사에 의하면 통일이 '5년 이내'는 2.5%,
'10년 이내'는 11.7%로 나타난 반면 '20년 이내'는 25.6%, '불가능하
다'는 24%, '30년 이상'은 19.1%로 나타났다. 이에 반해 북한이탈주
민들은 남한 주민들에 비해 통일 가능 시기에 대해 부정적으로 보
고 있었다. 북한이탈주민을 대상으로 한 IPUS 조사에서 '불가능'
은 2018년 57.5%, 2019년 67.2%, 2020년 55%를 기록하였고, 최근
3년간 '30년 이상'과 '불가능'을 합한 수치에서도 남한 주민의 전망
(26.5% → 35% → 43.1%)에 비해 북한이탈주민의 전망(65.5% → 78.4% →
63.3%)은 더 부정적이었다. 북한은 최근 코로나19 및 수해뿐 아니라
유엔 안보리 대북제재로 인해 민생경제가 더욱 악화되고 있는 상황
이다. 이러한 내외부의 어려움에도 불구하고 북한 내 직접적인 동
요나 체제 이완에 대한 기대는 크지 않은 것으로 추정된다. 즉 북
한이탈주민들은 남한 주민에 비해 가까운 통일에 대해 낙관하지 않
고 있으며 남북한의 체제의 변화를 가져오게 될 통일은 아직 요원
한 것으로 판단하고 있다.

〈그림 11-6〉 통일 가능 시기, 남한 주민   〈그림 11-7〉 통일 가능 시기, 북한이탈주민

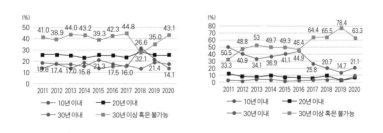

자료: 김범수 외(2021). 「2020 통일의식조사」,   자료: 서울대학교 통일평화연구원(2020). 「2020
48쪽.   북한 사회변동과 주민의식」

03
····

통일, 어떤 체제가 좋을까?
시급한 정책은?

비록 우리 정부의 '민족공동체통일방안'이 화해협력과 남북연합 단계를 거쳐 1민족 1국가의 통일국가를 완성하는 것으로 되어 있지만 당시의 시대적 배경과 전망을 바탕으로 하고 있기에 현실성과 구체성의 문제를 안고 있는 것도 사실이다. 무엇보다 70년 넘게 분단이 지속되면서 통일과 평화에 대한 대중의 인식이 달라졌을뿐더러 세대와 계층적 분화가 일어나고 있음이 점차적으로 확인되기 때문이다(김학재 외, 2020: 64). 특히 통일의 방식과 체제 대한 사회적 합의는 여전히 진행 중이라고 할 수 있다. 국가나 정부 차원에서 만들어지고 주어지는 통일만이 아니라 국민의 참여와 소통에 기반하여 통일 및 대북정책에 대한 공감대를 넓히고 합의를 만들어가는 과정이 더욱 중요해지고 있는 것이다. 최근 통일 문제에 대해서도 국민이 직접 참여해 사회적 대화와 합의, 토론을 통해 한반도의 미래상을 만들어가는 통일국민협약이 대표적인 사례이다.

2020년 IPUS 조사에 의하면 '통일한국이 어떤 체제가 되어야 한다고 생각하십니까?'라는 질문에 '남한의 현 체제 유지'가 48.3%로 가장 높은 응답률을 기록했다. '남북한 체제의 절충'이 27.8%로 두 번째, '남북한 두 체제 유지'가 21.1%로 세 번째로 나타났다. 남한 체제 중심의 통일은 지난 5년 넘게 가장 높은 응답률을 나타냈지만 50%를 넘지는 못했다. 절충형 통일을 선호하는 응답은 증감의 변화는 있지만 대략 25~35%대를 유지하고 있었다. 2020년 '남한의 현 체제 유지' 응답을 연령대로 보게 되면 20대 53.1%, 30대 51.3%, 40대 45.6%, 50대 43.9%, 60대 이상 48.4%로 20대, 30대의 지지 응답률이 상대적으로 높았다. 전체적으로 민주주의와 시장경제를 바탕으로 하는 체제가 통일 이후에도 유지해야 한다고 보지만 남북한이 평화공존하며 화해협력을 강화해나가는 과정에서 한반도에 가장 적합한 체제를 발전시켜 나갈 필요가 있음을 시사한다.

〈그림 11-8〉 희망하는 통일한국 체제

자료: 김범수 외(2021). 「2020 통일의식조사」, 63쪽.

남북한이 분단된 상황에서 평화를 유지하고 통일을 지향하기 위해서는 다양한 정책과 과제가 존재한다. 정책의 우선순위를 판단하고 추진함에 있어 정부는 가장 중요한 역할을 하지만 대북정책들은 국내의 합의와 지지가 필수적이며 사안에 따라 민간의 도움과 협력이 매우 중요하다. 남북대화, 남북경제협력, 사회문화 교류, 인도적 협력 이외에 북한의 인권개선, 북한의 개혁·개방, 평화협정 등 주제와 영역에 따라 다양한 정책들이 존재한다. IPUS 조사에서는 국민들에게 통일을 이루기 위해 현재 가장 시급한 대북정책 사안이 무엇인지 질문했다.

2020년 조사 결과 가장 시급히 해결해야 할 사안은 북한의 비핵화로 87.4% 응답률을 기록했다. 군사적 긴장 해소는 86.3%로 두 번째로 높은 응답률을 나타냈고 북한의 인권개선은 78.4%로 세 번째였다. 문재인 정부 들어 그 필요성이 부각되고 있는 종전선언과 평화협정은 네 번째 순위로 나타났다. 남북 사회문화 교류 및 인도적 대북 지원은 시급성 면에서 후순위였다. 즉 통일을 위해서는 한반도의 안보 의제 해결이 가장 우선되어야 한다고 인식하고 있음을 알 수 있다.*

최우선 통일정책 인식과 통일의 추진 방식에 대한 견해를 교차 분석했을 때 '어떠한 대가라도 통일'과 '조기통일'을 선호하는 응답

---

* 대북정책 사안별 시급성에서 '매우 시급'과 '다소 시급'을 합할 경우 응답률은 북한 비핵화(87.4%) > 군사적 긴장 해소(86.3%) > 북한의 인권개선(78.4%) > 종전선언과 평화협정(75.6%) > 북한의 개방과 개혁(74.3%) > 남북한 경제협력(69.1%) > 이산가족 및 국군포로(67.7%) > 정기적인 남북한 회담(65.9%) > 사회문화 교류(65.1%) > 인도적 대북 지원(49.4%) > 남한에서의 미군철수(22.7%)로 나타났다. 김범수 외(2021), 「2020 통일의식조사」, 68쪽.

〈표 11-3〉 통일 추진 방식별 최우선 대북정책에 대한 인식

(단위: %)

구분		북한 비핵화	인권개선	종전선언 및 평화협정	남북경협	인도적 지원
어떠한 대가라도 통일	2019	90.4	98.1	92.2	98.0	71.2
	2020	87.0	82.6	89.4	82.6	78.3
조기 통일	2019	84.6	88.1	88.6	89.5	78.5
	2020	85.4	84.1	87.5	84.8	67.6
여건 성숙	2019	90.3	89.8	80.2	79.4	54.8
	2020	91.2	84.3	81.1	75.2	53.7
현상 유지	2019	82.7	75.4	61.2	56.5	40.3
	2020	81.9	67.6	62.7	50.8	29.2
무관심	2019	75.7	68.6	44.3	40.6	30.0
	2020	75.9	51.9	43.0	40.5	29.1
	2019	$x^2= 38.315$, $p<0.01$	$x^2= 106.087$, $p<0.01$	$x^2= 132.602$, $p<0.01$	$x^2= 187.722$, $p<0.01$	$x^2= 146.318$, $p<0.01$
	2020	$x^2= 54.529$, $p<0.01$	$x^2= 122.742$, $p<0.01$	$x^2= 108.361$, $p<0.01$	$x^2= 161.256$, $p<0.01$	$x^2= 112.994$, $p<0.01$

주: 시급성은 '매우 시급'과 '다소 시급' 응답률을 합한 수치임.
자료: 김범수 외(20210). 「2020 통일의식조사」를 바탕으로 재구성.

자들을 제외한 나머지 응답자들은 북한 비핵화를 최우선 대북정책으로 판단하였다. 〈표 11-3〉에서 보여주듯이 IPUS 조사에서 어떠한 대가라도 통일을 선택한 응답자들은 2019년 인권개선(98.1%), 2020년 종전선언과 평화협정(89.4%)을 최우선 과제로 인식한 비중이 높았다. 조기통일을 선호하는 응답자들은 2019년 남북경협(89.5%), 2020년 종전선언과 평화협정(87.5%)을 최우선 과제로 뽑은

비중이 높았다. 통일의 추진 방식에서 가장 높은 비중을 차지한 여건이 성숙하기를 기다려 점진적 통일 응답자는 두 해 모두 북한 비핵화(2019년 90.3%, 2020년 91.2%)를, 현상유지 응답자 또한 북한 비핵화(2019년 82.7%, 2020년 81.9%)를 최우선 과제로 선택하였다. 인도적 지원이 최우선이라는 응답 비중은 현상유지 및 무관심 응답자들에서 가장 낮게 나타났다. 점진적 통일과 현 체제 선호 응답자들의 경우 북한 인권개선이 한반도의 종전선언과 평화협정보다 응답률 비중이 높게 나타난 점도 주목된다.

04

....

시사점

한국인의 통일의식과 관련된 조사 결과에서 주목할 수 있는 점은 다음과 같다.

첫째, 응답자의 다수는 통일의 필요성에 대해 공감하고 있었다. 그렇지만 통일의 필요성에 대해 모든 세대가 동일한 인식을 공유하고 있는 것은 아니었다. 특히 20대, 30대의 경우 통일의 필요성에 적극 공감하고 있지 못하고 있었다.

둘째, 통일의 이유와 관련하여 민족주의 담론에 근거한 당위적 통일 인식과 더불어 평화공존의 이유 또한 중시되고 있었다. 최근 들어 통일의 이유가 민족동질성 이유에서 현실적인 생존과 평화정착의 이유로 바뀌어가고 있음이 확인되고 있다. 특히 민족이나 이념에서 상대적으로 유연성을 보이는 20대의 경우 물리적 위협의 제거와 안정을 통일의 우선적 이유로 생각하고 있었다.

셋째, 우리 사회의 통일의식은 성급한 통일보다는 충분한 시간을 가지고 평화적 방식에 의한 점진적인 통일을 선호하는 것으로 나타났다. 이러한 태도는 남북한의 이질성을 극복하는 노력이 점진적인 통합 과정에서 이루어져야 할 필요가 있다는 점을 시사한다.

넷째, 앞으로의 통일 한국이 남한의 현 체제를 유지해야 한다는 견해가 다수이지만 통일 과정에서 법과 제도의 변화와 절충은 필요하다고 보고 있다. 즉 민주주의와 시장경제를 바탕으로 하는 체제를 통일 이후에도 유지해야 한다고 보지만 남북한이 평화공존하며 화해협력을 강화해나가는 과정에서 한반도에 가장 적합한 체제를 발전시켜 나갈 필요가 있음을 시사한다.

다섯째, 점진적이고 단계적인 통일을 희망할수록 북한의 비핵화와 한반도의 군사적 긴장완화를 최우선적으로 선택하는 태도를 보였다. 국민들이 통일을 다소 먼 미래로 생각한다는 점을 고려할 때 남북통합을 위한 제반 환경 조성은 시간을 가지고 진행해야 할 것이다. 남북한 간의 평화공존을 넘어 한반도 평화 프로세스의 본격적인 진입을 위해서는 안보위협 완화가 우선적으로 필요함을 시사한다.

여섯째, 20대와 30대의 경우 당위적이고 보편적 통일보다 현재의 평화적 공존을 보다 중시하고 점진적 방식의 통일을 선호하는 등 인식의 차이를 보여주고 있다. 이런 점에서 남과 북의 적대감 해소, 차이의 인정, 동반자적 관계 형성 노력이 우선적으로 이루어질 때 젊은 세대의 인식 또한 변화할 수 있을 것이다.

결론적으로 한반도의 통일은 평화라는 가치와 연결될 때 더 큰 의미를 가질 것이다. 폭력과 군사적 긴장이 지속되고 있는 현실에서는 평화를 달성하는 것은 어렵다. 우리 사회의 통일의식을 고려한다면 한반도의 통일은 남북한 간의 군사적 긴장이 완화되고 평화공존과 평화협력의 시간이 축적되어야 가능할 것으로 보고 있다. 갈퉁(Johan Galtung)의 언어를 빌리자면, 소극적 평화가 정착되고 지속되는 노력이 있을 때 물리적 폭력과 안보위협의 부재 너머의 적극적 평화를 상상하게 되는 것이다. 이러한 측면에서 오늘날 우리 사회는 국가 차원의 통일을 희망하지만 '지속가능한 평화'를 중요시 하고 있음을 알 수 있다. 통일에 가장 기초적인 토대가 되는 화해와 협력, 상호 의존이 이루어질 때 공존과 통합에 대한 기대와 상대에 대한 포용력도 커질 것이다. 남북한의 분단 극복, 신뢰 조성, 평화 구축, 통일 실현을 위해서는 평화 부재의 한반도 현실을 극복하는 노력과 함께 '평화 지향적 통일담론'을 만들어갈 필요가 있다.

미주

제4장 한중 관계와 동아시아의 새로운 질서

1 "코로나 위기 속 돋보인 韓-中 외교…경제협력 '물살'", 『SBS Biz』, 2020. 5. 29.

2 한센둥(2019). "중국의 시각에서 바라본 한반도 평화체제 구축", 「성균차이나 브리프」, Vol.50, 76-78쪽.

3 "코로나19 출현과 새로운 한중 협력 모색" https://www.ifs.or.kr/bbs/board.php?bo_table=News&wr_id=2829(검색일: 2020. 12. 23.)

4 최지영, 「최근 북한시장의 물가 및 환율동향」, 『Online Series』, 통일연구원, 2020. 7. 10. 6-7쪽.

5 정재흥(2019). 「김정은의 새로운 길과 4차 북·중 정상회담의 평가 및 시사점」, 『정세와 정책』 제3호, 1-4쪽.

6 정재흥(2019). 「2018년 중국 정세와 한중 관계 평가 및 2019년 전망」, 『정세와 정책』 제1호, 3-5쪽.

제9장 신한반도 경제공동체와 남북한 협력방안

1 이창훈(2015). 「최근 북한의 외국인투자법제 변화와 남북경제협력 활성화를 위한 법제 개선방안: 김정은 집권 전후를 중심으로」, 『경제법연구』 제14권 1호.

2 양현모·이준호(2008). 「남북 교류협력 효율화를 위한 거버넌스 모형 구축」,

322

서울: 통일연구원, 85-86쪽.

3   홍순직, 「경영자의 시각에서 본 개성공단: 개성공단 입주기업 설문조사를 중심으로」; 김병로 외(2015). 『개성공단』, 서울: 진인진, 209-216쪽.

제11장 한국인의 통일의식

1   김범수 외(2021). 「2020 통일의식조사」, 시흥: 서울대학교 통일평화연구원; 이상신 외(2018). 「KINU 통일의식조사 2018」, 서울: 통일연구원; KBS 남북 교류협력단(2020). 「2020 국민 통일의식조사」, 서울: 늘품플러스 참조. 자료 는 이들 책자의 조사 결과를 사용하였고 조사 항목과 서술 내용의 경우 서 울대학교 통일평화연구원의 「통일의식조사」와 부분적으로는 동일하다.

강기철(2020). 「일본 혐한 현상에 대한 비판적 분석」, 『日本文化學報』第85輯, 5-27쪽.

강진구(2013). 「다문화주의 관점에서 본 아시아연대론」, 『다문화콘텐츠연구』 제15집, 191-220쪽.

국민대학교 일본학연구소 일본공간 기획 좌담회(2018). 「한반도 평화프로세스와 일본의 역할」, 『일본공간』 제23호, 4-31쪽.

권세영(2018). 「독일통일 사례에서 본 한반도 통일문제」, 고려대 미래성장연구소, 1-37쪽.

기미야 다다시(2011). 「일본의 평화연구와 한반도: 평화연구와 한반도 연구의 접점 모색」, 『통일과 평화』 제3집 제1호, 3-26쪽.

김누리(2020). 「독일통일 3대 신화: 독일통일 30년과 한반도」, 『통일인문학』 제84집, 117-151쪽.

김범수·김병로·김학재·김희정·박원호·이종민·최규빈·임경훈·최현정(2021). 「2020 통일의식조사」. 서울: 통일평화연구원.

김연철(2010). 「통일비용 논의: 쟁점과 과제」, 『통일비용 마련을 위한 제원 조달 방안에 관한 논의』, 국회 외교통상통일위원회 정책간담회 자료집(2010. 9. 13.).

김용민(2016). 「영연방의 역사적 변천과 그 현대적 의미」, 『영국연구』 제36호.

김학재·강채연·김범수·김병로·김희정·이성우·최규빈·임경훈·조용신(2020). 「2019 통일의식조사」. 서울: 통일평화연구원.

박영준(2019). 「한반도 비핵·평화프로세스와 일본 아베 정부의 입장」, 『한국과 국제정치』 제35권 제1호(통권 104호), 193-221쪽.

박영호(1994). 『통일 이후 국민통합 방안연구』, 민족통합연구소.

박주화(2020.9). 「2030과 통일인식: 비판 아닌 롤모델이 필요하다」, 『통일시대』.

박홍서(2012). 「자유주의 통치성의 출현과 인간안보: 인간안보에 대한 푸코주의적 접근」, 『국제정치논총』 제52집 3호, 57-82쪽.

서울대학교 통일평화연구원(2020). 『2020 북한사회변동과 주민의식』 자료집, 2020. 10. 29.

송은희(2016). 「비전통 안보위협요인 분석 및 대응방안」, 『사회과학연구』 제27권 1호.

송주명(2010). 『탈냉전기 일본의 국가전략』, 창비.

시라이 사토시(2017). 『영속패전론』, 이숲.

신동진(2011). 「통일비용에 대한 기존연구 검토」, 『경제현안분석』 제64호, 국회예산정책처, 1-38쪽.

신윤환(2009). 「동남아의 지역주의와 "동아시아 공동체": 그 역사에 대한 재해석」, 『동아연구』 제56집, 107-137쪽.

신정화(2016). 「냉전 이후 일북관계의 시대별 주요 특징: 동북아시아 정세, 국가목표, 국내정치세력」, 『일본공간』 제19호, 171-195쪽.

양문수·이우영·이하연(2019). 「남북한 주민의 상호 인식에 관한 연구 시론」, 『통일정책연구』 제29권 제1호, 105-133쪽.

유승민·김지연(2018). 「불가역적 '시장화'로 불가역적 '비핵화'를」, 삼성증권 북한투자전략 In-depth 보고서.

윤석상(2019). 「중·일 영토갈등의 메커니즘: 일본의 국가주의 심화를 중심으로」, 『국제지역연구』 제23권 제1호, 63-94쪽.

윤석상(2020). 「일본 정치사회의 인정투쟁과 한일 갈등」, 『글로벌정치연구』 제13권 제1호, 73-98쪽.

윤인진(2001). 「남북한 사회통합 모델의 새로운 모색」, 『아세아연구』 제44권 제1호, 199-228쪽.

윤인진(2019). 「탈북민의 사회통합 모델과 통합 실태」, 『문화와 정치』 제6권 제

1호, 61-92쪽.

이상신·이금순·홍석훈·윤광일·구본상·Kertzer, D. Joshua(2018), 「KINU 통일 의식조사 2018」, 서울: 통일연구원.

이성우(2019), 「동아시아 평화와 다자협력: 비전통안보와 경기도의 역할」, 『GRI 정책 Brief』 2019-16.

이우영·구갑우(2016), 「남북한 접촉지대와 마음의 통합이론: '마음의 지질학' 시론」, 『현대북한연구』 제19권 제1호, 269-310쪽.

이재현(2010), 「2010년 신아시아 외교의 방향과 과제」, 『IFANS FOCUS』 서울: 외교안보연구원.

이형근·최유정(2018), 『최근 한반도 정세 변화와 북일 경제협력 과제』, KIEP 기초자료 18-21, 2018. 9. 14.

정대진(2018), 「남북한 통합형태의 법적 쟁점: 자결권을 중심으로」, 『통일과 법률』.

조동호(2010), 「통일비용 논의의 바람직한 접근」, 『JPI 정책포럼』, No.2010-9.

토가시 아유미(2017), 「정권 교체와 일본 외교안보정책의 지속성: 정책 이념과 미일동맹」, 『한국정당학회보』 제16권 제2호, 101-120쪽.

통일부 통일교육원(2019), 『2020 통일문제이해』, 서울: 통일부 통일교육원.

프리드리히 에버트 재단(2011), 『서독의 동독 이탈주민 통합 정책』, 서울: 프리드리히 에버트 재단 한국 사무소.

홍기준(1999), 「통일 후 남북한 사회통합: 새로운 이론구성을 위한 시론」, 『국제정치논총』 제39집 3호, 369-390쪽.

환경부(2016), 『바로 알면 보인다. 미세먼지, 도대체 뭘까?』, 환경부 대변인실 2016-4.

KBS 남북 교류협력단(2020), 「2020 국민 통일의식 조사」, 서울: 늘품플러스.

kotra 해외시장뉴스, "중국의 대북투자 현황: 건축 자재 분야", 2019. 12 .23.

kotra 해외시장뉴스, "일본 북한 정보 분석가에 듣는 북한 경제 전망", 2018. 8. 29.

아시아경제, "통일계산서, 북비핵화 비용, 정말 '2000조' 이상 들어갈까", 2018.

6. 12. http://www.asiae.co.kr/news/view.htm?idxno=2018061209353241 875(검색일: 2011. 1. 10.)

조선일보, "北 핵무기 폐기에만 6조 원…천문학적 비용 누가 낼까", 2018. 5. 21. https://www.chosun.com/site/data/html_dir/2018/05/17/2018051702305. html(검색일:2021.01.10.)

중앙일보, "한국 구매력 기준 1인당 GDP, 처음으로 일본 추월했다", 2020. 3. 3. https://news.joins.com/article/23721178(검색일: 2021. 1. 30.)

木宮正史 編集(2015). 『朝鮮半島と東アジア(シリーズ 日本の安全保障 第6巻)』, 岩波書店.

Baldwin, David, A. (1993). "Neoliberalism, Neorealism and World Politics," Baldwin, David, A. eds. *Neorealism and Neoliberalism: The Contemporary Debate*. New York, NY: Columbia University Press. pp.3–25.

Ban, K. M. (2010). Human Security: Report of the Secretary-General. A/64/701.

_____. (2012). Follow-up to General Assembly resolution 64/291 on human security: Report of the Secretary-general. A/66/763.

Commission on Human Security (2003). *Human Security Now: Protecting and Empowering People*.

Etzioni, Amitai (1965). *Political Unification: A Comparative Study of Leaders and Forces*, New York: Holt, Reinhard & Wiston, Inc.

Goldstein, Joshua S. (2011). *Winning the War on War: The Decline of Armed Conflict Worldwide*. New York, NY: Penguin Books.

Hass, Ernst (1958). *The Uniting of Europe: Political, Social and Economic Forces, 1950~1957*, Stanford: Stanford University Press.

Hedenskog, Jakob (2020). "The Belarus-Russia Union State, Troubled Integration in Pandemic Elections".

Human Security Centre (2005). *Human Security Report 2005: War and Peace in the 21st Century*. New York, NY: Oxford University Press.

Marshall, G. Monty (2016). Major Episodes of Political Violence(MEPV) and Colflict Retions 1946−2015. Center for Systemic Peace.

Nye, J. S., *Peace in Paris: Intergration and Conflict in Regional Organization*, Boston: Little, Brown and Company.

Sanches, Edalina Rodrigues (2014). "The community of Portuguese Language Speaking Countries".

Sivitsky, Aresny (2019). "Belarus−Russia, From a Strategoc Deal to an Integration Ultimatum", Foreign Policy Reseach Institute.

UNDP. (1994). Human Development Report.

UNESCO. (2008). Human Security: Approaches and Challenges.

Victor D. Cha(著), 船橋 洋一, 倉田 秀也(訳) (2003). 『米日韓 反目を超えた提携』有斐閣.

Weiner, M. (1966). "Problems of Intergration and Modernization Breakdown", J. N. Finkle and R. W. Gable eds., *Political Development and Social change*, New York: John Wiley & Sons.

IMD World Competitiveness Center, IMD World Competitiveness Ranking 2020, https://www.imd.org/wcc/world−competitiveness−center−rankings/world−competitiveness−ranking−2020/(검색일: 2021. 01. 30.)

https://thecommonwealth.org/(검색일: 2020. 10. 15.)

https://www.portaldiplomatico.mne.gov.pt/en/foreign−policy/community−of−portuguese−speaking−countries(검색일: 2020. 10. 20.)

이 책을 함께 준비한 사람들

홍현익

현 국립외교원장. 세종연구소 수석연구위원, 청와대 국가안보실 정책자문위원, 합동참모본부 정책자문위원, 경기도 평화정책자문위원, 미국 듀크대 객원연구위원. 주요논문 「미·중·러 3각관계의 변화와 한국의 대응」, 주요저서 『북한의 핵 도발·협상 요인 연구: 사례분석 함의와 향후 북핵정책 방향』, 『21세기 대한민국의 한반도대전략: 북한문제 해결과 평화 구축 및 통일 전략』 외 다수

박종철

현 경상국립대 일반사회교육학과 교수. 민주평화통일자문회의 상임위원, 북경대 한반도연구센터 객좌연구원, 경기도 평화정책자문위원 등. 국제관계 및 북한 연구. 논문 Will Xi Jinping give up Sino-North Korean alliance?, 공저 『이재명론』, 『정치학: 인간과 사회, 그리고 정치』 외 다수

정한범

현 미래안보포럼 공동대표. 청와대 국가안보실 정책자문위원, 통일부 정책자문위원, 민주평화통일자문회의 상임위원, 한국정치정보학회 연구이사. 논문 'Cooperation in Outer Space', 「바이든의 가치규범 중심 외교와 대중국정책」, 공저 『국가안보론』, 『국제관계학: 인간과 세계 그리고 정치』, 『전쟁론』, 『군사학연구방법론』 외 다수

정재흥

현 세종연구소 연구위원. 경기도 국제평화교류위원회 위원, 한양대 국제대학원 겸임교수, 산동대 동북아학원 객좌교수 등. 공저 『加強溝通理解尋求共同安全』, 『시진핑 집권 2기의 이슈와 전망』, 『미중패권경쟁 시대 한국의 대외전략』 외 다수

윤석상

현 선문대학교 국제관계학과 조교수. 글로벌교육연구학회 국제학술교류위원장. 공저 『아시아의 정치: 정치체제와 지역성』, 『주변국 국경안보: 사례와 검증』. 논문 「러일 북방영토 반환문제 지속의 구조: 일본의 전략과 정책결정 과정의 응집성을 중심으로」, 「중일 영토갈등의 메커니즘: 일본의 국가주의 심화를 중심으로」 외 다수

스테판 코스텔로

현 미국의 워싱턴 디시에 소재한 조지 워싱턴 대학교 객원연구위원 경기연구원 객원연구위원. 한반도와 동아시아 문제에 관한 정책자문. 영자지 Korea Times에 사설 "트럼프는 한국을 도울 것인가: 아닐 것이다" 및 East Asia Forum에 "미국 외교정책의 건설적 파괴" 등 기고

이성우

현 경기연구원 연구위원 민족화해협력범국민협의회 정책위원 국제정치학회 부회장. 편저서 『세계평화지수연구』, 저서 『한국인의 평화관 2010: 외교정책과 여론』, 『한국인의 평화관 2011: 통일정책과 여론』, 논문 「한반도 신뢰프로세스의 본질, 현상, 그리고 전망」 등

정대진

현 아주대 아주통일연구소 연구교수. 경기도 평화정책자문위원, 민주평화통일자문회의 상임위원, 법무부 인권정책자문위원. 논문 「남북한 통합의 법적 쟁점:자결권을 중심으로」, 공저 『북한의 변화와 한반도 미래』, 『한반도 스케치北』 외 다수

최용환

현 국가안보전략연구원 책임연구위원. 청와대 국가안보실 정책자문위원, 통일부 정책자문위원, 민주평화통일자문회의 상임위원. 공저 『경계에서 분단을 다시보다』, 『전환기 동북아질서와 한중관계의 재구성』, 『DMZ 평화와 가치』, 『북핵과도기 한국의 안보정책 과제와 쟁점』 외 다수

황재준

현 세종연구소 객원연구위원. 상명대 특임교수, 북한대학원대학교 심연북한연구소 객원연구위원, 전 경남대극동문제연구소 연구위원. 논문 「북한의 "식량배급"과 "농민시장": 역사적 변천과 기능을 중심으로」, 「북한의 현지지도: 끝나지 않은 군중노선의 이상」 외 다수

최규빈

현 통일연구원 부연구위원. 논문 「유엔의 지속가능발전목표(SDGs)에 대한 북한의 인식과 대응」, 공저 『한반도 평화학: 보편성과 특수성의 전략적 연계』, 『평화의 여러 가지 얼굴』 외 다수

공정한 국제질서와
한반도의 지속가능한 평화

2021년 8월 23일 1쇄 인쇄
2021년 8월 31일 1쇄 발행

기 획 | 이한주 · 이성우
지은이 | 홍현익 외
발행인 | 윤호권, 박헌용
본부장 | 김경섭

발행처 | ㈜시공사
출판등록 | 1989년 5월 10일(제3-248호)

주소 | 서울시 성동구 상원1길 22, 7층(우편번호 04779)
전화 | 편집 (02)2046-2864 · 마케팅 (02)2046-2800
팩스 | 편집 · 마케팅 (02)585-1755
홈페이지 www.sigongsa.com

ISBN 979-11-6579-684-6 (04300)
세트 ISBN 979-11-6579-616-7 (04300)